Die Meininger · Texte zur Rezeption

Die Meininger

Texte zur Rezeption

Ausgewählt, eingeleitet und herausgegeben von
JOHN OSBORNE

Max Niemeyer Verlag
Tübingen

Gedruckt mit Unterstützung der Alexander von Humboldt-Stiftung

Der Herausgeber dankt den Inhabern der Nutzungsrechte für die freundliche Genehmigung des Abdrucks.

CIP-Kurztitelaufnahme der Deutschen Bibliothek

Die **Meininger** : Texte zur Rezeption / ausgew., eingel. u. hrsg. von John Osborne. – Tübingen : Niemeyer, 1980.
    ISBN 3-484-10384-1
NE: Osborne, John [Hrsg.]

ISBN 3-484-10384-1

© Max Niemeyer Verlag Tübingen 1980
Alle Rechte vorbehalten. Ohne ausdrückliche Genehmigung des Verlages ist es auch nicht gestattet, dieses Buch oder Teile daraus auf photomechanischem Wege zu vervielfältigen. Printed in Germany. Gesamtherstellung: Maisch & Queck, Gerlingen

Inhalt

EINLEITUNG 1

TEXTE

W. Rossmann:
Ueber die Shakespeare-Aufführungen in Meiningen (1866) 33

Wilhelm Oechelhäuser:
Die Shakespeare-Aufführungen in Meiningen (1868) 37

Karl Frenzel:
Zwei Shakspeare-Vorstellungen in Meiningen (1870) 50
Die Meininger in Berlin (1874) 57

Hans Hopfen:
Die Meininger in Berlin (1874) 63

Rudolph Genée:
Das Gastspiel der Meininger in Berlin (1875) 72

Ludwig Speidel:
Die Meininger in Wien (1875) 82

Paul Lindau:
Schillers ›Räuber‹ (1878) 91
Shakespeares ›Wintermärchen‹ (1878) 101

B. S.:
Das deutsche Theater und die Meininger (1879) 110

[Clement Scott]:
The Meiningen Court Company (1881) 120

[William Archer]:
The German Plays. Julius Caesar and Twelfth Night (1881) 124

Otto Brahm:
Die Meininger (1882) 129

A. N. Ostrovskij:
Einige Überlegungen und Urteile zur Meiningenschen
Theatertruppe (1885) 132

Otto Brahm:
Die Jungfrau von Orleans der Meininger (1887) 138

Gustave Frédérix:
Jules César, tragédie de Shakspeare, jouée par la troupe du
duc de Saxe-Meiningen (1888)........................ 140

N. N.:
Les Meininger (1888) 143

Jules Claretie:
Les Meininger et leur mise en scène (1888) 148

André Antoine:
[Offener Brief an Francisque Sarcey] (1888) 159

K. S. Stanislavskij:
Die Meininger (1890/1924)......................... 163

Georg II. Von Meiningen:
[Aus Briefen an Paul Lindau] (1909) 167

Erläuterungen................................. 176

ANHANG

Statistische Tabellen............................. 192
Quellennachweise 197
Weiterführende Bibliographie....................... 199
Biographisches Namenregister 203

Vorwort

Die vorliegende Dokumentation entstand in Göttingen und Sussex, England. Die Abfassung der Arbeit wurde durch ein Stipendium der Alexander von Humboldt-Stiftung erheblich erleichtert.

Teile der Einführung sind in anderer Form in: Theatre Quarterly 5, Nr. 17, 1975, S. 40–54, erschienen. Den Herausgebern danke ich für die Genehmigung zur Wiederveröffentlichung.

Mein Dank gilt einer Reihe von Personen und Institutionen, die mir während der Entstehungszeit behilflich waren. Professor Albrecht Schöne und Professor Gotthart Wunberg bin ich für die bereitwillige Unterstützung verbunden; den Freunden und Kollegen in Sussex, Ronald Taylor und Laci Löb, verdanke ich hilfreiche Anregungen. Den Mitarbeitern der Niedersächsischen Staats- und Universitätsbibliothek, des Deutschen Seminars, Göttingen, der Universitätsbibliothek Sussex, der Universitätsbibliothek Heidelberg, dem Institut für Zeitungsforschung, Dortmund, sowie Barbara Trabert und Peter Larkin danke ich für die erhaltene Unterstützung.

Mein besonderer Dank gilt jedoch meiner Frau.

University of Warwick, England, im April 1980

John Osborne

Einleitung

Im 23. Kapitel seiner Autobiographie, ›Das Abenteuer meiner Jugend‹, schreibt Gerhart Hauptmann folgendes über einen Theaterbesuch, den er als fünfzehnjähriger Schulknabe in Breslau machte: ›Zu Anfang des Winters trat etwas ein, das wie eine unerwartete blendende Wundererscheinung in einem nutzlosen und verzweifelten Dasein zu bewerten ist. Im Rückblick betrachtet, handelt es sich um ein Phänomen, an Umfang so riesenhaft, daß es fast unbegreiflich bleibt, wie es in der Enge und Schwäche meiner geistigen Zustände Platz finden konnte. Die Realschule lag am Zwingerplatz, dessen offener Seite sich die Schweidnitzer Straße und jenseits das Stadttheater wie eine Riegel vorlegte. Eines Tages wurde bekannt, daß die Schauspielertruppe des Herzogs von Meiningen dort Gastvorstellungen geben werde. – Ewigen Dank meinem Bruder Carl! Er sorgte mit Energie dafür, daß nicht nur für ihn, sondern auch für mich die Mittel zum Theaterbesuch bewilligt wurden. – Die Theatergeschichte weiß von den Meiningern. Es wurde in einem bis dahin ungekannten, ganz großen Stile Theater gespielt. Und so mag man ermessen, was für ein total geknechtete, aller Illusionen beraubte, in ihrem dunklen Drange nach großen Eindrücken lechzende Knabenseele die Erlebnisse Macbeth, Julius Cäsar, die Wallenstein-Trilogie und Kleists Hermannsschlacht von dieser Bühne bedeuten mußten. – Es war ein ungeheures, ein blitzhaftes Aufleuchten. Alles wurde freilich vom Leerlauf des klappernden Alltags wieder zurückgedrängt, aber es war doch im Innersten zum Besitz geworden und trug eines Tages seine Frucht.‹[1] Als Hauptmann aber im gleichen Erinnerungsbuch der Weimarer Totenfeier für Richard Wagner gedenkt, will er die Meininger nicht mehr so positiv bewerten, sondern er bringt sie in Zusammenhang mit der für ihn, den heranwachsenden Naturalisten, überholten, mythologisierend-historisierenden, nationaldeutschen Richtung der Jahre nach der Reichsgründung: ›Da war sie nun wieder, die Linie, die von der meiningisch-kleistischen

---

[1] Gerhart Hauptmann, Das Abenteuer meiner Jugend, in: Sämtliche Werke. Centenar-Ausgabe, hg. von Hans Egon Haß, Bd 7, Frankfurt a. M./Berlin 1962, S. 635f.

Hermannsschlacht, durch die Zeremonie der Blutsbrüderschaft unterm Rasenstreifen, zu Wilhelm Jordan und Felix Dahn, von dort zu meinem »Hermannslied« und meinem Drama »Germanen und Römer« sich fortgesetzt hatte, und zwar auf ihrem wirklichen, letzten Höhepunkt, über den hinaus sie nicht weitergeführt werden konnte, was mir ohne Bedauern an jenem Abend klar wurde.‹[2]

Hier geht es nicht lediglich um einen zufälligen Widerspruch von seiten Gerhart Hauptmanns; die Meininger waren tatsächlich beides: ein unmittelbarer Ausdruck des damals herrschenden ›pompösen Stils‹, des Historismus à la Makart, *und* eine für die Geschichte des europäischen Theaters, namentlich des modernen, realistischen Theaters, wenn nicht revolutionäre, so doch äußerst einflußreiche, zukunftsweisende Erscheinung. Gerade diese Ambivalenz ist ein typisches Merkmal ihrer Epoche, deren janusköpfige Natur jüngst in der Berliner Ausstellung, ›Aspekte der Gründerzeit‹ (1974), verdeutlicht wurde, indem Kaiser Wilhelm II. und Ludendorff neben Freud, Einstein, Mahler, Schönberg, Thomas Mann und Rosa Luxemburg als ›Kinder der Gründerzeit‹ aneinandergereiht wurden.[3] Um aber in den siebziger Jahren zu bleiben: die gleiche Ambivalenz wurde auch von Theodor Fontane in seinem Verhältnis zum Publikum empfunden: ›beide [Vossische Zeitung und Kreuzzeitung] (wiewohl politisch ganz entgegengesetzt) umfassen mein allereigenstes Publikum; die Kreuzzeitungs-Leute halten wegen meiner Kriegsbücher, märkischen Wanderungen etc. große Stücke von mir, die Leser der Vossin wegen meiner Theater-Berichterstattung und sonstiger mannigfach geübter Kritik.‹[4]

Ästhetischer Despotismus

Wie um viele der Großen in der Geschichte des Theaters gibt es auch um die Person Herzog Georgs II. von Meiningen zahlreiche Anekdoten, die von geringem Wert sind, insofern es darum geht, seine Bedeutung für die Entwicklung der Bühnenkunst zu beurteilen. Das Bild sowohl des Herzogs als auch seines engen Mitarbeiters Ludwig Chronegk, wie es aus diesen Anekdoten hervorgeht, ist jedoch kein widerspruchvolles; es ist

---

[2] Ebenda S. 898 f.
[3] Aspekte der Gründerzeit. [Ausstellungskatalog] Akademie der Künste [West-Berlin] 8. September–24. November 1974, S. 241 ff.
[4] Brief vom 23. XI. 1882 an Wilhelm Friedrich. Zitiert aus: Theodor Fontane (= Dichter über ihre Dichtungen, Bd 12/I–II), hg. von Richard Brinkmann in Zusammenarbeit mit Waldtraut Wiethölter, München 1973, Bd II, S. 313.

das Bild einer konsequent autoritären Herrscherpersönlichkeit. Bjørn Bjørnson, der zu einer kleinen Gruppe von bedeutenden Theaterregisseuren gehörte, die die Aufführungen der Meininger miterlebten und in ihrer eigenen späteren Arbeit dadurch entschieden beeinflußt wurden, war für kurze Zeit Mitglied der Meiningenschen Schauspielertruppe; er nahm 1881 an Gastspielreisen nach Budapest und London teil, wo er die Rolle des Casca in Shakespeares ›Julius Cäsar‹ spielte. In seinen Memoiren erzählt Bjørnson, warum er Meiningen verließ, nämlich aus Protest dagegen, daß der Herzog darauf bestand, daß die Schauspieler von ihnen zerbrochene Requisiten – es handelte sich in seinem Fall um hochwertiges, weil echt antikes, Glas, das in der Wallenstein-Trilogie verwendet wurde – selber ersetzen mußten. Bjørnsons Vater, der mit dem Herzog befreundete norwegische Dramatiker, Bjørnstjerne Bjørnson, an den er sich wendete, billigte den Schritt seines Sohnes mit der Bemerkung, ›was der Herzog seinen Künstlern angetan habe, schmecke nach Alleinherrscherei‹.[5]

Ebenso bedingte das autoritäre Verhalten des Herzogs, daß die beiden Schauspielerinnen Therese Grunert und Marie Schanzer entlassen wurden; Fräulein Grunert, weil sie sich weigerte, die Rolle der ›Zeit‹ in Shakespeares ›Wintermärchen‹ weiter zu spielen;[6] Fräulein Schanzer, weil sie ohne ausdrückliche Erlaubnis des Herzogs einer Probe, wo sie lediglich in einer Statistenrolle aufzutreten hatte, fernblieb, um das Wochenende zusammen mit ihrem Ehemann zu verbringen (was aus beruflichen Gründen sonst nicht möglich war, denn ihr Mann war auch im Dienste des Herzogs dauernd auf Tournée). Aus Fräulein Schanzers Bericht läßt sich schließen, daß der Herzog in ihrem Fall mit übertriebener Strenge, um nicht zu sagen, mit Arroganz, reagierte; ihm jedoch ging es offensichtlich um ein Prinzip, das er für dermaßen wichtig hielt, daß er nicht einmal bereit war, die Kündigung rückgängig zu machen, als ihr Mann – der damalige Hofintendant des von ihm zu Ruhm und Ansehen gebrachten Meininger Orchesters, Hans von Bülow – seinerseits kündigte.[7] Die Tatsache, daß diese Geschichte in einer allerdings etwas

---

[5] Bjørn Bjørnson, Nur Jugend. Ein Leben voll Kunst, Frohsinn und Liebe, Übs. Hermann Roßler, Leipzig/Wien 1936, S. 172.
[6] S.: Die Meiningen'sche Theaterintendanz gegenüber dem Deutschen Bühnenverein. Nach amtlichen Quellen, Meiningen 1879.
[7] Vgl. Hans von Bülow, Briefe, hg. von Marie von Bülow, Bd 6: Meiningen, Leipzig 1907, S. 330 ff. Nachfolger von Bülow war der damals noch junge Richard Strauß.

einseitigen Form der Öffentlichkeit bekannt gegeben wurde – drei Jahre später weist Antoine in seinem offenen Brief an Sarcey darauf hin[8] – bedeutet, daß sie für die Meininger Intendanz fast programmatischen Wert hatte.

Zunächst war es diese Autokratie, die auch bei dem wohl bedeutendsten Jünger der Meininger und späteren Mitbegründer des Moskauer Künstlertheaters, Konstantin Stanislavskij, Anerkennung fand, als er 1890 die Meininger-Inszenierungen und Probearbeit studierte. Darüber berichtet er ausführlich in seiner Autobiographie ›Mein Leben in der Kunst‹.[9]

Auf der anderen Seite muß aber betont werden, daß die Meiningenschen Prinzipien und die für die Meininger Schauspieler geltenden Vorschriften[10] keineswegs revolutionären Charakter beanspruchen konnten. Dem Wunsch, Theater als selbständige Kunst zu betreiben, das heißt, auf der Bühne eine einheitliche und integrierte Inszenierung vorzuführen, entsprachen mehrere frühere Versuche, Regeln oder sogar Gesetze zu kodifizieren, die die Freiheit des individuellen Schauspielers beschränken sollten.[11] Bedeutende Vorarbeit wurde auf diesem Gebiet von Männern wie Laube, Dingelstedt, Eduard Devrient und namentlich im englischen Theater von Charles Kean geleistet.[12] Aber wie immer es auch anderswo zuging, eines wird aus den schon zitierten Anekdoten, deren Zahl leicht vermehrt werden könnte, deutlich: bei den Meiningern wurde von den Mitgliedern des Ensembles verlangt, daß sie die Regeln einhielten.

Das Herzogtum Sachsen-Meiningen und die Reichsgründung

Den Historiker mag die Behauptung zunächst befremden, daß eine so wichtige Episode im Werden des modernen europäischen Theaters, wie es das Hervortreten des Regisseurs im heutigen Sinn tatsächlich ist, an einem so unscheinbaren Ort stattgefunden hat. Denn das damalige

---

[8] S. Textteil.
[9] S. Textteil.
[10] Dienstregeln für die Mitglieder des Herzoglich Meiningenschen Hoftheaters, Meiningen 1880.
[11] Vgl. John H. Terfloth, The Pre-Meiningen Rise of the Director in Germany and Austria, in: Theatre Quarterly VI (1976), Nr. 21, S. 65–86.
[12] Vgl. Muriel St Clare Byrne, Charles Kean and the Meininger Myth, in: Theatre Research/Recherches théatrales 6 (1964), S. 137–151. Andererseits ist es sicher übertrieben, die Meininger lediglich als Verbreiter von ›this original English tradition‹ darstellen zu wollen; ebenda S. 138.

Herzogtum Sachsen-Meiningen war ein keineswegs reicher Kleinstaat Thüringens, dessen Mangel an politischem Gewicht in und unmittelbar nach dem Deutsch-Österreichischen Krieg von 1866 brutal bloßgelegt wurde. Es liegt nahe – so paradox das auch klingen mag – gerade in dieser politischen Bedeutungslosigkeit neben der außergewöhnlichen individuellen Begabung von zwei der daran beteiligten Personen einen zweiten Grund für den Erfolg des Meiningenschen Unternehmens zu sehen.

Im Jahre 1866 herrschte in Sachsen-Meiningen Herzog Bernhard II., Vater des ›Theaterherzogs‹ Georg II. und Begründer des Meininger Hoftheaters, das am 17. Dezember 1831 eröffnet worden war.[13] Seit seiner Thronbesteigung 1821 und zunehmend seit 1850 hatte er sich als entschiedener Gegner jeglicher Einheitsbewegung erwiesen, denn dadurch sah er die Existenz seines eigenen Staates gefährdet. 1861 protestierte er dagegen, daß sein Nachbar, Herzog Ernst von Sachsen-Coburg, eine Militärkonvention mit Preußen einging; in der Schleswig-Holsteinschen Frage unterstützte er Augustenburg; und 1866 stand er allein unter den Thüringer Fürsten auf der Seite Österreichs. Sein Sohn, der bei dem Gardekurassierregiment in Berlin gedient hatte, und der mit der früh verstorbenen Tochter des Prinzen Albrecht von Preußen verheiratet gewesen war, neigte jedoch zu Preußen (was auch den ökonomischen Interessen des Herzogtums entsprach) und hätte, wenn sein Vater es nicht anders gewollt hätte, 1866 auf preußischer Seite gekämpft.

In den diplomatischen Verhandlungen nach Kriegsende zeigte sich, wie sehr sich Herzog Bernhard an die Macht klammerte. Angesichts der unrealistischen Bedingungen, die der besiegte Herzog stellte, um seinen eigenen Einfluß aufrecht zu erhalten, und der tatsächlichen Schwäche seiner Position, schickte der ohnehin nicht sehr geduldige Bismarck Truppen nach Meiningen, besetzte die Residenzstadt und erzwang die Abdankung Bernhards zugunsten seines damals schon vierzigjährigen Sohnes.

Die Thronrede des neuen Herrschers vom 27. September 1866 enthält ein deutliches, Preußen gegenüber beinahe liebedienerisches Bekenntnis

---

[13] Zum Folgenden s.: L. Hertel, Neue Landeskunde des Herzogtums Sachsen-Meiningen, H. 11, B. Geschichtliches. Politische Geschichte von den frühesten Zeiten an bis auf die Gegenwart. 2te Hälfte: Die Regierungszeit Herzog Bernhards II. Erich Freund und Georgs II., in: Schriften des Vereins für Sachsen-Meiningische Geschichte und Landeskunde, H. 54 (1906), S. 319–448. Und: Erich Schmidt, Das Verhältnis Sachsen-Meiningen zur Reichsgründung. 1851–1871, Phil. Diss., Halle 1930.

zu der für das Herzogtum nunmehr allein möglichen Politik: ›Der deutsche Bund ist aufgelöst. Es gilt für die politische Stellung des Herzogthums und dessen Verhältniß zum deutschen Vaterlande eine neue Grundlage zu gewinnen. Preußen hat durch seine glorreichen Siege wie durch seine Intelligenz und Cultur gezeigt, daß ihm die Führerschaft in Deutschland geziemt. Das Bündnis ist uns angetragen, ist im Interesse von Norddeutschland von uns gefordert. Treten wir freudig in diesen Bund!‹[14] In der Überzeugung, daß im modernen Nationalstaat die Führung durch einen einheitlichen politischen Willen unerläßlich sei, erklärte er sich bereit, den Partikularismus seines Vaters aufzugeben, wobei auch außenpolitische Überlegungen schon eine Rolle spielten: ›Diese unsere in der Bildung begriffene Großmacht wird von anderen Mächten neidisch angesehen. Frankreich sammelt sich zum Angriff, indem es seine Truppen aus Mexico und Rom degagiert‹, bemerkte der Herzog 1867.[15] Er gewährte den Bismarckschen Verfassungsreformen seine volle Unterstützung und nahm den damit verbundenen Verlust an Souveränität hin. In der Kaiser-Idee erkannte er einen symbolischen Ausdruck seiner politischen Einstellung, und er bildete zusammen mit den Großherzögen von Baden und Oldenburg und dem Herzog Ernst von Coburg eine Gruppe von Fürsten, die schon in den sechziger Jahren die Wiedereinführung der Kaiserkrone befürwortete. Dieser allerdings nicht ganz freiwillige Machtverzicht seitens eines vielseitig begabten und politisch nicht wenig ehrgeizigen Fürsten bedeutet einen nicht zu überschätzenden Gewinn für die Praxis der Künste der Musik und des Theaters in Europa. Ein Vergleich zwischen Georg II. und seinem Zeitgenossen, Ludwig II. von Bayern, läßt den engen Zusammenhang von Kunst und Politik noch deutlicher zutage treten, denn gerade in den ausgehenden sechziger Jahren begann sich der Bayernkönig seinen größeren Bauprojekten und seinen Separatvorstellungen zu widmen. Die Unterschrift Ludwigs II. unter dem von Bismarck formulierten Brief, in welchem dem preußischen König die Kaiserwürde angetragen wurde, wurde zwar nicht durch Bestechung erkauft, aber Ludwig II. konnte dank seiner erwiesenen Unterstützung des Reichs auf Gegenleistung zählen, zumal die der Thronfolge am nächsten stehenden Prinzen als partikularistisch galten. Und vom Frühjahr 1871 an hat er tatsächlich jährliche Zuwendungen – im ganzen ca. 4 000 000 Mark – aus dem sogenannten

---

[14] Zitiert aus Schmidt, a.a.O., S. 86.
[15] Ebenda S. 97.

Welfenfonds erhalten.[16] Die symbolische Aussage dieses Geldgeschäfts ist geradezu spektakulär. Überspitzt könnte man sagen, der König habe seine schon im Schwinden begriffene politische Macht verkauft und dafür die Mittel erhalten, sich eine private Traumwelt zu bauen, in welcher er fortfahren konnte, als absoluter Monarch zu herrschen.

Die schöpferische Energie, die in früheren Jahrhunderten ihren Ausdruck auf dem Gebiet der hohen Politik hätte finden können, wird somit umgeleitet. Georg II., praktischer, bescheidener und – man darf wohl sagen – etwas vernünftiger als sein berühmterer Zeitgenosse, widmete sich zunächst den inneren Angelegenheiten seines Herzogtums, der Verwaltungsreform und dem Wiederaufbau der Stadt Meiningen; aber zur gleichen Zeit entfalteten sich seine Kräfte in der Pflege der Künste, wo er sich sowohl in der passiven Rolle des Mäzens als auch in der aktiven Rolle des Bühnenreformers hervortat. Wie der Theaterkritiker der ›Times‹ anläßlich des Londoner Gastspiels von 1881 schrieb: ›It is a fact not altogether without significance that the reign of the present Duke began in the year 1866, which for ever put an end to the political importance of the minor German princes. A more dignified and useful occupation of the leisure thus granted to him could not well be imagined than the fostering of that refined spirit of art which is too frequently lost in the bustle and noise of the great centres of modern life.‹[17]

Unter seiner Obhut verwandelte sich die politische Autokratie des Zweiten Deutschen Kaiserreichs in einen ästhetischen Absolutismus, dessen Auswirkungen in dem straff gedrillten Ensemble der Meininger Schauspielertruppe (›their training [is] worthy of the country of Bismarck and Moltke‹, schreibt derselbe Times-Kritiker[18]) und in der disziplinierten Hofkapelle, die unter der Leitung Hans von Bülows die Grundlagen moderner Orchesterpraxis legte, zu finden sind. Zur gleichen Zeit wurde der zunehmende Drang des Kaiserlichen Deutschlands nach außenpolitischer Geltung oder Besitzerweiterung in eine Art kulturellen Imperialismus verwandelt, der in den europäischen Gastspielreisen sowohl des Theaters als auch des Orchesters zum Ausdruck kam.

Die Herrschaft Georgs II. von Meiningen erstreckte sich von den Jahren der Reichsgründung bis zum Vorabend des Zusammenbruchs des Reiches; er starb drei Tage vor dem Ausbruch des Ersten Weltkrieges.

---

[16] Vgl. Hans Philippi, König Ludwig II. von Bayern und der Welfenfonds, in: Zeitschrift für bayerische Landesgeschichte, 23 (1960), S. 66 ff.
[17] The Meiningen Court Company, in: The Times, May 27, 1881.
[18] Ebenda.

Der folgende Auszug aus einem in den ersten Tagen jenes Krieges geschriebenen Nekrologs gibt ein zeitgenössisches Urteil über ihn. Es mag zwar dazu beitragen, unser Verständnis der seinen Leistungen zugrunde liegenden Ursachen zu vertiefen, aber es sagt wenig über die tatsächliche Bedeutung dieser Leistungen aus: ›er zog, nachdem das große Werk [die Reichsgründung] vollendet war, einem Heere von Künstlern voran, um in unblutigen Triumphen und Eroberungen die nationale Herrlichkeit auf einem wichtigen Kulturgebiet in allen Landen zu künden.‹[19]

Der Historismus als Zeitgeschmack

Wenn, wie schon dargelegt wurde, die künstlerischen Tätigkeiten des Herzogs die Umleitung gewisser schöpferischer Triebe voraussetzte, die unter anderen geschichtlichen Umständen eine unmittelbar politische Richtung hätten nehmen können, so bedeutete für ihn die Thronbesteigung keine einschneidende Veränderung. Vor 1866 hatte ihm sein Vater keine Einwirkung auf die Regierungsgeschäfte gestattet, und trotz seiner eminenten Qualifizierung als Unterhändler mit Preußen beauftragte er ihn nur notgedrungen mit den Friedensverhandlungen dieses Jahres, ›weil bei ihm die Sucht zu herrschen zu groß‹ sei.[20] Infolgedessen hatte er ausreichende Gelegenheit, seine eigenen beträchtlichen musischen Neigungen und Fähigkeiten an einem Hof auszubilden, wo schon unter Herzog Bernhard Musik, Malerei, Literatur und Theater geliebt und gefördert wurden.[21] Das eigentliche Talent des Herzogs lag auf dem Gebiet der bildenden Kunst; er war ein begabter Zeichner, obwohl offensichtlich kein geschickter Kolorist.[22] Der Maler Kaulbach soll ihm einmal gesagt haben: ›Schade, daß Sie ein kleiner Fürst sind, sonst hätten Sie ein großer Maler werden können!‹[23]

---

[19] Alfred Klaar, Herzog Georg von Meiningen. Ein Nekrolog, in: Shakespeare Jahrbuch 51 (1915), S. 193. Zum Orchester vgl. L. Hertel, a.a.O. (vgl. Anm. 13), S. 434: ›Es waren die Jünger der musikalischen Kunst [...], die in den 80er und 90er Jahren [...] ihren Siegeszug durch Deutschland und übers Meer hielten, um friedliche Eroberungen zu machen.‹

[20] Zitiert aus: Schmidt, a.a.O. (vgl. Anm. 13), S. 73.

[21] Die Komponisten Spohr und Liszt wurden seit 1857 mehrmals nach Meiningen eingeladen, um die Hofkapelle zu dirigieren. S. Hertel, a.a.O. (vgl. Anm. 13), S. 336f.

[22] Max Grube, Geschichte der Meininger, Stuttgart/Berlin/Leipzig 1926, S. 33. Antoine spricht von ›décors très criards‹; vgl. den im Textteil abgedruckten Brief an Sarcey.

[23] Zitiert aus Grube, a.a.O., S. 33.

Maler im Deutschland der Jahre um 1850–1860 zu sein, bedeutete beinahe zwangsweise, dem Einfluß der Historienmalerei ausgesetzt zu sein, wie sie sich in Bildern wie Adolf von Menzels ›Flötenkonzert von Sanssouci‹ (1852) oder Karl von Pilotys ›Seni an der Leiche Wallensteins‹ (1855) verkörpert. In der Person seines Lehrers, Wilhelm Lindenschmidt kam Herzog Georg früh in unmittelbaren Kontakt mit einem Vertreter dieser Richtung, die später sowohl für seinen Inszenierungsstil als auch für seinen literarischen Geschmack und damit für das Repertoire seiner Bühne ausschlaggebend wurde. Dies wirkte sich am fruchtbarsten in der Popularisierung der Dramen Kleists aus, die vor den Gastspielreisen der Meininger auf dem deutschen Theater fast unbekannt waren; am unheilvollsten in der Schwäche des Herzogs für historische Stücke von unbedeutenden Dramatikern wie Julius Minding, Albert Lindner, Artur Fitger und – obwohl nur zu Hause in Meiningen, niemals auf Tournée – Ernst von Wildenbruch. Hier kommen wir allerdings schon wieder auf das deutsch-nationale Moment zurück. Wenn der Historismus des frühen Nachmärz ein Ausdruck der Resignation ist, eine Flucht nach den Enttäuschungen von 1848 in eine idealisierte Vergangenheit, was am Beispiel Menzels sehr deutlich zu sehen ist,[24] so wird dieser Historismus im Laufe der folgenden Jahrzehnte auch zum Mittel einer idealisierten Vorwegnahme der lang frustrierten deutschen Einheit und in den Jahren nach 1870 dann der Legitimation des eben gegründeten neuen Reiches und seiner Politik.[25] So betrachtet wird es nicht überraschen, daß ›Die Hermannsschlacht‹ mit 101 Aufführungen die erfolgreichste Kleist-Inszenierung der Meininger war; die Erstaufführung fiel ins gleiche Jahr (1875) wie die Einweihung des Hermannsdenkmals.[26] Daß die Dramen Ernst von Wildenbruchs vom Inhalt her ebensogut wie die Kulturkampf-Dramen von Minding, Lindner und Fitger in dieses Bild hineinpassen, bedarf wohl keiner näheren Erläuterung. Dasselbe gilt für die zunächst

---

[24] Man vergleiche seine ›Aufbahrung der Märzgefallenen‹ (1848) mit dem ›Flötenkonzert von Sanssouci‹ und den anderen Bildern zur preußischen Geschichte aus den fünfziger Jahren. Vgl. auch Siegfried Wichmann, Franz von Lenbach und seine Zeit, Köln 1973, S. 15 ff.
[25] Vgl. Georg Jäger, Die Gründerzeit, in: Realismus und Gründerzeit. Manifeste und Dokumente zur deutschen Literatur 1848–1880, Bd 1, hg. von Max Bucher, Werner Hahl, Georg Jäger und Reinhard Wittmann, Stuttgart 1976, S. 96–159.
[26] Zum patriotischen Element in der Rezeption der ›Hermannsschlacht‹ vgl. Thomas Hahm, Die Gastspiele des Meininger Hoftheaters im Urteil der Zeitgenossen unter besonderer Berücksichtigung der Gastspiele in Berlin und Wien, Phil. Diss., Köln 1971, S. 91 ff.

doch überraschende Tatsache, daß das Meininger Hoftheater als erste deutsche Bühne ein Drama von dem in Deutschland Mitte der siebziger Jahre noch unbekannten Ibsen brachte,[27] denn das Stück, um das es ging, ›Die Kronprätendenten‹, das im dritten Berliner Gastspiel zur großen Genugtuung Ibsens siebenmal gespielt wurde,[28] hatte auch ein hoch aktuelles Thema. Um mit dem Übersetzer, Adolf Strodtmann, zu sprechen: ›die politische Idee, welche dem Stück zugrunde liegt – die Einigung der lange in Zwiespalt getrennten Glieder eines Reiches zu einem großen und mächtigen Volke – dürfte [...] gerade in Deutschland zur jetzigen Stunde der allgemeinsten Sympathie und einem allseitigen Verständnis begegnen‹.[29]

Außer Kunstgeschichte studierte Georg Geschichte und Archäologie an den Universitäten Bonn und Leipzig, wo er den Komponisten Mendelssohn kennen lernte. Er reiste viel, um u.a. bedeutenden Theateraufführungen beizuwohnen: Molièrschen Lustspielen in Paris (1845), den Königsdramen Shakespeares in London (1846), Dingelstedts Shakespeare-Zyklus in Weimar (1864). 1867 wurde er zu einer Aufführung des ›Kaufmann von Venedig‹ eingeladen, der im Auftrag des Coburger Herzogs von Friedrich Haase inszeniert wurde.[30] Diese Inszenierung fußte unmittelbar auf der berühmten Inszenierung Charles Keans, die Haase in London erlebt hatte, und hat also in der Geschichte des Theaters eine wesentliche vermittelnde Rolle. Mit nach Coburg nahm der Herzog seinen neu eingestellten Intendanten, Friedrich von Bodenstedt; und dort konnte er Bühnendekorationen aus dem Coburger Atelier der Gebrüder Max und Gotthold Brückner sehen, die ebenfalls mit den Londoner Theatern vertraut waren, und die später seine eigenen Szenenentwürfe ausführten.[31] (Das Brückner-Atelier erhielt auch den zweiten bedeutenden Auftrag dieser Jahre: die Bühnenbilder für das Bayreuther Festspiel.)

---

[27] David E. R. George, Henrik Ibsen in Deutschland. Rezeption und Revision (= Palaestra 251), Göttingen 1968, S. 18. Vgl. Wilhelm Friese, Ibsen auf der deutschen Bühne, (= Deutsche Texte 38), Tübingen 1976, S. IX.
[28] S. den Brief Ibsens vom 14. 6. 1976 an Ludvig Josephson. Zitiert in: Ibsen und die Meininger, in: Die deutsche Bühne 1 (1909), H. 19, S. 319.
[29] Zitiert aus Friese, a.a.O. (vgl. Anm. 27).
[30] Friedrich Haase, Was ich erlebte. 1846–1896, Berlin/Leipzig/Wien/Stuttgart o.J. [1897], S. 164f.
[31] Zu den Brückners s.: Edith Ibscher, Theaterateliers des deutschen Sprachraums im 19. und 20. Jahrhundert, Phil. Diss., Köln 1972, S. 142ff.

Der dekorationsreiche und peinlich genaue historische Realismus dieser und anderer Inszenierungen war der Stil der Epoche, denn es war die Zeit der großen Ausstellungen und des geschichtlichen Panoramas. Der Erfolg solcher Erscheinungen scheint darauf hinzudeuten, daß das gründerzeitliche Publikum von den kulturellen Organen ›Bildung‹ im Sinne der Aneignung von Tatsachen erwartete, oder daß es ein großes Bedürfnis nach Bestätigung seiner schon erworbenen ›Bildung‹ empfand.[32] Da es sich hier aber um einen schon vorhandenen Stil handelt, den die Meininger auf dem Gebiet des Theaters als erste voll anwendeten, ist es etwas ungerecht, daß die Vokabel ›Meiningerei‹ in die deutsche Sprache mit einer negativen Bedeutung eingegangen ist, die viel eher die Exzesse ungleichwertiger Nachahmer betrifft; davon hat sich aber der Ruf des Meiningenschen Hoftheaters nie richtig erholen können. Das bedeutet aber andererseits weder, daß Georg II. von Meiningen kein engagierter Exponent des historischen Realismus mit allen seinen Exzessen war, noch daß die Entwicklungsmöglichkeiten seines Theaters nicht durch seine offensichtliche Unfähigkeit, den Historismus seiner Anfänge auch nur annähernd zu überwinden, wesentlich beeinträchtigt wurden. (Dasselbe gilt allerdings auch für Bayreuth, wo man bis über die Jahrhundertwende hinaus fortfuhr, die Bühnenbilder Max Brückners zu verwenden, und für die von dem revolutionären schweizerischen Bühnenbildner Adolphe Appia vorgelegten, symbolisch-impressionistischen Entwürfe kein Verständnis zeigte.)

Zum Beispiel: in der Meininger Inszenierung von Shakespeares ›Julius Cäsar‹ wurden Bühnenbild und Requisiten an Hand von Zeichnungen entworfen, die der Herzog vom Direktor des Archäologischen Instituts in Rom, Pietro Visconti, anfertigen ließ; sachliche Irrtümer in Shakespeares (meist impliziten) Szenenangaben wurden mit Hilfe Plutarchs korrigiert; und das Forum wurde als Baustelle dargestellt, weil es im Bürgerkrieg völlig zerstört worden sei.[33] Ehe diese Inszenierung auf Tournée ging, ließ der Herzog sie sowohl von einem führenden Berliner Theaterkritiker als

---

[32] Vgl. Nietzsche, Vom Nutzen und Nachteil der Historie für das Leben. Unzeitgemäße Betrachtungen 2, in: Werke. Kritische Gesamtausgabe, hg. von Giorgio Colli und Mazzino Montinari, Bd III/i, Berlin/New York 1972, S. 275 ff.
[33] Ingeborg Krengel-Strudthoff, Das antike Rom auf der Bühne und der Übergang vom gemalten zum plastischen Bühnenbild. Anmerkungen zu den Cäsar-Dekorationen Georgs von Meiningen, in: Bühnenformen – Bühnenräume – Bühnendekorationen. Beiträge zur Entwicklung des Spielorts. Festschrift für Herbert A. Frenzel, Berlin 1974, S. 160–175.

auch von dem Heidelberger Professor Hermann Köchly, einer bedeutenden Autorität auf dem Gebiet der römischen Geschichte, überprüfen. Der Herzog handelte nach dem gleichen Prinzip, indem er nach Fotheringay beziehungsweise Domrémy reiste, bevor er sich an seine Szenenentwürfe zu Bjørnsons ›Maria Stuart in Schottland‹ und Schillers ›Die Jungfrau von Orléans‹ heranwagte; und anläßlich der Inszenierung von Ibsens ›Gespenstern‹ wendete er sich direkt an den Verfasser, um sich über die Innenausstattung eines typischen norwegischen Bürgerhauses zu erkundigen. (Ibsen schickte ihm eine ausführliche Beschreibung, und auf der Rückseite seines Briefes zeichnete der Herzog seinen ersten Entwurf des Salons im Alving'schen Haus.[34]) Solche Forschungen wurden dann in Selbstanzeigen beziehungsweise auf dem Theaterzettel eifrig bekannt gemacht, um das Publikum auf alle Fälle wissen zu lassen, daß es eine authentische Nachahmung historischer Wirklichkeit vor sich hatte, und bereit war, solchen Details wie der Schokoladentasse Julias im ›Fiesco‹ die ihr gebührende Aufmerksamkeit zu schenken.[35]

Es kann kein Zweifel darüber bestehen, daß auch das Meiningensche Hoftheater auf das zeitgenössische Bedürfnis nach ›Meiningerei‹ spekulierte und ihm einen guten Teil seines Erfolgs zu verdanken hatte. Aber dieser Aspekt der Arbeit Georgs II. ist schließlich von keiner größeren Bedeutung als die gleichen Bemühungen Ludwigs II. von Bayern, der seine Bühnenbildner durch ganz Europa schickte, und der selbst in Begleitung des kurz zuvor aus Meiningen nach München gekommenen Schauspielers Josef Kainz durch die Schweiz reiste, um eine Separatvorstellung von Schillers ›Wilhelm Tell‹ vorzubereiten. Der Historismus, ein bereits vorhandener Stil, lieferte den Meiningern ihren Stoff; die Bedeutung Georgs II. ist aber anderswo als in seiner Förderung dieser zeitgebundenen Geschmacksrichtung zu suchen; und auch die Gründe für den öffentlichen Erfolg seines Theaters lassen sich nicht ausschließlich auf die Tatsache zurückführen, daß es dieser Mode entsprach.

Vorbereitungen

Das erste Gesamtgastspiel des Herzoglich-Meiningenschen Hoftheaters wurde am 1. Mai 1874 in Berlin mit einer Inszenierung von Shakespeares ›Julius Cäsar‹ eröffnet, die wie eine Bombe einschlug. In einem von den

---
[34] Brief und Szenenentwurf befinden sich im Besitz des Insituts für Theaterwissenschaft der Universität Köln (Sammlung Niessen).
[35] Vgl. Hahm, a.a.O. (vgl. Anm. 26), S. 171f.

großen Stars beherrschten Theaterleben war das Gastspiel eines ganzen Ensembles, zumal eines Ensembles dieser Art, etwas völlig Neues, so daß es unter den Theaterkritikern zu einem heftigen Prinzipienstreit kam. Auf der einen Seite stand Karl Frenzel, Theaterkritiker der ›National-Zeitung‹ und dann, nach ihrer Gründung im Herbst dieses Jahres, der ›Deutschen Rundschau‹, als einflußreichster Anhänger der Meininger; auf der anderen Seite Paul Lindau, Herausgeber und Theaterkritiker der Wochenschrift ›Die Gegenwart‹, der allerdings in den darauf folgenden zwei Jahrzehnten sein Bedenken so restlos überwinden konnte, daß er schließlich sogar Intendant am Hoftheater in Meiningen wurde. 1874 reagierte jedoch die überwiegende Mehrheit der Kritiker positiv; ebenso das Publikum. Im Friedrich-Wilhelmstädtischen Theater spielten die Gäste vor ausverkauften Häusern; die Kosten des Unternehmens waren bis zum 20. Mai gedeckt, und das ursprünglich auf vier Wochen geplante Gastspiel wurde um zwei Wochen verlängert.

Im Laufe der 47 Vorstellungen wurde ›Julius Cäsar‹ 22mal aufgeführt; in den siebzehn Jahren der Gastspielreisen wurde es mit 330 Aufführungen das meistgespielte Drama und das einzige, das in allen von den Meiningern besuchten Städten gegeben wurde. Wie der Theaterkritiker der Londoner ›Times‹ vom 31. Mai 1881 bemerkte, war das Drama vortrefflich dazu geeignet, die besondere Stärke der Truppe zur Geltung kommen zu lassen. Die Wahl gerade dieses Stückes für die Eröffnungsvorstellung ist wieder ein Beweis der sorgfältigen Planung der ganzen herzoglichen Kampagne, deren erste Vorbereitungen schon einige Jahre zurücklagen.

Eine der ersten Taten Georgs II. als Herrscher in Meiningen war die Auflösung der Hofoper gewesen, um mit seinen etwas beschränkten finanziellen Mitteln der Pflege des klassischen Dramas und später der Hofkapelle besser dienen zu können. Mit dem Bemühen um publicity, das sich im Laufe der Zeit als nicht untypisch erweisen sollte, wurde die Öffentlichkeit in einem 1867 im ›Shakespeare Jahrbuch‹ erschienenen Aufsatz sowohl auf diese Entwicklung als auch auf die bevorstehenden Shakespeare-Aufführungen aufmerksam gemacht.[36] Im darauffolgenden Jahr wurde der damals angesehene Dichter und Dramaturg, Friedrich von Bodenstedt, aus München nach Meiningen berufen, um Intendant am Hoftheater zu werden.

---

[36] W. Roßmann, Die Shakespeare-Aufführungen in Meiningen, in: Shakespeare-Jahrbuch 2 (1867), S. 298–302 (s. Textteil).

Daß Bodenstedt diese Berufung an die Hofbühne einer kleinen Residenz annahm, schien eher für Meiningen eine Ehre zu sein; aber es stellte sich bald heraus, daß mit dieser Berufung ein Fehler begangen worden war. Sie deutet aber nicht nur auf den Ehrgeiz des Herzogs, sondern auch auf die künstlerische Einstellung des Herzogs; denn sehr im Gegensatz zu Dingelstedt hatte Bodenstedt den Ruf eines konsequenten Befürworters der Anwendung des unbearbeiteten und möglichst vollständigen Originaltextes.[37] Während aber für den Herzog das Bestehen auf Authentizität des Textes Teil seiner alles umfassenden historistischen Überzeugungen war, bedeutete es bei Bodenstedt eine vorwiegend literarische Orientierung und damit zugleich eine entsprechend niedrige Bewertung der visuellen Aspekte der Bühnenkunst.[38] Als Intendant war Bodenstedt also nicht der geeignete Mann, die Erwartungen des Herzogs zu erfüllen; dieser verlangte schon 1870 seinen Rücktritt und übernahm selber die Leitung des Theaters.

Mit dem Ausscheiden Bodenstedts übernahmen zwei Mitglieder der Truppe bedeutende Rollen neben dem Herzog, blieben ihm aber untergeordnet: Ellen Franz und Ludwig Chronegk. Nachdem Ellen Franz bei Bülow studiert und in der Musik eine Karriere zu machen versucht hatte, war sie auf Anraten seiner Frau (Cosima, später die Gattin Richard Wagners) Schauspielerin geworden. 1867 war sie vom Mannheimer Theater nach Meiningen übergewechselt und hatte hier in den Bodenstedtschen Shakespeare-Inszenierungen (›König Johann‹, ›Macbeth‹, ›Romeo und Julia‹) mitgewirkt. Von Kritikern dieser und späterer Aufführungen wurde sie als eines der schauspielerisch wirkungsvollsten Mitglieder der Truppe hervorgehoben. Sie zog sich 1873 von der Bühne zurück, als sie die Frau des Herzogs wurde. Als Helene Freifrau von Heldburg übernahm sie die Verantwortung für die Wortregie; sie war jedoch der Weimarer Tradition verpfichtet, so daß sie anscheinend nicht jenen realistischen Deklamationsstil förderte, der allein zum Realismus des Inszenierungsstils gepaßt hätte. Die Unnatürlichkeit der Sprechweise der Meininger wird von mehreren zeitgenössischen Beobachtern sowohl in Berlin als auch in London und Moskau getadelt, wie zum Beispiel von Theophil Zolling: ›Wenige unter ihnen verstehen natürlich zu sprechen.

---

[37] S. Friedrich Bodenstedt, Über einige Shakespeare-Aufführungen in München, in: Shakespeare-Jahrbuch 2 (1867), S. 251 ff.
[38] Vgl. Wolfgang Iser, ›Der Kaufmann von Venedig‹ auf der Illusionsbühne der Meininger, in: Shakespeare-Jahrbuch 99 (1963), S. 72–94.

Man vernimmt zu sehr die Mechanik, die Schule, eine breitspurige, gemachte, unlebendige Deklamationsweise, ein leeres, gespreiztes Pathos‹.[39]

Auf der anderen Seite kann über die Bedeutung des dritten Mitglieds der Mannschaft kein Zweifel bestehen. Ludwig Chronegk, ein Mann von geringer literarischer Bildung und bis 1870 ein auf komische Rollen spezialisierter Charakterdarsteller, erwies sich als ein Mann mit geradezu genialen organisatorischen Fähigkeiten. Als Regisseur hatte er die Aufgabe, die Probearbeiten zu leiten und die eher impressionistischen Anweisungen des Herzogs in die Sprache des Theaters zu übertragen. Auf den Gastspielreisen hatte er jedoch die alleinige Verantwortung; und zuweilen mußte er sogar Massenszenen mit zahlreichen Statisten dirigieren, ohne ihre Sprache auch nur annähernd zu beherrschen.

Es ist durchaus möglich, daß die Originalität und Unabhängigkeit von Chronegks Beitrag in ihrer Bedeutung für den Erfolg des Meiningenschen Theaters unterschätzt worden ist, zumal auch die daran beteiligten Schauspieler wie Grube, Barnay, Bjørnson und Kainz dazu neigen, von ihm etwas herablassend zu sprechen und ihn lediglich als den treuen Ausführer der Ideen seines Herrn darzustellen. Der ursprüngliche Vorschlag, die Gastspielreisen zu unternehmen, stammte aber von Chronegk, und die Meininger reisten nie ohne ihn. Als er 1890 in Moskau zusammenbrach und kurz nachher starb, hörten die Meininger auf, eine Wanderbühne zu sein.

Die Arbeit an der Inszenierung des ›Julius Cäsar‹ wurde schon 1867 begonnen. Zum Neujahr 1870, als er Herzog schon an ein eventuelles Gastspiel in der Hauptstadt dachte, wurde der namhafte Berliner Kritiker Karl Frenzel nach Meiningen eingeladen, um sowohl zu dieser als auch zu der Inszenierung von ›Der Widerspenstigen Zähmung‹ Stellung zu nehmen. Die erste Reaktion Frenzels war sehr ermutigend, und in einer Besprechung der Aufführungen in der Berliner ›National-Zeitung‹ vom 16. 1. 1870 versuchte er die Aufmerksamkeit des Publikums auf das Theater in Meiningen zu lenken. Zwei Jahre später schlug er in der ›National-Zeitung‹ vom 12. 9. 1872 einen längeren Besuch an einem der Berliner Theater vor. Die Besetzung wurde verstärkt, indem neue Schauspieler für die Hauptrollen verpflichtet wurden, namentlich Ludwig Barnay, der die Rolle des Antonius übernahm, nicht allerdings als Gast-Star, sondern als ›Ehrenmitglied der Gesellschaft‹; und als die Inszenie-

---

[39] Die Gegenwart 21 (1882), S. 302.

rung Ende 1873 nochmals in der Anwesenheit Frenzels aufgeführt wurde, erklärte er sie reif für die Hauptstadt, wo sie den schon erwähnten Prinzipienstreit hervorrief.

Prinzipien

Wenn wir uns nun den Prinzipien seines Inszenierungsstils zuwenden, muß folgendes betont werden: Georg II. von Meiningen war kein bewußter Theoretiker der *Mise-en-scène* im Sinne eines Stanislavskij, eines Meyerhold oder eines Brecht. Auch gibt es keine authentischen Berichte über seine Inszenierungen, wie dies für Max Reinhardt der Fall ist, in dessen Regiebüchern der Dramentext durch einen ausführlichen Kommentar vervollständigt wird, und wo sowohl explizite als auch implizite Gefühlsäußerungen beziehungsweise Gedanken in Gebärde oder Bewegung übertragen werden. Das vorhandene, bis jetzt nur teilweise wissenschaftlich bearbeitete Material besteht aus Briefen und Zeichnungen Georgs II.[40] Die vollständigste Selbstdarstellung des Herzogs ist wohl in den 1909 veröffentlichten Auszügen aus Briefen zu finden, die er nach Abschluß der Gastspielreisen an seinen damaligen Intendanten, Paul Lindau, richtete.[41] Daneben sind auch die Szenen- und Kostümentwürfe des Herzogs heranzuziehen, aus denen auf gewisse grundlegende Prinzipien geschlossen werden kann, und deren tatsächliche Auswirkungen anhand zeitgenössischer Theaterberichte bis zu einem gewissen Grad festgestellt werden können.

Dynamik

Eines der in den eben erwähnten Briefen am nachdrücklichsten betonten Prinzipien ist dasjenige der Bewegung: ›Die Bühne hat nun aber vorwiegend die Bewegung, das unaufhaltsame Vorwärtsschreiten der Handlung zu veranschaulichen‹. Die Berichte der Zeitgenossen scheinen auch die Bedeutung dieses Prinzips für die Meininger Inszenierungen zu bestätigen. Wo die Kritik sich mit dem Aufführungsstil, statt mit dem dargestellten Stoff im materiellsten Sinne befaßt, wird eine übertriebene Dynamik

---

[40] S. J. Müller, Das Meininger Theatermuseum und sein Archiv, in: Kleine Schriften der Gesellschaft für Theatergeschichte, H. 18 (1962), S. 51–62. Der Briefwechsel zwischen dem Herzog und den Gebrüdern Brückner sowie mehrere Zeichnungen des Herzogs befinden sich im Besitz des Instituts für Theatergeschichte der Universität Köln (Sammlung Niessen).

[41] S. Textteil.

wiederholt festgestellt und öfters getadelt; zum Beispiel von Lindau und Hopfen anläßlich der ›Julius Cäsar‹-Aufführungen von 1874, und wieder von Lindau zwei Wochen später bei Mindings ›Papst Sixtus V‹: ›Diese Lebhaftigkeit: Geht ein Mensch vorüber, so zeigen fünf Personen mit dem Finger auf ihn, die anderen stoßen zum mindesten an; für jeden Vorfall hegen sie die unbegreiflichste Theilnahme; Dinge, die kaum bemerkenswerth sind, versetzen sie in den höchsten Grad des Erstaunens; und macht einer unter ihnen eine Bemerkung, welche ein wohlthuender Richter als mäßigen Witz bezeichnen könnte, so verfallen sie in eine stürmische Heiterkeit. Die Leute sind in einer Gemüthsverfassung, als ob alle Tage ein Cäsar ermordet würde.‹[42] Sieben Jahre später wurde die gleiche Übertreibung im Londoner Gastspiel bemerkt: ›The German actors [...] fail by an excess of pantomimic gesture. Even a southern crowd is not always in the fever of excitement presented at and before the first entrance of Caesar.‹ Die Einstellung des englischen Rezensenten ist hier jedoch etwas weniger polemisch als die seines deutschen Kollegen, und er übersieht nicht, daß dieser dynamische Aufführungsstil ein Korrektiv zu einem anderen, weit verbreiteten Stil bildet, den er für durchaus nicht nachahmungswert hält: ›There is a total absence of that lumping of masses, that rigidity of form and feature, which dulls the spectator at ordinary performances.‹[43] Ostrovskij hingegen, der sich sonst den Meiningern gegenüber ziemlich kühl verhält, findet die Massenregie imponierend, zumal wenn es um eine sich bewegende, handelnde Masse, wie in den Schlußszenen des ›Julius Cäsar‹, geht.

Die Abneigung, die die dynamische Inszenierung der Meininger bei Kritikern wie Lindau und Hopfen hervorruft, ist in mancher Hinsicht ein typischerer Ausdruck für die stilistischen Bestrebungen der Epoche, als es die Ansichten des Herzogs sind. Dies deutet schon auf den fortschrittlichen Charakter seiner Bühnenreform und die Folgen hin, die sie für die Zukunft sowohl der Theaterpraxis als auch der dramatischen Literatur haben sollte. Ein Zeitgenosse Georgs II., der Literaturhistoriker und -theoretiker Hermann Hettner, verlangte 1851 eine Rückkehr zum Klassizismus: ›ich dringe im Grunde genommen auf gar nichts anderes, als worauf seit der Sturm-und-Drang-Periode und der Romantik alle Dichter gedrungen haben, auf größere Ruhe und Einfachheit, auf die Reaktion gegen die Hast und Breite und Unruhe des »Götz von Berlichin-

---

[42] Die Gegenwart 5 (1874), S. 333.
[43] The Times, 31. 5. 1881.

gen«‹.⁴⁴ Die Forderung nach Monumentalität drückt sich auch in Gustav Freytags programmatisch-theoretischer Arbeit ›Technik des Dramas‹ (1863) aus; hier wird die idealistisch fundierte Dramenform mit einer Pyramide verglichen, wodurch das Statische, das Einfache, das Konzentrierte und In-sich-Geschlossene betont werden: ›Ferner versage man sich breite, scenische Ausführung, man halte das dramatisch Darzustellende kurz, einfach, schmucklos, gebe in Wort und Aktion das Beste und Gedrungenste, gruppire die Scenen mit ihren unentbehrlichen Verbindungen in einen kleinen Körper mit rasch pulsirendem Leben, vermeide, so lange die Handlung läuft, neue, oder schwierige Bühneneffekte, zumal Massenwirkungen.‹⁴⁵ Wie bei Hettner, trotz der bürgerlich-sozialen inhaltlichen Prägung des von ihm befürworteten Klassizismus, läuft das formale Wollen Freytags darauf hinaus, die direkte Bezugsmöglichkeit des Dramas auf eine außerhalb seines Rahmens real existierende Welt grundsätzlich auszuschließen. Dies wird in seiner Begründung der Anwendung des Verses im ernsten Drama deutlich: ›[die Prosa] erlaubt größere Unruhe, schnelleren Wechsel, stärker gebrochene Bewegung, kräftige Rührigkeit [. . .]. Aber diese Vortheile werden reichlich aufgewogen durch die edlere Stimmung des Hörers, welche der Vers aufregt. Während die Prosa leicht in Gefahr kommt, die Bilder der Kunst zu Abbildern gewöhnlicher Wirklichkeit herabzuziehen, steigert die Sprache des Verses das Wesen der Charaktere zu größerer Höhe. In jedem Augenblick wird in dem Hörer die Empfindung rege erhalten, daß er Kunstwirkungen gegenüber steht, welche ihn der Wirklichkeit entrücken und in eine andere Welt versetzen [. . .] und es muß gesagt werden, daß diese Vortheile gerade bei Stoffen aus der Neuzeit sehr wohltätig sein können, denn bei ihnen ist die Enthebung aus den Stimmungen des Tages am nötigsten.‹⁴⁶

Auch in den Inszenierungen eines zeitgenössischen Theaterregisseurs, Franz von Dingelstedt, der dem historischen Realismus gewissermaßen verpflichtet war und der als Vorläufer des Herzogs von Meiningen gilt, gab es offensichtlich eine bewußte Vorliebe für statische Elemente. Zum Beispiel: in seiner berühmten Weimarer Inszenierung der Wallenstein-Trilogie im Jahre 1859 schloß das Drama mit einem *Tableau vivant*, das

---

[44] Der Briefwechsel zwischen Gottfried Keller und Hermann Hettner, hg. von J. Jahn, Berlin/Weimar 1964, S. 26f.
[45] Die Technik des Dramas, 2. verbesserte Aufl., Leipzig 1872, S. 119f.
[46] Ebenda, S. 274f. Vgl. auch Georg Jäger, Klassizistische Erneuerungsbetrebungen der Gründerzeit, a.a.O. (vgl. Anm. 25), S. 140–144.

sich unmittelbar an das Bild Pilotys, ›Seni an der Leiche Wallensteins‹, anlehnte. Und dasselbe gilt möglicherweise auch für Charles Kean, den englischen Vorläufer der Meininger; denn obgleich ein Auftritt wie der Einzug Bolingbrokes in London, der ein Zwischenspiel in der Kean'schen Inszenierung von Shakespeares ›Richard II.‹ bildete, an und für sich ein sehr bunter und bewegter Vorgang war, trug er überhaupt nichts zu jenem ›unaufhaltsamen Vorwärtsschreiten der Handlung‹ bei, daß Georg II. – wenigstens theoretisch – für so wichtig hielt.[47] Solche Szenen haben trotz aller immanenten Dynamik einen wesentlich beschreibenden, choreographischen Charakter und stehen den rein bildenden Künsten fast genau so nahe wie der dramatischen Kunst. Hans Makart, der bei der Wahl literarischer Vorbilder derartige Szenen bevorzugte, hat nicht nur das Monumentalgemälde ›Der Einzug Karls V. in Antwerpen‹ (1878) gemalt, sondern er hat – wie mehrere andere Maler der Zeit – auch an der Gestaltung historischer Kostümfeste im gleichen Stil mitgearbeitet.[48]

Diese Geschmacksrichtung ist nicht auf den Bereich des Theaters beschränkt. Sie läßt sich auch in jener eigenartigen Erscheinung des historischen Panoramas erkennen; vielleicht sogar – namentlich bei Conrad Ferdinand Meyer – deutlicher in der erzählenden Literatur. In Meyers historischen Novellen wird die Handlung ständig durch längere, beschreibende Exkurse unterbrochen, die die Szene zwar ausfüllen, die aber die Handlung nicht begründen. Denn die in solchen Abschweifungen dargestellte Umwelt hat nicht den Charakter eines zeitlich, örtlich oder gesellschaftlich bestimmten Raumes, sondern sie hat vielmehr Kulissencharakter. Hofmannsthals Bemerkungen über die Lyrik Meyers treffen auch hier zu; es fehlen keine der konventionellen Requisiten: ›Hochgerichte, Tempel, Klostergänge; [...] heroische Landschaften mit und ohne Staffage; Anekdoten aus der Chronik zum lebenden Bild gestellt, [...] welch eine beschwerende, fast peinliche Begegnung; das halbgestorbene Jahrhundert haucht uns an; die Welt des gebildeten, alles an sich raffenden Bürgers entfaltet ihre Schrecknisse.‹[49] Vor einem

---

[47] Vgl. jedoch die im Textteil abgedruckte Rezension von Clement Scott, dem Theaterkritiker des Londoner Daily Telegraph, der Tableau-vivant-ähnliche Gruppierungen in der Meininger Inszenierung von Shakespeares ›Wintermärchen‹ kritisiert.
[48] S. Wolfgang Hartmann, Makart und der Wiener Festzug 1879, in: Hans Makart, Triumph einer schönen Epoche. [Ausstellungskatalog] Staatliche Kunsthalle Baden-Baden 23. Juni – 17. September 1972, S. 166–178.
[49] Hugo von Hofmannsthal, Conrad Ferdinand Meyers Gedichte, in: Gesammelte Werke, hg. von Herbert Steiner, Prosa IV, Frankfurt a. M. 1966, S. 278f.

solchen ›bedeutungssteigernden Hintergrund‹ wird auch den Handlungen der Helden ein gewisser theatralischer Charakter verliehen, als ob es eher um eine Pose als um eine Lebensweise geht.[50] Die gleichen Stilisierungstendenzen kommen in der bildenden Kunst noch deutlicher zum Ausdruck. Feuerbachs ›Iphigenie‹ (1871) ist eine, der Dürerschen ›Melencolia‹ stark verpflichtete, mit der schweren Draperie der klassizistischen Bildhauerkunst umhüllte, sitzende Figur; Böcklin stellt ›Das Drama‹ (ca. 1880) als eine vereinzelte, auf einem Sockel gerade stehende Tragödin dar, in frontaler Stellung, im klassischen Kostüm und in formaler Pose. Der Erfolgsmaler, Franz von Lenbach, pflegte eine bewußte Monumentalität in dem von ihm bevorzugten Gegenstand, dem repräsentativen Herrscherporträt, wie z.B. in seinen Bildern von Kaiser Wilhelm I., Kaiser Franz-Josef und in seinen zahlreichen Bismarck-Porträts; der Herzog von Meiningen und die Freifrau von Heldburg zählten allerdings auch zu denen, die ihm saßen. Und zu einer Zeit, wo die französische Malerei sich ins Freie begab, um Menschen in ihrer natürlichen Umgebung und sogar bei der Arbeit darzustellen, zeigt Makart eine deutliche Vorliebe für die künstliche Beleuchtung und für literarische, insbesondere theatralische Motive; wie die Epigonendramatiker vom Spiel der Rachel, so läßt er sich von der Hofburgschauspielerin Charlotte Wolter inspirieren. Und auch er neigt entschieden dazu, den funktionellen Wert der Gegenstände zu übersehen oder zu unterschlagen, um sie als Requisiten bzw. Sammelstücke darzustellen.

Asymmetrie und offene Form

Gegen die klassizistischen Erneuerungsbestrebungen der 60er und 70er Jahre äußert der für seine Epoche sonst so typische Herzog von Meiningen – wenigstens implizit – gewisse Bedenken. Statt der Ruhe und des Gleichgewichtes, die Winckelmann ein Jahrhundert früher in der Bildhauerkunst der Griechen und unter den Modernen bei Raffael erkannt hatte, verlangt er Bewegung und Asymmetrie; hier liegt wohl mit ein Grund für den Bruch mit seinem ersten Intendanten, dem Epigonen des Klassizismus Bodenstedt: ›Bei der Komposition des Bühnenbildes ist zu beachten, daß die Mitte des Bildes mit der Mitte des Bühnenraumes nicht

---

[50] Vgl. J. P. Stern, Idylls and Realities, London 1971, S. 81 f.; und Richard Hamann und Jost Hermand, Gründerzeit (= Epochen deutscher Kultur von 1870 bis zur Gegenwart. Bd 1), München 1971 [Erstveröffentlichung: Berlin-Ost 1965], S. 66–72.

kongruent ist. − Geht man bei der Komposition von der geometrischen Mitte aus, so ergeben sich zwei gleiche Hälften, und dann ist immer die Gefahr vorhanden, daß in der Anordnung der Gruppen und deren Einfügung in das Gesamtbild rechts und links mehr oder minder symmetrische Übereinstimmungen entstehen, die hölzern, steif und langweilig wirken. [...] die Komposition mit der Hauptfigur [...] in der richtigen Mitte, der die Nebenfiguren [...] in mehr oder minder gleichmäßigem Abstand an die Seite treten, kann auch auf der Bühne künstlerisch wohlberechtigt sein in dem besonderen Falle, daß in dem dargestellten Bilde eine feierlich strenge, gewissermaßen asketische Wirkung angestrebt wird [...]. Da wird das Bild immer den Charakter des ruhigen Verweilens haben. Die Bühne hat nun aber vorwiegend die Bewegung, das unaufhaltsame Vorwärtsschreiten der Handlung zu veranschaulichen; deshalb ist diese Anordnung im allgemeinen zu vermeiden, da sie erstarrend wirkt und die Bewegung aufhält.‹[51]

Angesichts solcher Überlegungen empfiehlt es sich, für die Zeit, wo Herzog Georg II. als Theaterregisseur wirkte, den Blick noch einmal auf Entwicklungen in der deutschen Literatur, insbesondere im Bereich des Dramas und der Dramentheorie zu werfen. Wie schon angedeutet, begann diese Epoche mit der Ablehnung des nicht-aristotelischen, an Shakespeare angelehnten Dramas des Sturm und Drang; durch Hettner wurden sowohl die Dramen von J.M.R. Lenz wegen ihrer angeblichen Formlosigkeit als auch die ›episch oder wenigstens episierenden‹ Historien Shakespeares wegen ihrer Verstöße gegen die Reinheit der Gattung scharf kritisiert.[52] Noch in den 80er Jahren ist bei Alfred Klaar ähnliches zu lesen: ›An Stelle der dramatischen Konzentrierung tritt in den Historien die epische Breite und Weitläufigkeit, an Stelle der dramatischen Helden das Große und Ganze des Volkstums und der Staatspolitik. Eine Einheit der Handlung ist selbst in allen Königsdramen zusammengenommen nicht nachzuweisen.‹[53] Bei den Meiningern findet diese Auffassung ihren Niederschlag im Gastspielrepertoire, wo erstaunlicherweise die Königsdramen Shakespeares gänzlich fehlen, obgleich gerade diese

---

[51] S. Textteil.
[52] Das moderne Drama. Ästhetische Untersuchungen, hg. von Paul Alfred Merbach, Berlin/Leipzig 1924, S. 19. Vgl. Helmuth Widhammer, Realismus und klassische Tradition (= Studien zur deutschen Literatur 34), Tübingen 1972, S. 146.
[53] Das moderne Drama (= Das Wissen der Gegenwart, Bd IX), Leipzig/Prag 1883, S. 44f.

Stücke auf den Meininger Inszenierungsstil hätten zugeschnitten sein können.

In die zweite Hälfte der Meininger Gastspielzeit fällt jedoch die Entdeckung Georg Büchners, des wohl bedeutendsten Vertreters eben dieser nicht-aristotelischen Tradition, die für die Zukunft des deutschen Dramas von so großer Wichtigkeit werden sollte. 1879 erschienen die Werke Büchners in der Ausgabe von Karl Emil Franzos; bis 1890 drängten die jungen Dichter des Naturalismus immer wieder auf die Aufführung seiner Dramen; und 1896 fand im Münchener ›Intimen Theater‹ die erste Aufführung eines Büchnerschen Dramas, ›Leonce und Lena‹, statt.

In seiner ›Lenz‹-Novelle legt Büchner seinem Helden ein ästhetisches Credo in den Mund, das gewisse Ähnlichkeiten mit dem des Herzogs von Meiningen aufweist (wobei betont werden sollte, daß diesem die Novelle sicherlich nicht bekannt war). In der Beurteilung der Kunst geht es dem Büchnerschen Lenz eher um das Lebendige als um das Schöne: ›Ich verlange in Allem – Leben, Möglichkeit des Daseins, und dann ist's gut; wir haben dann nicht zu fragen, ob is schön, ob es häßlich ist, das Gefühl, daß Was geschaffen sey, Leben habe, stehe über diesen Beiden, und sey das einzige Kriterium in Kunstsachen.‹ Dieses von Lenz bzw. Büchner verlangte Leben ist eine sich ewig verändernde, sich ständig bewegende Macht, die an keine feste Form gebunden ist: ›Die schönsten Bilder, die schwellendsten Töne, gruppiren, lösen sich auf. Nur eins bleibt: eine unendliche Schönheit, die aus einer Form in die andre tritt, ewig aufgeblättert, verändert, man kann sie aber freilich nicht immer festhalten [...]‹. Die ruhigen, in sich geschlossenen, vom Klassizismus bevorzugten Kunstwerke wie der Apoll von Belvedere oder die Madonnen Raffaels erwecken bei ihm keine Teilnahme: ›ich muß gestehen, ich fühle mich dabei sehr tot.‹[54]

In der bildenden Kunst gilt seine Vorliebe eher dem Realismus der niederländischen Genre-Malerei, wie dies in einem von ihm beschriebenen Intérieur verkörpert ist. Dieses Bild stellt eine alte Frau dar, wie sie in einer bescheidenen Kammer am offenen Fenster sitzt: ›Die Frau hat nicht zur Kirche gekonnt, und sie verrichtet die Andacht zu Haus, das Fenster ist offen, sie sitzt darnach hingewandt, und es ist als schwebten zu dem Fenster über die weite, ebne Landschaft die Glockentöne von dem Dorfe

---

[54] Georg Büchner, Lenz, in Sämtliche Werke und Schriften, Bd 1, hg. von Werner R. Lehmann, Hamburg o.J. [1967], S. 86ff.

herein und verhallet der Sang der nahen Gemeinde aus der Kirche her, und die Frau liest den Text nach.‹[55] Das heißt: die im Bilde dargestellte Wirklichkeit bildet nur einen Ausschnitt aus einer größeren Welt, die so reich und mannigfaltig ist, daß sie in dem beschränkten Bildrahmen nur angedeutet, nicht dargestellt werden kann. Durch eben diese Andeutung wird aber eine Beziehung, wenn nicht schon eine Spannung, zwischen Intérieur und Außenwelt, Teil und Ganzem hergestellt.

Bei allem inhaltlichen Unterschied ist das gleiche formale Prinzip zuweilen in der szenischen Gestaltung der Meininger Inszenierungen deutlich zu erkennen; am auffallendsten in jener Szene des Schillerschen ›Fiesco‹, wo das Thomastor gesprengt wird. Hier wurde das zu verteidigende Tor schräg über die ganze Szene von links nach rechts aufgebaut, so daß für die eigentliche Handlung nur ein verhältnismäßig enger Raum übrig blieb. Der auf diese Weise beschränkte Bühnenraum bildete jedoch keine abgeschlossene Szene, denn außerhalb des Tores und den Zuschauern zunächst unsichtbar standen die lärmenden Aufrührer und drohten, jederzeit das Tor zu erstürmen und somit die ganze szenische Gruppierung radikal zu verändern. Die Absolutheitsforderung des klassischen Bühnenbildes wird somit durchkreuzt; eine Kommunikation wird zwischen Innen- und Außenraum, zwischen Bühne und Welt, hergestellt wie in den Fensterszenen der Dramen von Lenz, Büchner oder Wedekind.[56] Vor allem im Drama des Naturalismus wird eine solche szenische Gestaltung zu ihrer vollen Geltung kommen, denn hier ist es das Hauptanliegen des Dramatikers den Menschen in seiner Beziehung zu seiner Umwelt darzustellen. Wie paradox dies auch klingen mag, hat die vom naturalistischen Theater bevorzugte geschlossene Zimmerdekoration erschließende Funktion; denn wie in der Eröffnungsszene von Gerhart Hauptmanns ›Vor Sonnenaufgang‹ dringt die Außenwelt – die soziale Welt – durch Türen und Fenster herein, und ihr determinierender Einfluß auf die Handelnden wird unmittelbar dargestellt.[57]

Wie groß ist allerdings der Unterschied zwischen solchen Bestrebun-

---

[55] a.a.O., S. 88.
[56] Vgl. Volker Klotz, Geschlossene und offene Form im Drama (Literatur als Kunst), München 1972 [zuerst: 1960], S. 129 f.
[57] Der schon erwähnte Szenenentwurf des Herzogs von Meiningen zu Ibsens ›Gespenstern‹ zeigt ein Zimmer mit einem großen Fenster im Hintergrund. Durch das Fenster blickt man auf die für die Handlung dieses Dramas so wichtige bedrückende, neblige Gebirgs- und Fjordlandschaft der norwegischen Provinz.

gen, Beziehungen zwischen Innenraum und Außenwelt, Teil und Ganzem zu betonen, und den Bemühungen der damaligen Innenarchitektur, das Problem des ›störenden Fensters‹ zu beseitigen! Dazu schreibt Dolf Sternberger: ›Die Paradoxie des Fensters, des modernen, ganz und gar durchsichtigen nämlich, das also zugleich nach außen öffnet und Einlaß gibt und doch auch wiederum absperrt, ist [...] eine ständige Quelle der Beunruhigung. [...] »Unsere gewöhnlichen großen Fenster« – schreibt zum Beispiel Cornelius Gurlitt [...] – »nehmen dem Raum die innere Ruhe, setzen ihn zu sehr in Beziehung zur Außenwelt.«‹[58]

Im realistischen Inszenierungsstil des Herzogs von Meiningen ist die zuerst von dem Kunsthistoriker Heinrich Wölfflin beschriebene ›offene Form‹ ein ausschlaggebendes Prinzip. Die Bevorzugung eines asymmetrischen Bühnenbildes, das vielleicht infolge des Meiningenschen Einflusses charakteristisch für das Brückner-Atelier wurde,[59] bedeutet die Ablehnung der willkürlichen, regelmäßigen Form des Bühnenraums. Dieser vorgegebene Raum darf nie die Linien der Bewegungen auf der Bühne bestimmen. Selbst Augenblicke der Ruhe dürfen nicht ohne Spannung sein, sondern ihre potentielle Energie muß betont werden. Die Mitte der Bühne darf nichts anders als ein Übergang zwischen rechts und links sein.

Auf diesem Prinzip der Spannung im Verhältnis zwischen Bühnenraum und Bühnenbild beruhen auch andere Aspekte des herzoglichen Inszenierungsstils. In der Stellung der Schauspieler zueinander wird das Dreieck der geraden Linie oder dem Rechteck vorgezogen; bei einer geschlossenen Dekoration werden die Wände schräg aufgestellt; überhaupt wird die schräge Achse der senkrechten oder der waagerechten vorgezogen; d. h. die Parallele ist zu vermeiden, denn dadurch werden die regelmäßigen Grenzlinien des real vorhandenen Bühnenraums widergespiegelt und die Einengung der Bewegungen auf der Bühne deutlich gemacht.

Die gleichen Bemühungen, die Illusion eines natürlichen, durch lebendige und damit sich bewegende Menschen tatsächlich bewohnten Raumes zu erwecken, lassen sich auch in den Bemerkungen des Herzogs zur Verwendung von Dekorationen und Requisiten unmißverständlich erkennen. Es geht ihm darum, daß ein richtiges Verhältnis zwischen dem Schauspieler und den Dekorationsstücken, d. h. zwischen dem Menschen

---

[58] Panorama oder Ansichten vom 19. Jahrhundert, Frankfurt a. M. 1974 [zuerst: 1938], S. 156.
[59] Vgl. Ibscher, a.a.O. (vgl. Anm. 31), S. 146.

und seiner Umwelt, hergestellt wird. Darauf fußt die Meiningensche Neigung zum plastischen, sich durch die Stabilität der Gegenstände auszeichnenden Bühnenbild im Gegensatz zum gemalten, dessen künstlicher Charakter allzuleicht deutlich wurde,[60] sowie die häufige Anwendung von Versatzstücken wie Stufen, Felsen, umgefallenen Bäumen, einmal sogar einem großen, ausgestopften Pferd,[61] die alle dazu beitrugen, die Unregelmäßigkeit einer natürlichen Szene nachzuahmen und den Schauspielern mehrfach Gelegenheit boten, ›auf ungezwungene Weise Fühlung mit einem [...] auf der Bühne befindlichen Gegenstande‹ aufzunehmen. Auch hier fehlt es nicht an Kritikern, deren Bemerkungen die tatsächliche Anwendung solcher Prinzipien in der Praxis der Meininger bestätigen, die aber auch wegen ihrer angeblichen Exzesse – manchmal etwas bissig – mit den Meiningern ins Gericht gehen.[62]

Bei Szenen im Freien empfiehlt der Herzog, nach denselben Prinzipien zu verfahren, d. h. das Bühnenbild sollte nicht durch sogenannte Luftsofitten, die gewöhnlich den klaren Himmel darstellten, abgeschlossen sein, sondern durch unregelmäßige plastische Dekorationen, Bäume, Fähnchen und Flaggen, notfalls Wolkensofitten. Die Kritik des britischen Ibsen-Übersetzers, William Archer, nämlich daß das Bühnenbild infolgedessen bedrückend und eingeschlossen wirke,[63] scheint darauf hinzudeuten, daß der Herzog und seine Mitarbeiter es nicht immer verstanden, ihren Absichten gerecht zu werden, denn ein Hauptanliegen ihrer Bühnengestaltung war es auch, die Illusion zu erwecken, daß der Handlungsraum eigentlich größer sei als der Bühnenraum. Zu diesem Zwecke empfiehlt der Herzog, bestimmte Dekorationen so aufzustellen, daß jeweils nur ein Teil sichtbar wird, während der Rest in den Sofitten oder hinter der Kulisse versteckt zu sein scheint. In Massenszenen ist derselbe Effekt dadurch zu erzielen, daß sich die Menge in die Kulisse hinein verliert, und die Zuschauer nicht feststellen können, daß die Gruppierung aus einer beschränkten Zahl von Statisten besteht. So wurde – offensichtlich mit großem Erfolg – in der Meininger Inszenierung von Kleists ›Hermannsschlacht‹ verfahren. Hans Hopfen, kein Freund der Meininger, vergleicht ihre Inszenierung mit der bewußt Konkurrierenden des Königlichen Schauspielhauses und gibt die entschiedene

---
[60] Vgl. Krengel-Strudthoff, a.a.O. (vgl. Anm. 33).
[61] Grube, a.a.O. (vgl. Anm. 22), S. 48f.
[62] Z. B. der Londoner Theaterkritiker, G. A. Sala, anläßlich der Inszenierung der ›Räuber‹ von Schiller; s. Illustrated London News vom 11. 6. 1881.
[63] S. Textteil.

Überlegenheit der Meiningenschen Massenregie zu. Auf der kleineren Bühne der Friedrich-Wilhelmstädtischen Theater – und teilweise eben weil es eine kleinere Bühne war – gelang es den Meiningern mit verhältnismäßig geringen Kräften und mit Hilfe einer schon in der Kean'schen Inszenierung von Shakespeares ›Richard II.‹ (1867) angewandten Technik, den Eindruck einer gewaltigen Menge hervorzurufen: ›Der Vorbeimarsch des Römerheeres hielt das Drama keinen Augenblick auf und glich durchaus keiner Ballettparade; die müden Kerle kamen kunterbunt aus der vordersten Coulisse links, um, scheinbar hinter einem Hügel, in der zweiten Coulisse derselben Seite zu verschwinden. Es waren natürlicherweise immer dieselben Statisten; da man sie aber nur von rückwärts sah, also keine Gesichter unterscheiden konnte, war die Täuschung vollständig.‹[64]

Kostüm

Ein weiterer Gegenstand, zu dem sich der Herzog in dem Brief an Lindau äußerte, ist die Frage des Kostüms. Hier ist das Verlangen nach genauer historischer Wahrheit ebenso stark wie auf dem Gebiet des Bühnenbildes und der Bühnendekoration; und auch hier liegt es durchaus nah, diesen Historismus für einen unbedeutenden Ausdruck des Zeitgeschmacks zu erklären. Bei sorgfältigerer Untersuchung der Tatsachen, die Kostümentwürfe des Herzogs inbegriffen, stellt es sich aber bald heraus, daß es wieder um einen integrierenden Bestandteil der herzoglichen Regiekunst geht.

Der Herzog bemühte sich nämlich nicht nur um die Authentizität des Kostüms; er interessierte sich auch dafür, wie die Kostüme verschiedener Epochen getragen wurden, und für die möglichen Folgen, die das für die Inszenierung haben könnte. Er fordert, daß in den Proben das volle Kostüm von Anfang an getragen wird, ebenso Requisiten, etwa Waffen, damit die Schauspieler sich daran gewöhnen können, und sich zwanglos in der Art und Weise bewegen können, wie dies von gewissen Kostümen verlangt wird. Der Eindruck, daß es sich um ein Kostümfest à la Makart handelt, soll möglichst vermieden werden. Auch hier läuft das Anliegen des Herzogs darauf hinaus, ein natürliches Verhältnis zwischen dem Menschen und seiner Umwelt, genau gesagt zwischen Kleidung und Bewegung, herzustellen; denn dies läßt sich auch in der Regie interpretatorisch verwerten.

---

[64] Hans Hopfen, Berliner Theaterfrühling, in Streitfragen und Erinnerungen, Stuttgart 1876, S. 276.

Dementsprechend machte es sich der Herzog zur Gewohnheit, den Schauspielern zusammen mit ihren Kostümen auch Rollenbilder mit schriftlichen Anweisungen übergeben zu lassen, die sie darüber aufklärten, wie das jeweilige Kostüm zu tragen war. Auf solchen Bildern wurde die Person nicht in ruhiger Stellung dargestellt, sondern beim Ausüben einer charakteristischen Bewegung.

Es wäre wieder falsch, für den Herzog von Meiningen die Rolle eines großen Erneuerers in der Theorie des Kostüms zu beanspruchen. Seine Praxis wurde zum Beispiel in den Ideen des Grafen Brühl, Intendant in Berlin von 1815 bis 1828, offensichtlich vorweggenommen. Ähnliche Bestrebungen gab es auch im französischen und englischen Theater, und schon 1856 erschien der erste Band der dreiteiligen Kostümkunde von Jakob Weiß: ›Geschichte des Kostüms‹; dies wurde freilich auch vom Herzog als Hauptquelle verwendet. Aber noch im Jahre 1859 hatte Botho von Hülsen, Intendant am Königlichen Schauspielhaus in Berlin, gewisse Schwierigkeiten mit Schauspielerinnen, die die modische Krinoline sowohl bei modern als auch bei historisch ausgestatteten Stücken tragen wollten. Die Erfahrungen Ludwig Barnays lassen erkennen, daß in Meiningen die Praxis nicht nur strenger war als anderswo; sie zeugte auch von einer tieferen analytischen Einsicht in die mögliche Bedeutung des Kostüms für die Inszenierung.

Als Barnay sich 1873 nach Meiningen begab, um dort die Rolle des Petruchio in ›Der Widerspenstigen Zähmung‹ zu spielen, die, wie er wohl wußte, im Renaissance-Stil inszeniert werden sollte, nahm er ein neues Paar überkniehoher Lederstiefel in seinem Gepäck mit. Trotz aller Kenntnisse der Meininger Vorschriften erwartete er, daß er seine Stiefel (und sogar Sporen dazu) würde tragen dürfen, denn es war üblich, die ›Männlichkeit‹, wie sie diese Rolle verlangte, durch die militärische Kleidung des Dreißigjährigen Krieges auszudrücken. Erst nachdem er vom Herzog selbst zurechtgewiesen worden war, fand Barnay sich bereit, sich der allgemeinen Kostümierung anzupassen; und nun wurde ihm allmählich bewußt, daß die ihm zuerteilte Bekleidung eine viel subtilere und geistreichere Auffassung der männlichen Überlegenheit forderte als die konventionelle, peitschenschwingende Aggressivität seines ursprünglichen Konzepts: ›Unmerklich vollzog sich, durch dieses rein äußerliche Moment ein Umschwung in meiner Darstellungsweise, welche der Absicht des Dichters vielleicht näher kam.‹[65]

---

[65] Ludwig Barnay, Erinnerungen, Bd 1, Berlin 1903, S. 276.

Schauspielkunst und Ensemblespiel

Zur Schauspielkunst im Sinne der Interpretation einer Rolle hat der Herzog von Meiningen wenig zu sagen. Nach dem Brief an Lindau zu urteilen, war für ihn der Schauspieler in erster Linie ein bewegliches Element in dem sonst statischen Bühnenbild; jemand, der Speere zu tragen oder Kostüme anzuziehen hatte, der in sorgfältig einstudierten Ensembleszenen mitwirkte, eventuell als Führer kleinerer, aus Laien bestehenden Statistengruppen. Daß die Massenregie der Meininger ausgezeichnet war, wurde auch von ihren strengsten Kritikern nicht bestritten, aber es wurde mehrmals behauptet, daß bei den Meiningern die Schauspielkunst im herkömmlichen Sinne zu kurz gekommen sei. Am häufigsten wird dies von den älteren Kritikern wie Ludwig Speidel, dem einflußreichen Wiener Feuilletonist, Clement Scott in England, Jules Claretie und Francisque Sarcey in Frankreich und Ostrovskij in Rußland geäußert; für diese Männer, die einer individualistischen Auffassung des Theaters verpflichtet waren, gilt als ausschlaggebender Aspekt der Bühnenkunst weiterhin der persönliche Beitrag des genialen Schauspielers und nicht die kollektive Leistung einer – wenn auch autoritär geführten – Theatertruppe. Bei aller Anerkennung stimmen sie der vorbildhaften Massenregie nicht bedingungslos zu, denn sie meinen, darin eine der Entfaltung des Individualtalents entgegenstehende Disziplin zu erkennen; bei den eben erwähnten, nicht-deutschen Kritikern liegt auch die Vermutung nahe, daß ein gewisses Mißtrauen, wenn nicht gar ein Ressentiment aufgrund der deutschen Kriegserfolge, mit im Spiel war.

Solche Vorbehalte kommen allerdings auch bei jüngeren, fortschrittlichen Kritikern zum Ausdruck. Brahm, zum Beispiel, findet, daß die Truppe nicht die Fähigkeit besitzt, ›einer Szene zu ihrem Recht [zu] verhelfen, die rein auf schauspielerische Wirkung gestellt ist und auf stark ausgeprägte künstlerische Individualitäten zählt, nicht auf Statisten.‹[66] Antoine gewinnt den Eindruck, daß eines der wichtigsten Kriterien bei der Auswahl der Meiningenschen Schauspieler der Körperbau sei, und zwar unter dem Aspekt, inwieweit dieser dazu geeignet wäre, die extravaganten Kostüme zur vollen Geltung kommen zu lassen.[67] Auch Stanislavskij, der den von Chronegk zunächst übernommenen Despotis-

---

[66] S. Textteil.
[67] S. Textteil.

mus im Umgang mit seinen Schauspielern schließlich aufgab, stellte bei den Meiningern eine Diskrepanz zwischen Regie und Schauspielkunst nicht ohne Kritik fest.[68] Er weist jedoch auf einen möglichen Grund hin, nämlich daß es darum ging, aus der Not eine Tugend zu machen. Infolge der geographischen Lage Meiningens und der beschränkten finanziellen Mittel des Herzogs war es nicht leicht, etablierte Schauspieler von den konkurrierenden Theatern der Großtädte – vor allem Wien, Berlin und München – wegzulocken. Während der Gastspielzeit war es auch üblich, die neuen Stücke im Winter einzustudieren und im eigenen Theater aufzuführen, so daß die in Meiningen engagierten Schauspieler auf die Theatersaison etwa in der Hauptstadt verzichten mußten.

Andererseits darf man jedoch annehmen, daß eine gewisse Vorliebe für mittelmäßige oder unerfahrene Schauspieler schon zu den Absichten des Herzogs paßte. Es wäre verfehlt, den zeitgenössischen Kritikern – und auch jüngeren Leuten wie Meyerhold, die nur die Übertreibungen von den Epigonen des Meinigertums erlebten – darin Recht zu geben, daß der Herzog von Meiningen die Schauspielkunst zugunsten von Nebensachen wie Bühnenbild, Kostüm oder Massenregie vernachlässigte. Daß solche Dinge beim Publikum ein größeres Interesse hervorriefen, war, wie Chronegk mit Recht in Moskau betonte, eher auf den Geschmack des Publikums zurückzuführen. Was die Schauspieler betrifft, galt des Herzogs Hauptanliegen, wie schon mehrmals angedeutet wurde, dem Einfluß der sogenannten Äußerlichkeiten auf die Schauspieler, ihre Bewegungen und ihre Gebärden; ihm ging es um die Funktion der einzelnen Elemente der Bühnenkunst und um ihr konsequentes Zusammenwirken bei der Erzeugung eines einheitlichen ›Gesamtkunstwerks‹. Die Tendenz, der die jeweilige Inszenierung untergeordnet war, wurde vom Regisseur bestimmt, der in diesem Fall auch das Bühnenbild usw. entwarf; Statisten und weniger selbstbewußte Schauspieler wären wohl eher dazu geneigt gewesen, sich dem Despotismus eines solchen Regisseurs zu fügen, als die Schauspielervirtuosen des 19. Jahrhunderts.

Man könnte auch vermuten, daß ein hervorragender Schauspieler auf die Einheit des Ensembles störend gewirkt hätte. Bei Emmerich Robert, wie Barnay Ehrenmitglied der Truppe, scheint dies tatsächlich der Fall gewesen zu sein, obgleich sein Spiel als Prinz von Homburg dem damals gültigen Bild eines preußischen Prinzen näher kam, als das von dem noch jungen Josef Kainz, der 1878 in Berlin diese Rolle wechselweise mit ihm

---

[68] S. Textteil.

teilte.[69] Nach zeitgenössischen Quellen zu urteilen, scheint die Spielweise Barnays, der am häufigsten bei den Meiningern gastierte, zurückhaltend gewesen zu sein, so daß bei ihm solche Störungen nicht vorkamen; während Josef Kainz, der weitaus bedeutendste Schauspieler, der bei den Meiningern mitwirkte, dies nur für eine kurze Zeit in den Anfangsstadien seiner Bühnenlaufbahn tat. Aus seinen Briefen läßt es sich auch deutlich erkennen, daß es ihn von früh an nach dem Burgtheater zog, und daß ihm Meiningen nur als Sprungbrett dienen sollte.[70]

Die Erneuerung der Regiekunst

Aus dem Meiningenschen Hoftheater ging also keine Schule von Schauspielern hervor, aber es trug Wesentliches zur Erneuerung der Regiekunst und zur Begründung einer neuen Schule von Regisseuren bei. In Deutschland wurden seine Methoden bald von anderen Bühnen übernommen, namentlich vom ›Deutschen Theater‹, das 1883 durch Adolf L'Arronge eröffnet wurde, und zwar im umbenannten Friedrich-Wilhelmstädtischen Theater, wo die Meininger bis dahin immer gastiert hatten. Aus einer Besprechung der ›Antigone‹ durch Otto Brahm läßt sich schließen, inwiefern und mit welchem Erfolg die Meiningenschen Prinzipien hier angewendet wurden. Darüber hinaus kann man – was noch bedeutender ist – daraus den durchaus positiven Standpunkt Brahms, des Nachfolgers von L'Arronge am selben Theater, deutlich erkennen.[71] Unter denjenigen, die als Schauspieler bei den Meiningern mitgewirkt hatten, wurden Barnay und Max Grube verhältnismäßig erfolgreiche Regisseure in Berlin; Grube übernahm sogar das Königliche Schauspielhaus, das während der 70er Jahre in nicht immer freundlichem Wettbewerb mit den Meiningern stand.

Die Gastspielreisen blieben auch nicht ohne Einfluß. Vor allem in London erweckte der Besuch großes Aufsehen unter den Theaterleuten. Die dritte Vorstellung des ›Julius Cäsar‹ wurde als ›professional matinée‹ in Anwesenheit der schauspielerischen Elite Englands, Irving, Toole, den Bancrofts, Ellen Terry und anderen Berühmtheiten gegeben. In den

---

[69] Vgl. Hahm, a.a.O. (vgl. Anm. 26), S. 99, S. 139.
[70] Kainz wurde allerdings erst spät zur Burg berufen, nachdem er im Berlin der 80er Jahre seinen Ruf begründete, und es ihm in den 90er Jahren nicht gelang, sich dem Ensemble der großen naturalistischen Schauspieler (Rittner, Sauer, Else Lehmann, Rosa Bertens, auch der junge Max Reinhardt) am Deutschen Theater unter Otto Brahm einzufügen.
[71] Kritische Schriften, hg. von Paul Schlenther, Bd 1, Berlin 1913, S. 87–93.

späteren Inszenierungen Irvings sind gewisse Auswirkungen festgestellt worden; und es ist auch behauptet worden, daß der Einfluß der Meininger Aufführungen bis zu Beerbohm Tree weiterreichte.[72]

Aber die bedeutendsten Entwicklungen zeigten sich auf dem europäischen Festland. Das Verständnis für die Bedeutung der Bühnenausstattung im weitesten Sinne (für die dramatische Inszenierung als ganze und die Einsicht in das dynamische Verhältnis zwischen Schauspieler und Dekor) bedeutete einen großen Fortschritt für die Bühnenkunst und bereitete den Weg für die Theorien eines Appia und die Praxis eines Reinhardt vor,[73] das heißt auch für jene nicht-realistische Regie, die die vorherrschende Tendenz im Theater des frühen 20. Jahrhunderts werden sollte. Die unmittelbaren Nachfolger des Herzogs von Meiningen und Ludwig Chronegks waren jedoch die großen Vorkämpfer des Naturalismus auf dem europäischen Theater: Antoine, Brahm und Stanislavskij. Zu einem frühen und entscheidenden Zeitpunkt in ihrer künstlerischen Entwicklung erlebten alle diese Männer Inszenierungen der Meininger. Brahm 1882 als Berliner Theaterkritiker, Antoine und Stanislavskij schon kommende Regisseure, jener 1888 in Brüssel (die Meininger gastierten nie auf französischem Boden), dieser 1890 in Moskau. Sie alle berichteten ausführlich über ihre Eindrücke und erwiesen sich als überzeugte, aber nicht kritiklose Befürworter der Meiningenschen Prinzipien. Die Bedeutung dieser drei Männer liegt wesentlich darin, daß sie den Methoden des Herzogs von Meiningen einen neuen Inhalt zu geben wußten, und zwar einen Inhalt, der diesen Methoden besser entsprach als jener Ausstattungshistorismus, auf den der Herzog selber nur selten verzichtete.

Von einer Auffassung des Theaters, in der die Frage der Beziehung zwischen dem Schauspieler und den Dekorationen eine so große Rolle spielt, wo der vom noch so berühmten Schauspieler dargestellte einzelne sich einem ganzen eingliedern oder gar unterordnen muß, wo der

---

[72] Vgl. G. C. D. Odell, Shakespeare from Betterton to Irving, Vol. II, London 1921, S. 424; und E. L. Stahl, Der englische Vorläufer der Meininger: Charles Kean als Bühnenreformator, in: Beiträge zur Literatur- und Theatergeschichte: Ludwig Geiger zum 70. Geburtstag gewidmet, Berlin 1918, S. 446.

[73] Vgl. Lee Simonson, The Stage is set, New York 1946, S. 272ff.; Denis Bablet, Esthétique genérale du décor du théâtre de 1870 à 1914, Paris 1965, S. 54ff.; und Heinz Kindermann, Theatergeschichte Europas, Band VIII. Naturalismus und Impressionismus. I. Teil. Deutschland/Österreich/Schweiz, Salzburg 1968, S. 769.

Bühnenraum nicht mehr eine in sich geschlossene, absolute Welt, sondern lediglich einen Teil einer größeren Welt – oder in der Zola'schen Formel: ›un coin de la nature‹ – verkörpert, ist es kein großer Schritt zu jener deterministischen Weltanschauung, auf die sich der literarische Naturalismus begründete, und die den Menschen als Produkt seiner Umwelt betrachtete.[74] In der Arbeit der großen Regisseure des Naturalismus wurde der Kontakt zwischen dem Theater und der zeitgenössischen Literatur wiederhergestellt. Zugleich wurde ein Theaterstil, der in seinen Ursprüngen Ausdruck des Absolutismus einer vergangenen politischen Epoche war, zur Grundlage eines realistischen Stils, der erst in der Unterstützung der politisch entgegengesetzten Bestrebungen gesellschaftskritischer Dramen wie Gerhart Hauptmanns ›Die Weber‹ zur vollen Entfaltung kommen sollte.

*

Mit zwei Ausnahmen stammen die hier vereinigten Texte aus der Zeit der Gastspielreisen oder deren unmittelbaren Vorbereitung. Chronologisch umfassen sie die ganze Gastspielepoche; der durch die Provenienz der Texte nur angedeutete geographische Umfang der von den Meiningern unternommenen Tourneen läßt sich an Hand der abgedruckten Tabellen genau ermitteln. Die Gliederung der Texte verdeutlicht besser als alles andere die steigende Entwicklungslinie: die provinzielle Hofbühne, die 1866 emsig versucht, für sich ein breiteres Publikum zu gewinnen, wird, nachdem sie sich auf nationaler Ebene durchgesetzt hat, Gegenstand einer internationalen Diskussion, an der die bedeutendsten Theatermänner Europas – wenn auch manchmal widerwillig – teilnehmen.

---

[74] Vgl. Lise-Lone Marker, David Belasco. Naturalism in the American theatre, Princeton/London 1975, S. 10f.

W. Rossmann

Ueber die Shakespeare-Aufführungen in Meiningen
[1866]

Ich habe das Vergnügen, Ihnen mitzuteilen, dass mit dem Regierungsantritte des Herzogs *Georg* auch das *Meininger* Hoftheater, welches gegenwärtig unter der Intendanz des Hofmarschalls Freiherrn v. *Stein* und der artistischen Leitung des Herrn *Grabowski* steht, in die Reihe der Shakespeare-Bühnen eingetreten ist. Dasselbe wird fortan den Darstellungen Shakespeare'scher Stücke eine ganz besondere Sorgfalt zuwenden, das darstellende Personal in dieser Rücksicht wählen und seine Ehre darin setzen, mit den besten Bühnen in der Bereicherung des deutschen Shakespeare-Repertoires zu wetteifern. Ganz fremd war der Dichter unserer Bühne auch bisher nicht: wir haben *Heinrich IV*, *Hamlet*, *Othello*, *Macbeth*, den *Kaufmann von Venedig*, den *Sommernachtstraum* (nach Schlegel's Uebersetzung von Locher eingerichtet, mit Mendelssohn's Musik), *Was ihr wollt*, *Wie es euch gefällt*, *Der Widerspänstigen Zähmung* (von Locher eingerichtet), *Viel Lärmen um Nichts*, *Die Comödie der Irrungen* und das *Wintermärchen* (nach Dingelstedt), meist in wiederholten Aufführungen gesehen; und aus Anlass derselben hat der jetzt regierende Herzog, als Erbprinz, eine Garderobe für das Theater angeschafft, die wohl zu den besten und correctesten in Deutschland gehören mag. Für die Zukunft aber gedenkt man ein festes Shakespeare-Repertoire zu begründen, zu welchem Zwecke der darstellenden Gesellschaft durch Gewährung längerer Contracte eine grössere Stetigkeit des Bestandes gegeben werden soll. Der so gesicherte Schatz wird sich dann durch eifriges Studium leicht vermehren lassen. Ueberhaupt soll zunächst das recitirende Schauspiel ausschliesslich gepflegt werden, und um die Bühne für die zahlreicher und sorgfältiger anzustellenden Proben frei zu haben, hat man sich entschlossen, die Oper einstweilen ganz aufzugeben und dafür eine Reihe historischer Concerte eintreten zu lassen. So darf man hoffen, allmählich sich erweiternd eine Bühne herzustellen, die lediglich von den Rücksichten des guten Geschmackes beherrscht sein wird.

Für diesen Winter stehen *Hamlet, Julius Caesar, Othello, Lear, Cymbeline* nach Ihrer Bearbeitung, *König Johann* (nach Jenke's Einrichtung), *Richard II* und *Richard III* auf dem Repertoire. Was die Bühnen-Einrichtung der Stücke betrifft, so ist man hier keinesweges abgeneigt, am Original die Veränderungen vorzunehmen, welche der moderne, an eine detaillirtere und bestimmtere Inscenirung gewöhnte Geschmack und die träger gewordene Phantasie verlangen, und auch in der äusserlichen Motivirung diejenigen Hilfen eintreten zu lassen, die der realistische Sinn des Zeitalters nicht mehr entbehren mag. In Betreff des Textes aber neigt man zur strengen Observanz und ist jeder nicht unumgänglich nothwendigen Veränderung entgegen.

Mit der Darstellung des *Hamlet* wurde die Bühne eröffnet: sie war im Ganzen befriedigend. Besonderes Lob erwarb sich Herr *Kowal*, der Erste, der uns den Hamlet fast ganz zu Danke darstellte. Wir bemerkten mit Vergnügen, dass er weniger aus den Commentaren, als aus der Exposition des Stückes spielte. Er fügte seine Rolle ganz in den Zusammenhang des Sujets ein, zeigte ein unmittelbares Gefühl seiner Lage und verzichtete, sehr zum Vortheil der Gesammtwirkung, auf jene von der natürlich elementaren Stimmung abgelöste, Ostentation philosophischer Tiefsinnigkeiten, wie sie bei uns seit geraumer Zeit üblich geworden ist.

Mit besonderer Spannung sieht man der Vorstellung des *Cymbeline* entgegen, dem es bis heute nicht hat gelingen wollen, sich auf der deutschen Bühne einzubürgern. Von dem hohen poetischen Werthe der Dichtung innig durchdrungen, wird man Alles aufbieten, ihr hier eine bleibende Stätte zu bereiten. Es scheint freilich nicht ganz in der Hand der Bühnenleiter zu liegen, den Ursachen sofort abzuhelfen, welche bisher die Erfolglosigkeit des herrlichen Werkes verschuldet haben. Der Geschmack des Publikums, durch lange Verwöhnung allzu nüchtern geworden, ist jeder lyrischen Erweiterung und Retardirung der dramatischen Action entgegen und treibt erbarmungslos, nachdem nur mit Hast die Exposition aufgenommen, den Helden der Krisis zu. Und darin auch ferner über das rechte Maass nachzugeben, darin auch hier nachzugeben, wäre Sünde an der Poesie: wo Shakespeare lyrisch wird, hat er auch längst für das dramatische Interesse gesorgt, und es entsteht für die Bühnenleitung nicht die Pflicht des Streichens, sondern zartester Ausführung und immer wiederholter Versuche. Aber in zwei Dingen, allerdings, kann die Regie dem Misslingen vorbauen: in der Wahl und Ausbildung der Imogen und in der Behandlung der Kriegs-Scenen. Wollen Sie mir hierüber einige Bemerkungen erlauben?

Die Imogen ist wohl das vollendetste, lieblichste Frauenbild, das Shakespeare geschaffen. Aber man wird bemerken, dass dieses Ideal einer jungen Frau weder in unbestimmter Allgemeinheit gehalten, noch allzu eng individualisirt, sondern durchaus das Ideal einer englischen jungen Frau ist, welches sehr feine, aber sehr bestimmte Unterschiede von dem uns geläufigen aufweist. Die edle deutsche Weiblichkeit – im Leben wie in den Schöpfungen unserer grossen Dichter – trägt sich voll, stark und kräftig vor; sie ist tief, geistig umfassend angelegt und harmonisch; sie bringt ihr Pathos auf einmal ganz und deutlich zum Vorschein oder nur in den Unterschieden des Grades; sie ist bei aller Tiefe leicht zu erkennen und zu errathen, weil sie innerlich zusammenhängend ist. Die feine und edle englische Frau bewahrt sich ein kindlich sprödes Wesen, eine anmuthig ablehnende Herbigkeit, und erschliesst sich nicht leicht; geistig minder durchgearbeitet und minder bedeutend hegt sie in ihrem Innern eine Reihe oft disparater und bestimmt ausgebildeter Eigenthümlichkeiten, die in der Regel latent bleiben, aber nach und nach, auf äussere Anlässe, in überraschender Bestimmtheit und Energie zu Tage kommen. Ein freundlicher Humor überträgt die Mannichfaltigkeit und Unterschiedlichkeit dieser neben einander liegenden Eigenschaften und reizt den Beobachter, auf Entdeckung auszugehen; aber diese Natur zieht sich zurück, und wo sie von der Liebe nicht errathen wird, steigert sie sich leicht bis zur Verstocktheit. Die deutsche Frau ist schmiegsam, empfänglich, der Mittheilung und des Mitlebens bedürftig und bildet sich leicht und gern in die Seele des Mannes hinein, ohne einen edlen Stolz aufzugeben; sie blüht auf und sinkt zusammen mit dem Geliebten, mit dem sie geistig eins wird: die englische ordnet sich demüthig unter, ist gehorsam bis zum Tode, begehrt nur Liebe, aber bleibt immer unwandelbar sie selbst mit allen Fehlern und Tugenden; im äussersten Kummer und in höchster Freude bleibt sie gelassen, und ihr Herz kann das Entsetzliche überdauern, ohne zu brechen. Das englische Weib scheint nie Frau zu werden; es bleibt immer mädchenhaft. Die deutsche Frauenliebe ist schwärmerisch, verzehrend, und sie ergreift und verklärt oder vernichtet das ganze Wesen; die englische ist von der gleichen Gefühlsstärke und Treue, aber nicht von der gleichen Wirkung. Man denke an die Gestalten unseres grössten Frauendichters, an Gretchen, Clärchen, Marie Beaumarchais, Stella; man denke an Schiller's Amalie und Luise, an Grillparzer's Frauengestalten, und halte dagegen die Desdemona, Cordelia, Hermione, Imogen. Wie jene, so bilden auch diese unter sich eine Familie, und Imogen ist das Juwel darin. Sie ist von den Frauen Shakespeare's die mindest einseitige und herbe; sie ist die am reichsten ausgestattete; immer aber ein durchaus englisches Ideal.

Die ganze Art und Gewöhnung unserer ersten Darstellerinnen nun ist der Nachbildung solcher Charaktere nicht günstig: ihr Ideal ist das der deutschen Frau; sie erstreben das Grosse, Mächtige und die Darstellung des durchsichtigen, tief begründeten Zusammenhanges geistiger und gemüthlicher Eigenschaften. Und wieder, die zweiten Liebhaberinnen werden selten das hohe Geschick des Spiels (oder die glückliche natürliche Unbefangenheit) besitzen, welche die Rolle der Imogen erfordert, und nur zu leicht die echte und zarte Naivetät, welche uns an dieser Frauengestalt entzückt, durch die landläufige und fachmässige verderben, für welche man sie zu engagiren pflegt. Hier, offenbar, liegt eine grosse Schwierigkeit. Aber man begegnet ihr, aus den angegebenen Gründen, mehr oder weniger bei allen Shakespeare'schen Stücken, und es ist notorisch, dass fast durchgängig die weiblichen Rollen derselben schlechter gelingen, als die männlichen: wie denn Shakespeare, eben um der gelassenen, unpathetischen Haltung seiner Frauen willen, bei den Schauspielerinnen nur wenig beliebt ist. So wäre es denn an der Zeit, dass man sich dieses Umstandes überhaupt und allgemein bewusst würde, damit das Studium unserer Darstellerinnen die erwünschte Richtung zu nehmen anfinge.

Dies wäre das Eine. Das Andere ist die Behandlung der kriegerischen Scenen, die Shakespeare hier und sonst mit so grosser Vorliebe einführt. Man behandelt sie in der Regel so wenig liebevoll und so unzweckmässig, dass sie lächerlich werden und jeder vorteilhaften Wirkung verlustig gehen. Und doch treten sie in der Regel eben da ein, wo eine Aufmunterung des Interesses höchst erwünscht, jedes Zurücksinken desselben höchst gefährlich ist. Wenn Shakespeare, der Meister in der Berechnung der theatralischen Effecte, es nicht verschmähte, zur Verstärkung der Gesammtwirkung, in seinen Zuschauern auch die elementare Leidenschaft des Kampfes gelegentlich anzusprechen: so haben wir alle Ursache, in den kriegerischen Scenen die Illusion so weit zu treiben, als nur immer möglich. In diesem Punkt hatten wir uns hier schon musterhafter Leistungen zu erfreuen. Die Schlacht in *Heinrich IV*, war zu solcher Mannichfaltigkeit und doch so zusammenhangsvoll disponirt, so vortrefflich eingeübt (bis auf den Moment und die Art des Fallens des Getroffenen), der Kampf wurde mit einem so täuschenden Schein von Realität ausgeführt, dass nicht nur die Zuschauer in die höchste Leidenschaft aufgeregter Theilnahme, sondern die Darsteller selbst in einen wahren Kampfeszorn geriethen. Damit war denn der Schluss aufs Würdigste vorbereitet, und der Ernst des Stückes kam zu seinem vollen Gewichte. Also auch für den Cymbeline darf man in dieser Beziehung das Beste erwarten.

Hoffentlich bin ich im nächsten Jahre in der erfreulichen Lage, Ihnen von günstigen Erfahrungen an Schauspielern und Zuschauern, von glücklichem Vorwärtsstreben und von reicheren Hoffnungen zu berichten.

Wilhelm Oechelhäuser

Die Shakespeare-Aufführungen in Meiningen
[1868]

Als sich im vorigen Jahr die Nachricht verbreitete, der geistreiche Dichter und Dramaturg Fr. v. Bodenstedt habe seinen Wohnsitz und seine Thätigkeit in München mit der Stellung eines Intendanten der Meiningen-'schen Hofbühne vertauscht, da wurden in der Presse vielfach Aeusserungen der Verwunderung, ja selbst der Satyre laut. Die Hofbühne einer kleinstaatlichen Residenz von kaum 8000 Einwohnern und ein Mann von Bodenstedt's Ruf als Leiter, dies schien in der That ein arges Missverhältniss. Und wenn ich diese Befürchtungen auch nicht ganz theilte, wenn ich, im Hinblick auf Immermann, von dem, was eine kleine Bühne unter tüchtiger Leitung leisten kann, eine bessere Meinung hegte, wenn ich mich insbesondere freute, dass dem Shakespeare-Cultus der deutschen Bühne eine neue, bedeutende Kraft zugeführt würde, so hätte ich doch nimmer geglaubt, von einer persönlichen Anschauung der dortigen Leistungen einen solchen Eindruck zu gewinnen, wie ich ihn von einem so eben (Mitte December 1867) dort abgestatteten Besuch mitgenommen habe. Unter dem frischen Eindruck des Gesehenen schreibe ich diesen Bericht nieder, nicht um für Bodenstedt oder Meiningen Reclame zu machen, sondern lediglich um die deutschen Bühnen zur Nacheiferung anzuregen. Wie ich höre, hat der Secretair der englischen Gesandtschaft in Berlin, Mr. R. N. Oconor, ebenfalls kürzlich einer Vorstellung des Macbeth in Meiningen beigewohnt und in einem für das Londoner Athenäum bestimmten Aufsatz seine hohe Anerkennung niedergelegt. Ich erwähne dies bloss, um meine nachfolgende sehr anerkennende Beurtheilung nicht als die einseitige Auffassung eines Shakespeare-Enthusiasten und persönlichen Freundes von Bodenstedt erscheinen zu lassen.

Man irrt wohl nicht, wenn man in den bedeutenden Leistungen der Weimar'schen Hofbühne, die den Anregungen, die von dem dortigen

Hofe ausgingen, der dem Cultus von Wissenschaft und Kunst in Deutschland die Fahne voranträgt, einen mächtigen Sporn für die Anstrengungen erblickt, welche der jetzige Herrscher des kleinen, aber reizenden Meininger Landes für die Hebung der vaterländischen Bühne entfaltet. Verehrer der Künste und Wissenschaften, insbesondere gründlicher Kenner Shakespeare's, war es eine der ersten Regierungshandlungen des Herzogs Georg, nachdem er den durch die Stürme des vorigen Jahres erledigten Thron bestiegen, dass er Bodenstedt aus München berief, dessen der seinigen verwandte geistige Richtung er früher schon kennen gelernt hatte. Die Reformen, die in dem dortigen Theaterwesen durchgeführt, die Richtungen, die ihm gegeben, die Erfolge, die erzielt wurden, sind somit nicht etwa das alleinige Verdienst Bodenstedt's, sondern die Ergebnisse seines harmonischen Zusammenwirkens mit dem geistesverwandten und liebenswürdigen Fürsten. Auch in der unmittelbaren Leitung der Bühne soll des Herzogs Mitwirkung bei Auswahl, Bearbeitung und Scenirung der Stücke höchst fruchtbringend sein, so insbesondere als specieller Kenner des Costumewesens und der Alterthumskunde überhaupt. Sein Verdienst ist auch vor Allem, dass er durch sofortige Beseitigung der Oper jene Zersplitterung der künstlerischen und finanziellen Kräfte beseitigte, welche es, unter den dort obwaltenden Verhältnissen, unmöglich gemacht hätten, in beiden Kunstrichtungen die Stufe der Mittelmässigkeit zu überschreiten. Wir haben somit in dieser Bühne zugleich das interessante Schauspiel eines lediglich dem Cultus des Dramas gewidmeten deutschen Kunstinstituts. Und die erzielten Erfolge sprechen in der That für die Richtigkeit des zu Grunde gelegten Calcüls; sie beweisen insbesondere in der stets gesteigerten Theilnahme des Publikums, wie eine gute Bühne veredelnd auf den Geschmack der Hörer einwirken kann und wie Possen und Demi-monde-Operetten doch nicht gerade unentbehrlich sind, um ein deutsches Schauspielhaus im neunzehnten Jahrhundert nachhaltig zu füllen.

Für den Shakespeare-Verehrer bieten (wie schon in einem früheren Aufsatz dieses Jahrbuchs angedeutet) die Aufführungen in Meiningen ein ganz besonderes Interesse. Wie in Weimar von gleicher Theilnahme wissenschaftlich gebildeter und kunstsinniger Herrscherpaare getragen, unter geistig gleich bedeutender Leitung stehend, beiderseits mit voller Erkenntniss ihren eigenen Weg bis in die letzten künstlerischen Consequenzen verfolgend, bietet die principielle Verschiedenheit in der Weimar'schen und Meiningen'schen Behandlung der Shakespeare'schen Dramen einen fruchtbaren Stoff für Beobachtung und Belehrung. Bis etwa der jetzige Intendant der Weimar'schen Hofbühne, Freiherr v. Loën, Zeugniss von einer veränderten Richtung in Bearbeitung und Scenirung Shakespeare'scher Stücke geben wird, erhalten die bestehenden Gegensätze ihren prägnanten Ausdruck in den Namen Dingelstedt und Bodenstedt. Der Erstere hat seine Grundsätze über Bearbeitung Shakespeare's für die Bühne in der Einleitung zu den jüngst erschienenen Bühnenbearbeitungen Heinrich's VI. und Richard's III. niedergelegt, Bodenstedt dagegen, wenn auch (weil gelegentlich eingeschaltet) nicht in so erschöpfender Weise, in dem zweiten Bande des Jahrbuchs unserer Gesellschaft S. 251 ff. Kurz gefasst gipfeln sich die Gegensätze der beiderseitigen Auffassungen darin, *dass Dingelstedt die Shakespeare- 'schen Dramen nicht bloss kürzt, sondern mehr oder weniger überarbeitet, während Bodenstedt's Zielpunkt die unverkürzte und unveränderte Aufführung ist.* Für das Nähere verweise ich auf die gedachten Abhandlungen, sowie auf meine Beurtheilung derselben in dem Essay über Richard-III. in gegenwärtigem Bande des Jahrbuchs.

Muss man mit Dingelstedt darin übereinstimmen, dass Shakespeare erst noch für die deutsche Bühne zu erobern ist, indem sich nur ein kleiner Theil seiner (nicht zur Lecture, sonder lediglich für die Aufführung geschriebenen) Dramen bei uns eingebürgert hat und noch dazu meist in schlechten Bearbeitungen und unverständiger Scenirung, so lässt sich ermessen, welches Interesse es für den Verehrer unseres Dichters, welche Bedeutung es überhaupt für den Deutschen Shakespearc-Cultus hat, zwei geistreiche Bühnenleiter, unter ungefähr gleichen äusseren Verhältnissen, in so verschiedener Richtung nach demselben Ziel streben zu sehen. Und hier liegt in der That eine Frage vor, die in letzter Instanz nicht durch theoretisches Raisonnement, sondern lediglich durch die Praxis, durch den Eindruck, welchen der gebildete Zuhörer von der scenischen Darstellung empfängt, entschieden werden kann. Mit den vortrefflichen Weimar'schen Vorstellungen bekannt (ich sah dort seit 1864 zwölf Shakespeare'sche Dramen wiederholt aufführen) gewährte es mir daher einen besonderen Reiz durch persönliche Anschauung Bodenstedt's Erfolge in Meiningen kennen zu lernen, und will ich die gewonnenen Eindrücke, die sich bis jetzt freilich nur auf einen einzigen Theaterabend, die am 17. December d. J. stattgehabte erste Aufführung des König Johann, beschränken, frisch wiedergeben und nachträglich, auf den Bericht von Freunden hin, über die schon früher (October und November) stattgefundenen Vorführungen von Romeo und Julie und Macbeth kurz referiren.

Bei der Beurtheilung des *König Johann* habe ich mich möglichst der Voreingenommenheit zu entkleiden gesucht, welche der erste Einblick in ganz fremde Bühnenverhältnisse zu deren Gunsten mit sich führt. Mit Ausnahme des Herrn Possart (den ich einmal in München als Wurm gesehen) und des Herrn Wüntzer (den ich von den vortrefflichen Weimar'schen Vorstellungen her kannte) war mir das ganze Künstler-Personal fremd. Es hat dies einen grossen Vortheil für die objectiv-treue Beurtheilung der Einzelleistungen, indem man, einer Gesellschaft persönlich bekannter Schauspieler gegenüber, unwillkührlich durch alle ihre, wenn auch im gegebenen Fall tadellosen, Leistungen doch die uns sonst an ihnen bekannten Mängel durchschimmern sieht. Bei Shakespeare'schen Stücken macht sich dieser Eindruck besonders geltend, indem deren grosse Personenzahl, auf allen mittlern und kleinern Bühnen wenigstens, die Besetzung der Nebenrollen durch ganz untergeordnete Kräfte, ja durch blosse Statisten, nöthig macht, diese Nebenrollen jedoch, durch die hohe sociale Sphäre, in der sie spielen, oder durch die gediegenen Worte, die ihnen der Dichter in den Mund legt, zu einer Bedeutung für den Totaleindruck dieser Dramen heranwachsen, wie dies bei keinem sonstigen Dichter alter oder neuer Zeit auch nur annähernd der Fall ist. Schlägt man hiernach die Leistungen fremder, im Verhältniss zu uns bereits bekannten Künstlergesellschaften beim ersten Eindruck gewöhnlich höher an, als sie relativ verdienen, so urtheilt man dagegen um so unbefangener über den absoluten Werth einer Einzelleistung.

Dies vorausgeschickt, kann ich die Aufführung des König Johann nur als eine, *alle meine Erwartungen weit übertreffende, höchst gelungene* bezeichnen. Es spricht dies um so mehr für die Vortrefflichkeit der Leitung, als die erste Aufführung eines solchen grossartigen und nebenbei äusserst schwierig zu scenirenden Stücks gleichsam nur die Generalprobe darstellt und ferner der specifische Inhalt dieses Dramas durchaus nicht geeignet ist, einen blendenden, die nüchterne Beurtheilung bestechenden Schimmer über die Aufführung zu werfen. König Johann, obgleich von Shakespeare der allgemeinen Annahme nach zwischen 1595 und 1597, also schon innerhalb seiner Glanzperiode verfasst, gehört keineswegs zu dessen vorzüglichsten Schöpfungen, noch weniger zu denjenigen, welche durch eine Fülle edler und schöner Gestalten das Herz erwärmen und zu einer Uebertragung der Verdienste des Dichters auf die der Schauspieler, zu einer optimistisch gefärbten Beurtheilung ihrer Leistungen, verführen können. Die Einheit der Handlung ist mehr eine historische, als dramatische; das Sujet im Grossen und Ganzen ist

weder erhebend noch erwärmend, auch die geschichtliche Idee des Stücks weit unklarer wie in den übrigen Historien, selbst in denen aus seiner Jugendperiode, wie z. B. Heinrich VI. Sogenannte dankbare Rollen giebt es in diesem Drama eigentlich nur eine Einzige, den unglücklichen Prinzen Arthur, eine der schönsten lyrischen Gestalten, die Shakespeare geschaffen. Der Bastard Faulconbridge ist für unser Gefühl zu derb-realistisch, während in England allerdings der nationale Enthusiasmus, ausgehend von den schönen Schlussworten:
> Dies England lag noch nie und wird auch nie
> Zu eines Siegers stolzen Füssen liegen u.s.w.

einen Nimbus über die ganze Gestalt verbreitet, dessen er bei uns entbehrt. Die französische Königsfamilie, Philipp und Louis, erregen kein tieferes Interesse; der Erzherzog von Oesterreich dient nur als Folie für die Tapferkeit von Zunge und Schwert des Bastards. Der päpstliche Legat Pandulpho, so interessant die Rolle ist, erscheint uns heutzutage etwas abgeblasst, indem seit jener Zeit die Jesuiten-Charaktere im Leben und im Drama weit raffinirtere Repräsentanten gefunden haben; auch seine Prophezeihung (A.III, Sc. 4), dass Johann den jungen Prinzen Arthur aus dem Weg räumen und dieser Mord das englische Volk zur Empörung treiben werde, ist zu gekünstelt, um nicht unwillkührlich daran zu erinnern, dass der Dichter, der den *eventum* beherrschte, auch das *vaticinium* selbst gemacht habe.

Hubert ist ein interessantes Charakterbild. Salisbury und die übrigen Grossen treten dagegen erst in der absteigenden Handlung hervor, so dass ihre Charaktere sich nicht bedeutend genug entwickeln können. Von den Frauen-Charakteren erreicht das Mannweib Eleonora, Johann's Mutter, die Höhe nicht, zu der Shakespeare sonst diese Gestalten hinaufzutreiben weiss, z. B. Margarethe in Heinrich IV. und Richard III. Blanca ist unbedeutend, Constanze dagegen in ihrem bald rührenden, bald rasenden Mutterschmerz eine grossartige Schöpfung unseres Dichters. Um zuletzt von dem Hauptcharakter des Stücks, König Johann, zu sprechen, so giebt derselbe allerdings dem Darsteller eine höchst schwierige Aufgabe zu lösen; die Rolle ist interessant, ist ein Prüfstein für einen gewandten, geistreichen Shakespeare-Darsteller; aber sie bewirkt im Durchlaufen der Stadien vom patriotischen Königstrotz, durch Inhumanität, Inconsequenz und Erniedrigung hindurch, bis zum Untergang in Schwäche und Verzweiflung, durchaus kein wohlthätig angeregtes Gefühl im Hörer.

Um so mehr darf der Darsteller dieser Rolle, Herr *Possart*, der zu einem Gastspiel vom Münchener Hoftheater nach Meiningen berufen worden war, auf den errungenen warmen Beifall des Publikums und die höchst anerkennenden Aeusserungen, die ihm der Herzog nach der Vorstellung durch den Intendanten von Bodenstedt übermitteln liess, stolz sein. Als besonders gelungen hebe ich die Scenen mit dem Legaten Pandulpho (A. III, Sc. 1 und A. V, Sc. 1), ferner die Scenen mit Hubert (A. III, Sc. 3 und A. IV, Sc. 2, in welcher Letzterer er namentlich die politische, durchaus nicht rein menschliche Reue Johann's über Arthur's vermeintliche Ermordung trefflich nuancirte), endlich die Sterbescene (A. V, Sc. 7) hervor. So schwierig pathologische Scenen auf der Bühne darzustellen, so leicht die Grenzen des Schönen dabei zu überschreiten sind, um so grössere Anerkennung verdient Herr Possart für das wahrhaft schöne und ergreifende Bild, welches er von dem sterbenden Monarchen gab. Die persönliche Bekanntschaft des Künstlers bestärkte mich nur noch mehr in der schon von Bodenstedt (Shakespeare-Jahrbuch, Band II, S. 265) ausgesprochenen Ueberzeugung, dass die deutsche Bühne von ihm viel zu erwarten hat, indem Herr Possart, neben allen natürlichen Anlagen für Ausübung seiner Kunst, eine feine Auffassungsgabe und ein durch gründliches, gewissenhaftes Studium vertieftes Verständniss für Shakespeare's Kunstgebilde besitzt. Der Künstler möge nur ein mitunter zu weit getriebenes Moduliren und Nuanciren in Ton und Mienenspiel vermeiden, etwas weniger durch kleine Mittel wirken wollen, die Intuition etwas mehr über die Reflexion vorwiegen lassen, – kleine Mängel, die gerade in den Stellen hervortraten, in denen er sonst am grössten war –, dann wird sein Name bald unter denen der ersten Shakespeare-Darsteller genannt werden, die Deutschland je besessen hat. Ich wünsche ihm alles Glück auf seinen Weg.

Nächst Herrn Possart ist Herr *Wüntzer* in der Rolle des tapfern Bastards Faulconbridge hervorzuheben. Die Rolle ist für die Eigenthümlichkeiten des kräftigen, markigen Künstlers ganz wie gemacht, und er spielte sie so vollkommen in dem Geist und Colorit der Dichtung, dass ich mir die Darstellung dieses Charakters kaum vollendeter zu denken weiss. Das Tempo seiner Rede war im ersten Akt allerdings etwas zu langsam, auch nahm er bei den Aeusserungen des Humors und Uebermuthes den Ton zu stark und zu wuchtig. Um so mehr gelangen ihm dagegen die späteren Scenen, wo der Bastard allmählig am Ernst des Lebens zu sittlicher Höhe emporwächst.

Auf gleicher Höhe mit Possart und Wüntzer stand Fräulein *Lemke* als Constanze. Ihr Spiel war grossartig, erschütternd; ich habe selten den

tiefsten Seelenschmerz in Wort und Geberde so schön, naturwahr und ergreifend darstellen sehen. Vielleicht deutete sie (A. III, Sc. 4) die beginnende Seelenstörung, welche der Verlust des geliebten Kindes und das Scheitern aller ehrgeizigen Hoffnungen im Gefolge hatte, etwas zu stark an; allein um so ergreifender wirkten die eingefügten lyrischen Stellen, insbesondere die herrlichen Schlussworte:
Gram füllt die Stelle des entfernten Kindes,
Legt in sein Bett sich, geht mit mir umher u.s.w.
Ich müsste mich sehr irren, wenn diese Künstlerin sich nicht einen grossen Namen in der Darstellung Shakespeare'scher Frauenrollen erwerben würde.

Demnächst verdient Herr *Otter*, ein junger strebsamer Künstler, der über schöne Mittel verfügt, genannt zu werden; er gab die schwierige Rolle des Hubert mit grossem Verständniss und gelangen ihm insbesondere die Scenen, wo das rein menschliche Gefühl aus der rauhen Hülle hervorbricht; so insbesondere (A. IV, Sc. 3) beim Auffinden von Arthur's Leiche.

Die in Meiningen sehr beliebte und geachtete Künsterlin Frl. *Ellen-Franz* hatte die ihr zugehörige Rolle des Arthur an eine Anfängerin Frl. *Martini* überlassen, und spielte selbst die Blanca, welche wenig Gelegenheit zur Entfaltung des schönen Talentes, welches man ihr nachrühmt, bietet. Fräulein Martini erntete warmen Beifall in der Rolle des Arthur; sehr schön und wahr spielte sie insbesondere in der Blendungsscene beim Eintritt der Gehülfen; der Schluss der Scene war matter.[1]

Wenn ich im Vorstehenden der hervorragendsten Leistungen gedacht habe, so verdienen die übrigen Mitspieler (namentlich Herr Menzel als Pandulpho, Barthel als Prinz Louis u.s.w.) nicht mindere Anerkennung. Kann nicht jede Nebenrolle mit einem Künstler besetzt sein, liegt es nicht im Bereich der Möglichkeit über Nacht aus Statisten vortreffliche Darsteller zu machen, so ist es doch schon ein grosses Verdienst der Bühnenleitung, wenn nur nichts Schlechtes, Störendes hervortritt. Und in der That wurden der harmonische Gesammt-Eindruck und das wirklich vollendete Ensemble niemals gestört; die Illusion konnte sich stets auf gleicher Höhe halten. Einzelne kleine Rollen wurden sogar meisterhaft gegeben, kaum eine einzige schlecht. Dabei war die Ausstattung wahrhaft prachtvoll, die Costume insbesondere glänzend und die historische

---

[1] Die bedeutendste Darstellerin, welche die Arthur-Rolle gegenwärtig in Deutschland besitzt, ist unstreitig Fräulein Erhartt vom Berliner Hoftheater.

Treue mit feinem Takt mit unserem heutigen Gefühl für's Schöne in Einklang gebracht. Und wenn z. B. die Oriflamme die treue Copie dieses altberühmten Banners, wenn die Streitaxt, die König Johann vor Angers führte, einem Original genau nachgebildet war, so will ich dies nur als charakteristisch für die minutiöse Gewissenhaftigkeit und den künstlerischen Ernst hervorheben, mit welcher sowohl Bodenstedt als sein fürstlicher Gönner an diese Aufgaben herangetreten sind.

Die Scenierung war im Ganzen schön, zweckmässig, wohl motivirt. Nur die Mauern von Angers im zweiten Akt hätte ich etwas mehr in den Hintergrund gewünscht, so sehr Motive einer effectvollen Darstellung die unmittelbare Nähe der Belagerer und Belagerten wünschenswerth machen mögen, was für Bodenstedt den Ausschlag gegeben hatte. Sehr einfach und hübsch war das Arrangement (A. IV, Sc. 3) der Scene, in welcher Arthur von der Mauer springt. Die Gefechtscene (A III, Sc. 2, die erste derartige Scene im zweiten Akt war weggelassen) bot ein hübsches und bewegtes Bild; die Verwendung der Comparserie zeigte überhaupt, dass Bodenstedt diesen mächtigen, bisher noch so wenig benutzten Hebel der Gesammtwirkung zu schätzen und zu gebrauchen weiss.

Im Allgemeinen wird Bodenstedt, durch seine strengeren Grundsätze unveränderter Wiedergabe des Dichters, in der Freiheit der Scenirung weit mehr beschränkt als Dingelstedt, eben weil Ersterer den Anforderungen der modernen Bühne, des modernen Geschmacks nur einen beschränkteren Einfluss auf die Aptirung des Dramas einräumt, als Letzterer, der überdies ein bis jetzt unübertroffener Meister in der Scenirungskunst ist. Trotzdem kann von der Scenirung in Meiningen nur gesagt werden, dass sie durchaus gelungen war, überall die Gesammtwirkung harmonisch unterstützte und insbesondere ein Beispiel gab, was feiner Geschmack und künstlerische Leitung auch bei den beschränkten Mitteln einer kleinen Bühne zu leisten vermögen. Wenn ich sage, dass die gesammte Ausstattung und Scenirung in Meiningen absolut zweckmässiger, schöner und geschmackvoller als auf der Berliner Hofbühne war, so wird man sich ein Urteil über die dort gemachten Anstrengungen und erzielten Erfolge bilden können. Der Mitwirkung des Meiningen'schen Theaterdirectors Herrn Grabowsky muss hierbei ehrenvoll gedacht werden. – Die Meiningen'sche Bühne hat binnen so kurzer Zeit einen so mächtigen Schritt nach dem Ziele vollendeter Darstellungen Shakespeare's gemacht, dass man seine Bewunderung nicht zurückhalten kann und darf, – ein redendes Beispiel, was auch unter kleinen Verhältnissen bei richtiger Leitung und mit künstlerischem Ernst geschaffen werden kann.

Ehe ich nun zu der, für das Shakespeare-Studium interessantesten Frage über die Bearbeitung komme, möchte ich kurz, auf die Mittheilungen eines sachkundigen Freundes hin, über die zwei anderen Vorführungen Shakespeare'scher Dramen berichten, die in der laufenden Theatersaison bereits stattfanden. Es sind dies Romeo und Julie und Macbeth, welche mit grossem Beifall gegeben und wiederholt worden sind und die, wie es in der grössern Anziehungskraft des Stoffs liegt, vielleicht noch mächtigere Wirkung als König Johann erzielt haben, überdies lediglich mit eigenen Kräften gegeben wurden, während im letztgenannten Drama ein bedeutender auswärtiger Künstler, Herr Possart, als Gast mitwirkte. Im Allgemeinen hat mein Freund gleich Eindrücke von jenen Vorstellungen mitgenommen, wie ich sie hier niedergelegt habe; insbesondere soll das Spiel der Fräulein Ellen-Franz als Julie und Lady Macduff, der Fräulein Lemcke als Mutter Juliens und Lady Macbeth, des Herrn Wüntzer als Capulet und Macbeth, der Fräulein Schmitt als Amme Juliens, der Herren Otter als Macduff und Kochy als Malcolm vortrefflich gewesen sein. Die zweite Vorstellung des Macbeth wird insbesondere als ein wahres Muster vollendeten Ensemble's gerühmt, namentlich auch das Arrangement der ersten Erscheinung der Hexen im ersten Akt hervorgehoben, die, Fledermäusen gleich, auf der halbdunkeln Heide zwischen den zerstreuten Felsblöcken auftauchten und niederduckten, was einen schauerlich-schönen Eindruck hervorgebracht haben soll. Hoffentlich habe ich gegen Ende der Saison noch Gelegenheit die Wiederholung dieser Stücke, sowie die in Vorbereitung begriffenen Richard II., Heinrich IV. (beide Theile), Richard III., Lear u.s.w. aus eigener Anschauung kennen zu lernen.

Das Drama Romeo und Julie ist bis auf die Zoten der Amme im Wesentlichen unverändert und unverkürzt gegeben worden. Die erste Aufführung hat 4½, die zweite 3¾ Stunde gedauert. Um den betreffenden Künstlern das Umlernen der Rollen zu ersparen, sind die Rollen des Romeo und der Julie nach Schlegel, alle übrigen aber, einschliesslich des sonettartigen Zwiegesprächs zwischen Romeo und Julie auf dem Balle bei Capulet, nach Bodenstedt's Uebersetzung gegeben worden. Macbeth, das kürzeste aller Shakespeare'schen Dramen, dessen erste Aufführung 3½, die zweite 2¼ Stunde gewährt hat, ist, mit Ausnahme einiger zu starker Ausdrücke des Pförtners ganz unverkürzt und textgetreu nach Bodenstedt's Uebersetzung gegeben worden, und zwar nach der von ihm im zweiten Bande dieses Jahrbuchs und in der Einleitung zu seiner Uebersetzung entwickelten Auffassung der Hauptcharaktere. In König Johann waren, aus naheliegenden Anstandsrücksichten, das Gespräch der Lady Faulconbridge mit ihrem Sohn, dem Bastard, weggelassen, ferner die zwei grossen Scenen vor Angers in eine zusammengezogen, auch die erste Gefechtscene weggelassen worden, ausserdem hatten im fünften Akt einige Kürzungen stattgefunden; es wurde nach Schlegel's Uebersetzung gegeben. Die erste Aufführung, der ich beiwohnte, nahm 4 Stunden in Anspruch.

Wenn zwischen der Dingelstedt'schen und Bodenstedt'schen Richttung der von der Darstellung empfangene Eindruck entscheiden soll, so wäre es nun sehr gewagt, nach den Beobachtungen eines einzigen Theaterabends schon eine Entscheidung fällen oder an deren Maassstab die Richtigkeit der eigenen Ansichten über diese Frage prüfen zu wollen. Ich spreche mich deshalb auch hier mit aller Reserve aus.

Der überwiegende Eindruck ist, dass Bodenstedt in Bearbeitung und Scenirung, wie in der Einübung der Künstler mehr auf eine harmonische Gesammtwirkung, Dingelstedt mehr auf den Einzeleffect hingearbeitet hat. Auf die Abgänge insbesondere, die Dingelstedt häufig durch Anordnungen oder Zusätze theatralisch höchst wirkungsvoll gestaltet (die Schauspieler lieben dies allerdings sehr), legt Bodenstedt gar keinen Nachdruck. Während Dingelstedt gleichsam indifferente Zwischenscenen, welche das Interesse abspannen, zu lieben scheint, damit sich die Wirkung der Hauptstellen desto kräftiger heraushebt, verläuft dic Aufführung bei Bodenstedt in harmonischem Fluss und sucht er mehr das Störende, Langweilige zu beseitigen, auf ein *gleichmässiges* Interesse in *allen* Scenen hinzuarbeiten, als das an sich Wirkungsvolle durch künstliche Mittel noch mehr zu steigern. Er ist der entschiedene Gegner des »Knalleffects«. Man fühlt, dass hier ein Dichter den Dichter reproducirt. Daher werden die Bodenstedt'schen Vorstellungen voraussichtlich bei den specifischen Shakespeare-Kennern mehr Anklang finden als die Dingelstedt'schen, gleiche Vortrefflichkeit der Darstellung vorausgesetzt.

Meine eigene Ansichten über diese Frage, wie ich sie in dem Essay über Richard III. niedergelegt habe und die zwischen den Dingelstedt'schen und Bodenstedt'schen ungefähr in der Mitte stehen, haben durch die Beobachtungen in Meiningen keinen Stoss erlitten. Denn wenn ich auch offen gestehen muss, dass ich mir die ziemlich unverkürzte und unveränderte Vorführung Shakespeare'scher Dramen nicht so wirkungsvoll und durchweg spannend vorgestellt hatte, so ist doch auch erstens die Abweichung von meinen Grundsätzen nicht so bedeutend, als es auf den ersten Anblick scheinen könnte und sind zum andern die Verhältnisse in Meiningen zu eigenthümlicher Art, um in Principienfragen, die für die ganze deutsche Bühne Geltung haben sollen, maassgebend sein zu können.

In ersterer Beziehung bemerkte ich in dem erwähnten Aufsatz bereits, wie die Anwendung derselben Grundsätze die verschiedenen Dramen sehr verschieden berühre, wie z. B. eine unveränderte Aufführung des Macbeth (wie in Meiningen geschehen) möglich, des Heinrich VI. unmöglich sei. Dies giebt auch Bodenstedt zu, so dass man nicht wohl annehmen darf, er werde künftig *alle* Shakespeare'schen Stücke ohne Rücksicht auf Inhalt und Form gleich treu und unverändert, wie die bisherigen, zur Aufführung bringen wollen. Dann ergiebt sich bei näherer Betrachtung aber auch, wie Bodenstedt, wenn auch in maassvollster und zurückhaltendster Weise, doch fast sämmtliche Grundsätze thatsächlich anerkannt hat, die ich in jenem Essay als leitende bezeichnet habe. Neben dem Weglassen unanständiger und starker Ausdrücke (was z. B. im König Johann u. A. auch das Weglassen einer ganzen Rolle, der Lady Faulconbridge, zur Folge hatte) sind mehrfach mässige Kürzungen langathmiger Reden vorgenommen worden. Es sind ferner mit Rücksicht auf den schwierigen Scenenwechsel der modernen Bühne kleine Scenen weggelassen, z. B. die Gefechtscene im Akt I, oder mehrere Scenen in eine zusammengezogen worden, so z. B. Akt II, die erste und zweite Scene mit ihren etwas langweiligen Wiederholungen der diplomatischen Verhandlungen vor Angers und der Aufforderungen zur Uebergabe an die Bürger. Der Shakespeare-Purist könnte hieran aber mit gleichem Recht Anstoss nehmen, wie an jeder sonstigen Abänderung oder Kürzung aus scenischen oder ästhetischen Motiven, insbesondere da das zwischen beide Verhandlungsscenen fallende, hier weggelassene, Gefecht gerade durch die Unentschiedenheit seines Erfolges die versöhnliche Stimmung, die bei der zweiten Unterredung der englischen und französischen Königsfamilien vor Angers hervortritt, wesentlich motivirt, durch die Zusammenziehung beider Scenen also ein immerhin nicht unwesentliches Motiv der Handlung ausgeschieden worden ist. Ich tadle dennoch diese Zusammenziehung nicht, sondern billige sie vollständig; auf den Bühnen, wo (ich glaube auch in Berlin) beide Scenen vor Angers textgetreu wiedergegeben werden, wirken sie ermüdend langweilig. Auf alle Fälle darf ich aber hiernach in den unleugbar grossen Erfolgen

Bodenstedt's keine Widerlegung meiner Grundsätze erblicken; viel eher deren Bestätigung.

Dann kommen aber, wie Bodenstedt selbst anerkennt, die besonderen Verhältnisse seiner Bühne zur Sprache. Wenn es sich darum handelt, allgemeine Regeln für Behandlung Shakespeare's aufzustellen, so muss man die deutsche Bühne nehmen, wie sie ist. Einzelne Mustervorstellungen kann sich jede Bühne nach Bedürfniss selbst zurecht machen, aber sie kann nicht auf die Dauer und in ihrer gewöhnlichen Praxis übertriebene Anforderungen an die Thätigkeit und Intelligenz ihrer Leiter, an die Kräfte der mitwirkenden Künstler und an die Geduld des Publikums stellen. Offenbar aber bedarf ein nach Bodenstedt's strengen Grundsätzen montirtes Shakespeare'sches Drama, um gleiche Wirkung auf die Zuhörerschaft auszuüben, einer bedeutend grössern Aufwendung von Intelligenz, Zeit und Kraft, als eine verkürzte, der modernen Bühne und den modernen Anschauungen und Gewohnheiten näherliegende Bearbeitung. Selbst die grössere Zahl von bedeutenden Schauspielern an den grössern Bühnen erleichtert dem Dirigenten die Aufgabe wenig; die vielen wichtigen Nebenrollen und das schwierige Ensemble machen die gewissenhafte Einübung Shakespeare'scher Dramen, selbst in geeignetster Bearbeitung, immerhin sehr schwierig und zeitraubend. Was eine Bühne, die 6 Monate lang dreimal in der Woche spielt, die sich bloss auf's Drama (ja beinahe bloss auf's klassische Drama) beschränkt, und die von solchen Kräften nach rein künstlerischen Intentionen geleitet wird, was eine solche Bühne in bestimmten Richtungen leisten und bieten darf, das kann nicht als Maassstab für die Praxis der ganzen deutschen Bühne gelten.

Im Interesse des deutschen Shakespeare-Theaters hege ich aber den dringendsten Wunsch, dass Bodenstedt, dem ich nur die höchste Anerkennung zollen kann, an der eingeschlagenen Richtung *nichts* ändern möge. Seine Vorstellungen mögen als Leitstern für die streng künstlerische und wissenschaftliche Behandlung Shakespeare's auf der deutschen Bühne Geltung erlangen und als ein heilsames Gegengewicht gegen die gleich anerkennenswerthen Bestrebungen Dingelstedt's in der Richtung einer freieren Behandlung dienen. Werden nur beide Richtungen erst recht bekannt und gewürdigt, dann wird die Bühne den richtigen Mittelweg schon zu finden wissen.

Aber mit diesem Bekanntwerden, dieser Würdigung sieht es leider noch trostlos aus. Nach Weimar, nach Meiningen, nach Karlsruhe muss man gehen, um sich an vollendeten Vorführungen des grossen Meisters, an dem sich die ganze deutsch-nationale Schauspielkunst aufgerichtet hat, welcher die hohe Schule des dramatischen Künstlerthums bildet, zu erfreuen, während die Künstler ersten Ranges an unsern grossen Bühnen auf diesem Gebiet feiern, oder ihre Kräfte in schlecht bearbeiteten, schlecht scenirten, aller harmonischen Gesammtwirkung entbehrenden Aufführungen vergeuden, und es erleben müssen, dass Shakespeare an kleinen Theatern mit beschränkten Mitteln nicht bloss relativ, sondern absolut besser gegeben wird, als in den prächtigen, reich dotirten Hoftheatern grosser Residenzen. Unstreitig sind persönliche Rücksichten im Spiel gewesen, dass insbesondere Dingelstedt's grosse Verdienste noch viel zu wenig gewürdigt sind, dass z. B. sein, trotz aller Ausschreitungen, wundervoller Historiencyclus nicht längst auf der deutschen Bühne eingebürgert ist. Ich sollte aber denken, es wäre nicht lange mehr möglich so auffallende Erfolge zu ignoriren und die vollständige Reorganisation der Shakespeare-Aufführungen auf unseren tonangebenden Bühnen noch länger hinauszuschieben.

Namentlich an die Bühne in der Hauptstadt norddeutscher Intelligenz möchte ich diese Mahnung richten. Herr von Hülsen vereinigt in der Leitung von fünf grossen Hoftheatern eine Macht und einen Einfluss in seinen Händen, wie er noch niemals, seit Thespis seinen Karren durch Attika schob, bei einer Persönlichkeit concentrirt gewesen ist. »Wem viel gegeben ist, von dem wird man viel fordern.« Warum lässt Herr von Hülsen bei seiner genialen Begabung für die Oper und die verwandten Künste den Musentempel am Gensdarmenmarkt verwaisen, oder doch bloss die untergeordneten Gattungen des Dramas: Lustspiel und Conversationsstück cultiviren, während das klassische Drama immermehr in den Hintergrund tritt, ja bei Ergänzung von Lücken im Künstlerpersonal, oder neuen Acquisitionen kaum mehr eine Rücksicht auf die Rollenbedürfnisse desselben genommen wird, so dass in der That eine mustergültige, *Berlins würdige*, Besetzung klassischer, namentlich Shakespeare-'scher Stücke zur Zeit dort gar nicht möglich ist! Was hilft die *Zahl* der Shakespeare-Vorstellungen, was helfen meisterhafte Einzelleistungen, wenn Bearbeitung, Scenirung, Ausstattung, Costumirung, Besetzung der Nebenrollen, Ensemble, Comparserie, meist jämmerlich, stets mittelmässig sind? Und zieht auch die unverwüstliche Schönheit Shakespeare's allabendlich noch Zuschauer in's Theater, die sich an den Einzelleistungen bedeutender Künstler genügen lassen, eben weil sie den Gesammteindruck einer vollendeten Shakespeare-Vorstellung noch nicht empfangen haben, wie matt und schwächlich ist ihr Applaus gegen die donnernde

Begeisterung, die einst einen Brockmann, einen Schröder empfing, ja die noch bis vor wenigen Decennien auf der Bühne lebendig war? Man denke sich heute eine Besetzung des König Johann wie in den zwanziger Jahren: einen Ph. Wolf als König, seine Frau als Eleonore, Ludwig Devrient als Hubert, Beschort als König Louis, Rebenstein als Bastard, Frau Stich (Crelinger) als Constanze, – wie würde das in der geistigen Ausbildung und in der Empfänglichkeit für Shakespeare's Schönheiten seitdem so viel weiter fortgeschrittene Publikum solch einer Vorstellung zujauchzen, insbesondere bei vollendetem Ensemble, guter Bearbeitung und Anwendung aller technischen Hülfsmittel der heutigen Bühne! In der That, dieser gegenwärtige Shakespeare-Schlendrian in Berlin, Wien, Dresden, kurz auf fast allen unseren grösseren Bühnen, eben weil er mittelmässige Ansprüche befriedigt, ist schlimmer als ein offenes Abwenden von ihm; dann könnte man doch wenigstens auf eine gesunde Reaction rechnen. Möge Herr von Hülsen diesen, wie ich glaube, von allen Autoritäten der Wissenschaft und der Presse und von allen Gebildeten der Nation getheilten Ruf nicht ungehört verhallen lassen, der um so berechtigter an ihn ergeht, als das Privilegium, das die Königliche Bühne für Aufführung klassischer Stücke in Anspruch nimmt, die Concurrenz der Privatbühnen auf diesem Gebiete leider ausschliesst.

KARL FRENZEL

Zwei Shakspeare-Vorstellungen in Meiningen

1. und 2. Januar 1870

[1870]

Das Hoftheater zu Meiningen erfreut sich seit einigen Jahren eines hohen Rufes in der künstlerischen Welt; wer sich noch für das Leben und Treiben der Bühne in seiner aufstrebenden Richtung eine regere Theilnahme bewahrt hat, wird von den im Ganzen wohl und schön gelungenen, stilvollen Darstellungen antiker Tragödien in der eigenthümlichen Umarbeitung, die Adolf Wilbrandt mit ihnen versucht hat, aus diesem Theater gehört haben. Die kleinen Hofbühnen befinden sich den größeren Stadttheatern und den königlichen Theatern zu Wien und Berlin gegenüber in einer eigenen Lage. Während überall das Publikum an diesen Orten das Gewicht seines Urtheils entscheidend, oft ungerecht wie das Schwert des Brennus, in die Wagschale wirft, ist es hier zu wenig zahlreich, um als Waffe zu wirken und die Kosten des Theaters auch nur annähernd durch seinen Besuch bestreiten zu können. Bis zu einem gewissen Grade von dem Einflusse des Publikums unberührt, folgen diese kleinen Residenztheater, in ihrem Aufschwung durch keine grobmaterielle Rücksicht und Sorge gehindert, der Richtung, die ihnen die Neigung und Vorliebe eines kunstsinnigen Fürsten giebt. Den Städten selbst erwächst in ihren Theatern in Wirklichkeit ein Mittelpunkt geistiger Anregungen und künstlerischer Genüsse, welche den Bewohnern der Weltstädte reichlicher, aber auch vereinzelter und zerstreuter in beweglicheren Wellen zuströmen.

Das Meininger Theater huldigt mit Glück der klassischen Richtung, und wenn man den Fleiß, die Umsicht, die weder Kosten noch Mühe scheuende Sorgfalt bemerkt, welche auf die Ausstattung sophokleischer und shakspeare'scher Dramen verwandt wird, so kann man den Wunsch nicht unterdrücken, daß auch die deutsche Dichtung ein und ein anderes Mal dieselbe Theilnahme finden möge. Mir war es vergönnt, auf dieser Bühne zwei Stücke Shakspeare's: »Der Widerspenstigen Zähmung« und »Julius Cäsar« dargestellt zu sehen. Selbstverständlich darf man an die Leistungen der einzelnen Darsteller nicht den höchsten Maßstab legen, der kleinere Raum übt eben überall beherrschend seinen Einfluß aus. In diesem Rahmen aber bewegt sich das Ganze harmonisch. Was zunächst wohlthuend wirkt, ist der malerische, reiche und poetische Eindruck, den der Zuschauer empfängt. Die »bezähmte Widerspenstige« versetzt uns durch die Decorationen, die Straßen und Zimmer, durch die Tracht der Figuren unmittelbar in das Italien der Frührenaissance. Einzelne dieser Gestalten sind wie aus Bildern der beiden Lippi's und Pollajuolo's geschnitten, man merkt, daß hier ein malerisches Auge, Geschmack und Kenntniß zusammengearbeitet haben. Auf den anderen Bühnen pflegt man sich meist in solchen Fällen mit einem bunten Phantasiecostüm zu begnügen, dem hier und dort ein charakteristisches Zeichen angeheftet wird. Dies kleine Theater aber sucht gerade in der Genauigkeit und der historisch treuen Wiedergabe des Aeußerlichen seinen Stolz, es will den Sinn des Zuschauers gefangen nehmen und ihn nicht aus der Illusion entweichen lassen. Die Behauptung, die sich oft in dramaturgischen Abhandlungen vernehmen läßt, daß der Glanz der Ausstattung die Dichtung beeinträchtige und ihr zum guten Theil die Aufmerksamkeit des Zuschauers entziehe, wird viel leichter am Studirtisch als im Theater selbst gemacht und aufrecht erhalten; hier wird jeder Beobachter des Publikums zugestehen müssen, daß die Menge gerade von der glücklichen und passenden Ausstattung eines Drama's den ersten und stärksten Eindruck empfängt, den Anstoß, der die leicht bewegliche Phantasie in eine bestimmte Richtung drängt und in ihr festhält. Auf der Berliner Hofbühne gewährt unter andern der zweite Akt der »Maria Stuart« ein solch' fesselndes Bild, charakteristisch für die Dichtung und bleibend in der Erinnerung der Zuschauer; umgekehrt wirkt die ärmliche Ausstattung vieler Stücke im Burgtheater zu Wien oft komisch; der Gegensatz des reichen Genua, des verschwenderischen goldprunkenden Fiesko, der prächtig einherrauschenden Donna Imperiali, von denen der Dichter beständig spricht, und ihrer bedenklich dürftigen Erscheinung wird auch durch das vollendetste Spiel nicht überwunden. Stände die Frage immer so, daß wir nur zwischen Ausstattung und Spiel zu wählen hätten, daß der Glanz der einen die Trefflichkeit des anderen ausschlösse, so wäre die Frage sogleich entschieden. Wie in den meisten Lebenslagen wird aber auch hier die Mittelstraße die goldene sein. Der Darstellung der »bezähmten Widerspenstigen« in Meiningen ist nun der italienische Charakter so scharf und originell aufgedrückt, daß wir einer italienischen Maskenkomödie beizuwohnen glauben. Die Deinhardstein'sche Bearbeitung des Shakspeare'schen Lustspiels liegt zu Grunde; die einleitende Scene zwischen dem Lord und dem trunkenen Kesselflicker, dem das Ganze vorgespielt wird, fehlt, obgleich meinem Gefühl nach das Possenhafte, der Fastnachtsscherz der Dichtung dadurch besser hervorgehoben und das Rohe und Verletzende in ihr – die Zähmung eines Weibes wie die eines wilden Thiers durch Hunger und Durst, Schläge und Nachtwachen – eine Milderung erfährt: die grobe Kost paßt für einen so groben täppischen Gesellen, wie dieser Kesselflicker einer ist. Zu Garrick's Zeiten wurde die Geschichte Petrucchio's und des bösen Käthchen's auf dem englischen Theater durchaus als Posse, in wildester Uebertreibung gespielt. »Woodward«, berichtet Gervinus, »spielte damals den Petrucchio in solcher Wuth, daß er seine Mitspielerin, Mrs. Clive, mit der Gabel in den Finger stach und, als er sie von der Bühne wegreißt, zu Boden warf.« Wenn Gervinus, von solchen Roheiten verletzt, den Schauspielern Mäßigung anräth, ist er im Recht, aber er geht zu weit, wenn er das Possenhafte des Ganzen nun in seinen schalkhaften Humor verwandelt wissen will. Die »bezähmte Widerspenstige« ist kein feines Lustspiel, keine *haute comédie*; sie wird sich zu »Was Ihr wollt« oder »Viel Lärmen um Nichts« immer wie Molière's »Arzt wider Willen« zu seinen »Gelehrten Frauen« verhalten, und dieser Unterschied muß in der Darstellung gewahrt bleiben. Die Aufführung in Meiningen litt unter diesem Zwiespalt der Auffassungen; der begabtere Theil der Mitglieder, die Darstellerin der Katharina (Fräulein *Franz*), die Darsteller des Vincentio (Herr *Weilenbeck*) und des Grumio (Herr *Chronegk*) suchten vor Allem dem komischen Zuge der Dichtung Genüge zu thun, aber das schnellere Tempo, das sie einschlugen, fand an der Behäbigkeit und Breite, mit der sich die Anderen gaben, ein Hinderniß, und die Gesammt-Darstellung verlor dadurch jene Geschlossenheit und stilvolle Harmonie, an die das Aeußere, Ausstattung und Umgebung der Zuschauer gewöhnt hatten. Gerade die malerische Vollendung machte höhere Erwartungen rege, als sie das Spiel schließlich befriedigte. Einem geschickten Regisseur müßte es indeß gelingen, auch mit den vorhandenen Kräften eine größere lebendigere Beweglichkeit zu erzielen, in Petrucchio den Geist des Humors zu erwecken und Gremio, der viel zu ernsthaft den verliebten Alten spielte, zu einer wahrhaft komischen Figur zu machen, bei uns versteht Herr Baumeister durch das bloße Nicken seiner Hutfedern dieser Gestalt einen so drolligen lächerlichen Zug zu geben, daß kein Mißmuth ihm widerstehen kann. Sehr lebendig und munter gab sich Fräulein Ellen Franz als Katharina, die seit ihrem Gastspiel auf der Berliner Hofbühne im Jahre 1864 ihr anmuthiges Talent auf das Glücklichste ausgebildet hat und für das Conversationsstück, nicht nur auf diesem kleinen Theater, eine Perle ist. Macht sich hier und dort auch der Mangel einer in allen Stücken bedeutsam angelegten schauspielerischen Originalität geltend, so ersetzt ein feingebildeter Geist, ein sicheres Gefühl des Schönen, eine liebenswürdige Heiterkeit und eine freie Anmuth in Haltung und Bewegung für solche Rollen ausreichend diesen Mangel.

Noch ungleich gelungener als die Aufführung der »bezähmten Widerspenstigen« war die des »Julius Cäsar«. Wenn die Einrichtung des Shakespeare'schen Trauerspiels auf den größeren Theatern annähernd die Mustergültigkeit und Lebenswahrheit der hiesigen erreichte, der Eindruck müßte bei den stärkeren Massen, die auf dem breiteren und tieferen Bühnenraum wirken könnten, bei den bedeutenderen schauspielerischen Kräften, über die man verfügt, ein geradezu überwältigender sein. Im Großen und Ganzen ist man von der Laube'schen Bearbeitung des »Julius Cäsar« nicht abgewichen; aber man hat mit Glück einige Scenen, die sie gestrichen hatte, dem Ganzen wieder eingefügt. Das Stück wird mit der stürmischen Scene zwischen den Tribunen und den Bürgern eröffnet: die Bürger wollen den feierlichen Festzug Cäsar's sehen, die republikanisch gesinnten Tribunen heißen sie den Platz räumen. Mitten in diesen Lärm hinein tönen die Trompeten, die das Nahen Cäsar's verkündigen. Dadurch tritt das Volk, das in diesem Trauerspiel zu einer so hervorragenden Rolle berufen ist, gleich in den Vordergrund der Handlung; während das Auftreten der beiden Tribunen allein gar keinen Eindruck hervorbringt, giebt dies Brausen und Wogen der Masse von vornherein den Zuschauern die richtige Stimmung. Eine andere treffliche Einfügung ist die des Poeten Cinna. »Schlimm«, erzählt Plutarch, »erging es einem gewissen Cinna, einem Dichter und Freund Cäsar's. Dieser hatte in der letzten Nacht geträumt, er wäre von Cäsar zu einem Gastmahl geladen, und als er dafür dankte, habe ihn Cäsar trotz seines Widerstrebens an der Hand fortgezogen. Wie er nun hörte, daß Cäsar's Leiche auf dem Forum verbrannt wurde, wollte er dabei nicht fehlen, obgleich ihm sein Traumgesicht verdächtig vorkam und er zudem das Fieber hatte. Einer aus der Menge, der ihn sah, fragte einen Andern nach seinem Namen und sagte ihn dann einem Dritten; im Nu verbreitete es sich, er sei einer von den Mördern Cäsar's, man stürzte auf ihn zu und zerriß ihn mitten auf dem Markte.« Shakspeare hat nach diesem Bericht die Schlußscene seines dritten Aktes entworfen: eine Scene, in der sich Groteskes und Entsetzliches mischen und die in ergreifendster Weise das Drama auf dem Forum bei der Leiche Cäsar's schließt; ohne Zweifel hatte der erste Schauspieler, der den Cinna spielte, ihm Charakter und Gepräge eines Clown gegeben und seine unfreiwillige Komik erhöhte noch den Eindruck des Schrecklichen. Zu Meiningen wird diese Scene mit großer Lebendigkeit gespielt und der Eindruck würde noch stärker sein, wenn man die Rolle des Cinna einem bedeutenderen Schauspieler übertragen könnte. Die zwei letzten Akte des »Julius Cäsar« stehen schon in der Dichtung den drei ersten nach; es ist wie im »Hamlet«. Zu den drei ersten Akten eine rasch und stetig aufsteigende Handlung, in scharfer Gruppirung, in den letzten bald Ueberstürzung und Ueberladung durch die Fülle des Nebensächlichen, bald Wiederholungen und epische Breite wo wir den schnellsten Gang der dramatischen Muse erwarteten. Auf der Bühne bleiben der vierte und fünfte Akt des »Julius Cäsar« meist ohne rechte Wirkung; das schöne und erschütternde Gespräch zwischen Brutus und Cassius ist mir bei der Darstellung noch nie zu vollendetem Ausdruck gebracht worden, der fünfte Akt endlich mit seinem schlecht gegliederten scenischen Aufbau – fünfmal wechselt die Scene bei Shakespeare – und seinem Schlachtgetümmel zersplittert sich in eine Reihe von Bildern. Durch eine treffliche Decoration, die von Händel in Weimar und Brückner in Coburg ausgeführt ist, sucht das Theater in Meiningen diesen

Schwierigkeiten abzuhelfen. Der Vordergrund ist als Ebene gedacht; rechts steigen Felshöhen empor; in der Mitte ist eine Schlucht zu denken, die der Bogen einer Brücke überwölbt; dahinter steigt mit Grabdenkmalen besetzt das Terrain wieder empor, ganz oben sieht man auf dem Fels gelagert Philippi mit seinen Zinnen und Thürmen liegen. Während Antonius und Octavius mit ihrem Heer von links her in der Ebene aufmarschiren, steigen Brutus und Cassius mit ihren Legionen die Felsen rechts hernieder: die einen oben, die anderen unten, führen die Gegner Zwiesprach. Im Verlauf der Schlacht halten einzelne Soldaten und Hauptleute des republikanischen Heeres die Anhöhen besetzt; der Vormarsch geschieht nach links. Vor dem Tode des Cassius sieht man Titinius durch die Schlucht eilen, sich zu erkunden, ob die nahenden Krieger Freunde oder Feinde seien, Pindarus bleibt auf der Höhe und Cassius in Selbstmordsgedanken ist tiefer hinabgestiegen. Ein außerordentlich poetisches Bild gewährt es, wenn Brutus geschlagen mit dem kläglichen Ueberrest seiner Freunde zwischen dem ersten vorspringenden Fels und dem Brückenbogen in der Schlucht ausruht und das Mondlicht auf die Helme, Panzer und weißen Gewänder fällt. Zuletzt erscheinen oben auf der Brücke Antonius und Octavius mit ihren Hauptleuten, und verstärkte man den Effect durch Fackellicht, indem die Begleiter der Feldherren in die Schlucht hinein leuchteten, sich zu überzeugen, daß der dort Liegende wirklich Brutus sei, würde man malerisch einen ergreifenden Abschluß des Ganzen haben. Die Schwächen, die dem fünften Akt in seiner durchaus epischen Ausführung anhaften, werden durch diese Einrichtung zwar nicht vollständig gehoben, aber doch gemildert und alle einzelnen Handlungen in einem Gesammtrahmen zusammengefaßt. Gleiches Lob verdient die scenische Einrichtung der anderen Akte. Decorationen und Costüme sind von peinlicher Genauigkeit, die Curia des Pompejus, in der Cäsar ermordet ward, und das Forum Romanum mit der Rostra sind nach den Zeichnungen des Conservators Visconti in Rom ausgeführt. Ueberall empfängt der Zuschauer den Eindruck der antiken Welt. So macht es auf den Feinfühlenden die tiefste tragische Wirkung, wenn er im Gemache Cäsar's den Purpurmantel, der eine Stunde später von den Dolchen der Verschworenen zerrissen werden soll, über einen Ständer von Marmor herabhängen sieht, den der Kopf der Meduse krönt. Sehr eigenthümlich ist die Ermordung dargestellt; leider erscheint die Bühne zu klein, um diese Einrichtung in ihrer ganzen Kraft hervortreten zu lassen. Die Curia ist nach der Straße zu offen gedacht, nur durch Stufen und Säulenstellungen von derselben getrennt: das Volk ist somit Zuschauer dessen, was sich innerhalb der Halle zuträgt. Die Senatoren sitzen auf niedrigen Stühlen, nicht feierlich im Halbkreis um Cäsar gruppirt, sondern in freierer und zwangloserer Haltung. Cäsar's hoher Sessel steht vor der Säule des Pompejus; die Verschworenen sammeln sich rechts von ihm, einige ihm zur Seite, andere im Rücken des Sessels; Metellus Cimber wirft sich vor ihm auf der obersten Stufe nieder, die Genossen drängen zu, Casca erhebt den Dolch. »Verfluchter Casca«, ruft ihm Cäsar zu, »was thust du?« »Ihr Brüder helft!« schreit der und während nun die Andern Cäsar niederstoßen, fliehen das Volk und die Senatoren schreiend auseinander.

Was die Darstellung betrifft, so werden in erster Reihe die Volksscenen mit hoher Vollendung gegeben. Kaum wird man sie auf einer anderen Bühne diese Lebenswahrheit erreichen sehen. Das größte Verdienst hat sich hier als Chorführer der Menge Herr *Chronegk* erworben, der gleichsam der Virtuos des Ganzen ist. Die malerischen Gewänder der Einzelnen, die Gruppen, die sie bilden, das Auf- und Niederwogen, der Lärm, das Geschrei, Alles schließt sich zu einer Einheit zusammen, die, ein Produkt der Kunst, des Studiums und mühseliger Arbeit, doch in vollkommener Freiheit als unverfälschte Natur erscheint. Auf der andern Seite treten freilich gegenüber dieser Meisterschaft und Massenwirkung die Einzelleistungen etwas in den Schatten zurück, am wenigsten noch Antonius, der Schürer des großen Brandes, der von Herrn *Weilenbeck* mit Kraft, Feuer und Ausdauer gespielt wurde. Das Berliner Publikum entsinnt sich des trefflichen Schauspielers noch, der für Charakterrollen besonders begabt, im Victoria-Theater nicht seinen richtigen Platz hatte. Seine Gestaltung des Antonius zeugt von ebenso viel Verständniß und Feinheit, als Leidenschaft und Originalität, gewisse allzu theatralische Schritte und Bewegungen wären zu mäßigen: etwas mag hierin die Kleinheit des Raumes verschulden. Passend in ihren Rollen erschienen mir der Cäsar des Herrn *Weise*, der seiner Rede nur öfters einen stärkeren Ton zu geben hätte, in Shakspeare's Cäsar ist ein gutes Stück emphatischen Wortprunks, und die Damen *Franz* (Portia) und *Clara Hausmann*, die als Knabe Clodius an der Leiche des Cäsar einen glücklichen und ergreifenden Moment hatte. Alles in Allem rechtfertigen diese beiden Vorstellungen, trotz der angedeuteten Mängel, den Ruf, den das Meininger Theater sich erworben: hier ist in der That eine Pflanzstätte und Schule der dramatischen Kunst, die zu sehen ein Genuß ist, die Freude und Anregung nach den verschiedensten Seiten gewährt.

Die Meininger in Berlin
[1874]

Der Gedanke, die merkwürdige und eigenthümliche Spiel- und Darstellungsweise des Meininger Hoftheaters sich auch einmal auf einer größeren Bühne, vor einem anderen, zahlreicheren und beweglicheren Publikum erproben zu lassen, lag dem Herzog Georg II. von Meiningen, dem eigentlichen Genius seines Theaters, seit Jahren im Sinne. Mancherlei Rücksichten, Hindernisse der verschiedensten Art stellten sich seiner Ausführung entgegen. Bald genügten die Vorstellungen den hohen und strengen Forderungen nicht, die der geläuterte Geschmack des Fürsten an sie stellte, bald fürchtete man in der großen Stadt eine kalte Aufnahme. Denn wollte man schon vor ein fremdes Publikum hintreten, so konnte es nur das Publikum der deutschen Hauptstadt sein. Hier galt es zu bestehen und zu siegen, trotz der besseren schauspielerischen Kräfte, über die das Schauspielhaus verfügte, trotz des Pompes, den das Opernhaus entfalten konnte. Wie alle irdischen Dinge, hatte auch diese Frage eine materielle Seite. Die Erhaltung des Meininger Hoftheaters in dem bisherigen Stande wurde immer kostspieliger, der Zeitpunkt war vorauszusehen, wo sie unerschwinglich sein würde. Nur durch ein Gastspiel in einer großen Stadt, welches, wenn es gelang, dem Theater neue Mittel zuführte, schien seine Zukunft gesichert zu sein. Schließlich gab denn die Ueberzeugung, daß man das Beste gewollt und sich redlich darum bemüht habe, mit dem frohen Selbstgefühle der Kraft, die danach drängt, sich zu zeigen und zu bethätigen, den Ausschlag: ich darf mir das Verdienst zuschreiben, immer zu dem Versuche gerathen zu haben, sowohl im allgemeinen Interesse der dramatischen Kunst, weil alle Bühnen von der Spielweise der Meininger lernen könnten und lernen würden, als in dem Interesse des betreffenden Theaters, dessen Künstler durch die Theilnahme und den Beifall der Hauptstadt zu immer größeren Anstrengungen, zu immer vollkommneren Leistungen angefeuert werden würden.

So erschien die Gesellschaft des Meininger Hoftheaters auf der Bühne der Friedrich-Wilhelmstadt. Diese Bühne empfahl sich vor allen anderen Berliner Bühnen, da sie fast genau dieselben Raumverhältnisse, wie die Bühne in Meiningen hat. Zu ihrer ersten Vorstellung am 1. Mai 1874 hatte die Gesellschaft Shakspeare's »Julius Cäsar« gewählt. Was die Einrichtung des Stückes zunächst auszeichnet, ist die Vermeidung des häufigen Decorationswechsels: im ersten Akte spielen sämmtliche Scenen vom Zuge Cäsar's zum Festplatze bis zur Verabredung zwischen Cassius, Casca und Cinna während der Gewitternacht auf dem Forum Romanum; im zweiten Akte sehen wir den Garten des Brutus und das Gemach Cäsar's; der dritte Akt zeigt in zwei Scenen die Curia des Pompejus und das Forum mit der Rostra; im vierten Akte kann, meiner Meinung nach, die erste Scene zwischen den Triumvirn, Octavianus, Antonius und Lepidus, als überflüssig gestrichen werden und der ganze Akt sich einzig im Zelte des Brutus abspielen; mit großem Geschick und künstlerischem Verständniß ist der letzt Akt – die Schlacht bei Philippi – in eine einzige Decoration zusammengedrängt worden. Was der Zuschauer an Decorationen vor sich sieht, stammt nicht aus der mehr oder minder geschäftigen Phantasie eines talentvollen Malers; mit genauester Berücksichtigung archäologischer Studien sind sie entworfen. Während eines Aufenthaltes in Rom im Jahre 1869 hat der Herzog Georg II. von Meiningen mit dem Conservator der römischen Alterthümer Visconti diesen Theil der Einrichtung »Cäsar's« besprochen. Die Ansicht des römischen Forums im dritten Akte ist ganz nach Visconti's Angaben gezeichnet: sie stellt das Forum mit der Ansicht auf den Palatin da; die Rostra steht mit ihrer breiten Seite der Curia des Senats gegenüber. Im Hintergrunde führen Stufen zu Palästen, Triumphbögen hinauf. Nicht weniger original und naturtreu ist die Schlußdecoration, die uns das Schlachtfeld von Philippi veranschaulicht. Und diese so eigenthümlichen Decorationen denke man sich nun mit Helden und Frauen, mit Volksmassen und Kriegern erfüllt, die vom Scheitel zur Sohle einen altrömischen Eindruck machen. Nichts von jenen dürftigen Tüchern, die überall als Toga gelten; nichts von modern frisirten Frauenköpfen mit Chignons; nichts von mittelalterlichen Spießen und Hellebarden, die für Waffen der Legionen ausgegeben werden: alles, bis auf die Leuchte im Zelte des Brutus, bis auf den Medusenkopf, der den Mantel des Cäsar trägt, hat antiken Charakter. Ueber das Wesentliche dieser Aufführung wird sich nach mancher Richtung hin streiten lassen: daß sie das Publikum tief und mächtig bewegte, wird dagegen von Niemand bestritten werden. Scenen, wie den Festzug Cäsar's, seine Ermordung, Antonius' Rede bei der Leiche, den Schluß des Ganzen, wo von der Höhe die Sieger, in greller Fackelbeleuchtung, auf den letzten Römer hinabschauen, haben nicht viele unter uns jemals im recitirenden Drama an sich vorüberziehen gesehen. Die Behandlung der Massen ist hier fast zur Vollendung gebracht. Wenn Casca den Streich auf Cäsar führt, stößt das um die Curia versammelte Volk einen einzigen herzerschütternden Schrei aus; eine

Todtenstille tritt dann ein: die Mörder, die Senatoren, das Volk stehen einen Augenblick wie gebannt und erstarrt vor der Leiche des Gewaltigen, dann bricht ein Sturm aus, dessen Bewegung man gesehen, dessen Brausen man gehört haben muß, um zu empfinden, wie gewaltig, wie hoch und wie tief die Wirkung dramatischer Kunst zu gehen vermag. In der Scene auf dem Forum folgen, sich einander überbietend, die großartigen und überraschenden Momente: wie Antonius auf die Schultern der Menge gehoben wird und so, inmitten der wildesten Bewegung, das Testament Cäsar's vorliest; wie die Wüthenden die Bahre mit dem Leichnam ergreifen, wie Andere mit Fackeln herbeistürmen; wie endlich Cinna, der Poet, im wildesten Getümmel getödtet wird. Man glaubt den Anfängen einer Revolution beizuwohnen. Hier nun kommt der Gegensatz und die Frage zu ihrem Rechte: ob vielleicht nicht des Guten in der Beweglichkeit zu viel gethan wird; ob der Lärm nicht um einen halben Ton ermäßigt werden könnte?

Aber man thäte den trefflichen schauspielerischen Kräften der Gesellschaft Unrecht, wollte man einseitig nur diese Scenen, denen freilich die erschütterndste Wirkung innewohnt, hervorheben. Das Gespräch zwischen Brutus, Cassius und Casca im ersten Akte; die Verschwörungsscene im zweiten Akte, die nicht nur durch die zauberische Beleuchtung, sondern viel mehr noch durch den unheimlichen Flüsterton, mit einzelnen stärkeren Ausbrüchen, durch die düstere Haltung der Verschwörer ergriff; die Zeltscene zwischen Brutus und Cassius mit der Erscheinung Cäsar's, die sich daran knüpft, verdienen volle Anerkennung. In erster Reihe nenne ich Herrn *Barnay* vom Stadttheater zu Frankfurt am Main, seit längerer Zeit Ehrenmitglied des Meininger Hoftheaters, der den Antonius mit einer gewissen großartigen Anlage, gleich trefflich den Schwelger und den Staatsmann und Feldherrn charakterisirend, darstellte. Er vereinigt eine edle und vornehme Erscheinung mit einem wohlklingenden und kräftigen Organe; er hat eine natürliche fortreißende Beredsamkeit und ein Gefühl des Maßvollen, das ihn, fast möchte ich sagen, zu behutsam macht, dafür aber sein Spiel und seine Rede vor jeder Uebertreibung bewahrt. Der Brutus des Herrn *Hellmuth-Bräm* und der Casca des Herrn *Stoppenhagen* sind kraftvoll und charakteristisch gehalten; das Ehrenfeste und Gefühlvolle des Brutus kam ebenso wie die Ironie, die Tücke und Kälte des Casca zum richtigen Ausdruck. Herr *Teller* hat zum Cassius die Gestalt; eine treffliche Maske unterstützt ihn, die Anlage der Rolle ist gut gegriffen und die Wirkung würde eine noch größere sein, wenn er sein Gesicht ruhiger hielte; gerade während der ersten Akte muß das Antlitz des Cassius etwas Maskenhaftes haben: er ist recht eigentlich die Seele der Verschwörung, etwas wie ein Gedanke, daher Cäsar's Haß wider ihn. Herr *Nesper* that seinem Cäsar durch die Uebertreibung Eintrag, die er den schon an sich hochtrabenden Versen des Dichters gab. Von den Damen Frau *Berg* (Calpurnia) und Fräulein *Setti* (Portia) zeigte namentlich die letztere in ihrer einzigen Scene im zweiten Akte eine starke Leidenschaft. Unter den kleineren Rollen wurde die des Clodius, des Dieners Cäsar's, von Herrn *Wallner* recht gut dargestellt: der Ausbruch seines Schmerzes bei dem Anblick der Leiche seines Herrn war von einer Wahrheit der Empfindung und einer Lebendigkeit des Spiels, die bei einem so jungen Schauspieler überraschen mußte: die Uebung mag dabei das Beste gethan haben. Die Verhältnisse des Meininger Hoftheaters sind selbstverständlich nicht der Art, daß in den bedeutenderen Rollen nur »erste Kräfte« erscheinen können; hier ist schon viel geleistet, wenn im Großen und Ganzen die Dichtung würdig und lebensvoll dargestellt wird. Der wiederholte Beifall des Publikums bewies, daß nicht einzig und allein die Einrichtung und Ausstattung – wie sie in dieser Trefflichkeit und diesem Glanze dem Berliner Publikum in einem klassischen Drama freilich noch nicht geboten worden sind – sondern neben der überwältigenden Gesammtleistung auch der Vortrag und das Spiel der einzelnen Künstler anzog und fesselte.

Bei dem Triumphe, welchen die Hofbühne mit der Aufführung der Shakspeare'schen Komödie: »Was Ihr wollt« in diesem Winter errungen hatte, war es ein Wagniß, daß die Gesellschaft des Meininger Hoftheaters nun auch ihrerseits mit der Darstellung dieses Lustspiels vorging. Ihre Auffführung von »*Was Ihr wollt*« am Mittwoch, den 20. Mai, vor einem so kritisch wie selten gestimmten Publikum hat sich indessen mit der Vortrefflichkeit ihrer Einrichtung und der siegreichen Gewalt ihrer Darstellung bewährt. Ein Vergleich zwischen dieser Aufführung und der des Hoftheaters wird nicht zu vermeiden sein; aber nicht ich möchte ihn ziehen; das Publikum, diejenigen, die endlich einmal eine Shakspeare- 'sche Komödie voll und ganz, nicht ein beliebig zusammengewürfeltes Stück von irgend einem berühmten Kürzer des Dichters sehen wollen, mögen entscheiden. Die Meininger Einrichtung vermeidet beinahe jeden Decorationswechsel; nur das Zimmer des Herzogs und das Gemach der Olivia unterbrechen die feststehende Decoration: es ist das Haus Oliviens, mit einer Treppe, die in einen Vorgarten führt, an dem die allgemeine Straße vorübergeht. Der Garten mit Bank und Blumengebüsch, die höherliegende Laube mit dem Steintisch, die Treppe mit ihrem oberen Absatz gliedern die Bühne annähernd im Stil der altenglischen: Malvolio erscheint auf der Treppe, während die Rüpel in der Laube trinken, singen und lärmen. Wenn Olivia zärtliche Worte mit Viola-Cesario tauscht, guckt Junker Christoph aus dem Fenster. In der letzten Scene, bei Mondbeleuchtung, die man vielleicht gegen den Schluß hin durch Fackellicht noch phantastischer machen könnte, entsteht durch diese Theilung der Bühne eines der malerischten Bilder. Die widersinnige Umkleidung Viola's aus ihrem Pagengewande in ein Frauenkleid – widersinnig, da der Dichter ausdrücklich mit diesen Worten schließt: »Kommt, Cesario! das sollt ihr sein, so lang' ihr Mann noch seid, doch wenn man euch in andern Kleidern schaut, Orsino's Herrin, seiner Liebe Braut« – ist nicht beliebt und so stört kein tolles Fortlaufen und Wiederherbeieilen der Hauptperson den reinen Eindruck dieser Scene. Ueber die Ausstattung, die Kostüme, das Beiwerk brauche ich nicht mehr zu sprechen; man betrachte nur die beiden Gerichtsdiener, welche Antonio gefangen fortführen, und vergleiche sie mit den Herren, die auf anderen Bühnen dasselbe Amt verrichten. Wieder ist die Einrichtung aus einem Guß und vor Allem, was das Wichtigste ist, in diesen Rahmen kommt einzig und allein Shakspeare zum Wort und zur Erscheinung. Abgesehen von nothwendigen Kürzungen ist eine einzige und wie mir scheint nicht unglückliche Aenderung vorgenommen worden; glücklich in unserem modernen Sinne. Das Lied, welches im Text der Narr von Orsino singt, ist der Viola zugetheilt und giebt so der Schauspielerin die beste Gelegenheit, ihre schwärmerische Liebe für Orsino anzudeuten. Das Schlußlied der Komödie mit dem Refrain »Hop heisa bei Regen und Wind« will der Dichter von dem Narren »zu Pfeife und Trommel« gesungen haben; hier wird es nur gesprochen. Ich würde einen Mittelweg vorschlagen und dem Narren wenigstens die Trommel geben, er mag mit einem Wirbel anfangen und mit einem Wirbel enden; zur Gesellschaft kann er sein Lied nicht sprechen, Shakspeare's Text ist dagegen. Exeunt omnes – Alle ab – steht hinter Orsino's Schlußwort, das Lied ist also ausschließlich an das Publikum gerichtet.

Obenan in der Darstellung stehen die Damen Fräulein *Hausmann* (Viola), Fräulein *Weidt* (Maria) und Fräulein *Setti* (Olivia). Die beiden erstgenannten: Fräulein Hausmann mit allem Zauber romantischer Poesie, mit zärtlicher Liebe und neckischer Schelmerei ihre Viola ausstattend; Fräulein Weidt in ihrer beinahe dämonischen Lustigkeit, welche nicht nur ihre Mitspieler, sondern das Publikum mit unwiderstehlicher

Gewalt in ihrem Lachstrudel mit fortriß, stellen jede andere Viola und Maria tief in den Schatten; sie verkörpern in gefälliger Anmuth die beiden Seiten des altenglischen Lustspiels, die Romantik und den Humor, die phantastische Poesie und das übermüthige Gelächter; sie spielen nicht sich, sondern Shakspeare. Fräulein Setti giebt ihrer Olivia Würde und Liebreiz, sie ist eine angemessene, obgleich keine vollendete Darstellerin der Gräfin, etwa in der Weise, wie Fräulein *Keßler* die Rolle auf der Hofbühne auffaßt, nur mit stärkerer Betonung des leidenschaftlichen Elements. Könnte man zu diesem Damen-Kleeblatt unsern Meister Döring als Malvolio gesellen, so würde diese Aufführung von »Was Ihr wollt« schwerlich ihres Gleichen haben. Vor Döring zu erblassen, ist keine Unehre; ja es ist anzunehmen, daß Herrn *Raupp*, der den Malvolio spielte, bei der ersten Aufführung die Erinnerung an diesen Meister noch mehr beängstigte, als das Gefühl der eigenen Unzulänglichkeit. Ich hatte früher Herrn Weilenbeck in dieser Rolle gesehen, der sie sehr originell im Einzelnen ausführte, den aber jetzt sein körperliches Gebrechen – er ist erblindet – an ihrer Darstellung hindert. Herr Raupp schadet sich dadurch zumeist, daß er zuviel thut, namentlich in den ersten Akten, ehe die Verzauberung eintritt; hier hat er nur steif, trocken, hochmüthig und querköpfig zu sein, jede Uebertreibung in der Bewegung muß vermieden werden, seine Haltung ist ruhig, kerzengerade, sein Schritt langsam. Vortrefflich sind dagegen die beiden Rüpel: Herr *Hellmuth-Bräm* (Junker Tobias), Herr *Chronegk* (Junker Christoph), der wie ein aus alten Büchern geschnittener englischer Clown aussieht, gutmüthig, albern, burlesk. Die Scene, wie Tobias und Fabio (Herr *Stoppenhagen*) im Verein mit Maria dem Malvolio einreden, daß er besessen sei, gehört zu den gelungensten der Aufführung; des Hänseln, Kichern, Schreien, das Grauen, das die Drei vor ihm ausdrücken, das Spiel Maria's haben etwas Sinnberückendes und man begreift, daß auch ein weniger eitler Narr als Malvolio dadurch »gestört« werden könnte. Gleich munter und drollig ist das Trinkgelage des zweiten Aktes, wo neben Tobias und Christoph der Narr, der von Herrn *Teller* trefflich dargestellt wurde – leider besitzt er nicht die Gabe des Gesanges wie Herr *Kahle* – die dritte Geige spielt; wie die halbtrunkenen Zecher den auf der Treppe polternden Malvolio mit Kürbissen und anderen Wurfgeschossen vertreiben, Maria sie zu immer größerer Tollheit anreizt: das muß man gesehen haben, um einen Schimmer jenes lustigen Altenglands wieder zu finden, das Shakspeare verherrlichte. Herr *Richard* als Orsino, Herr *Hassel* als Antonio, Herr *Wallner* als Sebastian, der seiner Schwester Viola täuschend ähnlich sah, vollendeten angemessen den Kreis der Darsteller. Mit begreiflicher Schüchternheit spielten die Schauspieler den ersten Akt: sie sind auf fremdem Boden und sehen sich einer durchaus nicht zum Beifall geneigten Versammlung gegenüber. Aber sie erwarmen allmählig, gehen tapfer vor und die Originalität ihrer Darstellung, die ebenso sinnreiche wie poetische Einrichtung überwinden alle Hindernisse. Der Eindruck des zweiten, dritten und vierten Aktes war außerordentlich, die Heiterkeit des Publikums stieg mit jeder Scene. Es handelt sich bei diesen Darstellungen nicht um ein eleusinisches Mysterium, das nur die Eingeweihten verstehen; Jeder kann ihnen beiwohnen; Jeder kann an anderen Aufführungen von »Julius Cäsar« und »Was Ihr wollt« die der Meiningen'schen Gesellschaft prüfen. So groß aber ist der Reiz gerade dieser Aufführungen, daß Diejenigen, die sie am lautesten verurtheilen, bei jeder Vorstellung auf ihrem Platze sind. Hier wird eben etwas durchaus Neues und Originales geboten, das auch dem Widerwilligen imponirt. Ob zum Schaden der Kunst? Ich weiß nicht, welchen Eintrag es Shakspeare's »Julius Cäsar« thun soll, daß er jetzt von Hunderten und aber Hunderten gehört wird, während er sonst schüchtern in jedem fünften Jahre einmal über die Bühne des Schauspielhauses schlich.

HANS HOPFEN
Die Meininger in Berlin
[1874]

Einen ungleich rascheren und allgemeineren Erfolg als das jüngst besprochene Gastspiel Rossi's hat das der herzoglich meiningen'schen Gesellschaft in Berlin errungen und bis jetzt behauptet. Nichts kann deutlicher sprechen als die Thatsache, daß diese Truppe im Zeitraum von neunzehn Tagen Shakspeare's »Julius Cäsar« sechzehnmal, und zwar, die ersten beiden Vorstellungen abgerechnet, jedesmal bei ausverkauftem Hause, meist vor geräumtem Orchester gegeben hat. Das Gastspiel war ursprünglich auf die Dauer eines Monats abgeschlossen. Die Verwaltung des herzoglichen Theaters berechnete (Unterhalt, Reise, Pacht, Aufwand für die Vorstellung mit inbegriffen) die täglichen Kosten auf fünfhundert Thaler. Diese gewiß hoch gegriffene Summe ist durch zwei Drittel der Vorstellungen vollkommen gedeckt; die Einnahmen vom 20. bis. 31. Mai sind reiner Gewinn. Zahlen beweisen.

Man schlage die äußeren Verhältnisse so hoch an, wie man wolle, die bequeme Lage des Theaters, die durch ihre knappe Breite jede Wirkung des Dramas begünstigende Bühne, den Nimbus des kronetragenden Impresario und den Sirenenchor einstimmiger Kritik – ein so unerhörter Erfolg ist damit noch lange nicht erklärt.

Von Belang sind diese Dinge immerhin, und nie war die Neugier auf ein Bühnenereigniß also gespannt worden wie dießmal. Wer weiß nicht, daß der regierende Herzog von Meiningen nicht nur seines Hoftheaters fürstlicher Brotgeber und gestrenges Publikum, sondern auch sein Direktor, Regisseur, Lese-Comité, Decorateur, Costümezeichner und Vortragsmeister in Einer Person ist? Und nun befiehlt der hohe Herr einen Extrazug, und in zwölf vollgepackten Eisenbahnwagen kommen nicht nur die Schauspieler mit ihren verschiedenartigen Gewänderschätzen, nein, auch alle Decorationen, Versetzstücke, Geräthschaften, Maschinen, Möbel und Waffen, ja selbst die herzoglichen Statisten von Meiningen hieher, um den Berlinern zu zeigen, was eigentlich Tragödie sei und wie sie gemacht werde. Mit schallendem Heilsruf empfängt sie die strengste Kritik und commandirt die verblüfften Reichshauptstädter zu einem neuen und unerhörten Kunstgenuß.

Ich gestehe, daß mich das Alles und Aehnliches nicht bewegen würde, die Leistungen dieser Gesellschaft zu besprechen, wenn es sich dabei nicht um einen Principienstreit handelte, der das kunstliebende Berlin in zwei Lager trennt; wenn nicht ein schauspielerischer Kreuzzug hier seine ersten Schlachten zu gewinnen im Begriffe wäre, welcher ganz Deutschland der allein richtigen Darstellungsweise erobern soll; wenn nicht dieser Richtung Anhänger, Herolde und Gedankenlose bereits die siegesgewisse Zuversicht in die Welt ausposaunten, daß von diesem Gastspiel eine dramaturgische Revolution, eine neue Aera der deutschen Schauspielkunst datiren werde.

Und warum würde ich diese Leistungen nicht besprechen? Weil sie von Schauspielern herrühren, die, mit wenigen Ausnahmen, unter der landläufigen Mittelmäßigkeit stehen. Unter diesen Ausnahmen sind zwei Männer, von denen der Eine ein vortrefflicher Darsteller gewesen sein mag, der Andere *vielleicht* einmal einer werden wird. Jener, Herr Weilenbeck, ist ohne allen Zweifel das die ganze Gesellschaft hoch überragende Mitglied, aber, erblindet und von allzu gebrechlicher Stimme, nur mehr mit Vorsicht auf die Bretter zu stellen. Auch kann der Erfolg sicherlich nicht seiner, wenn auch gewiß vortrefflichen Leistung als Sixtus V. zugeschrieben werden, denn er war bisher nur in dem gleichnamigen Stücke beschäftigt, und dieses hielt sich nur dreimal, um sofort wieder dem »Julius Cäsar« mit ausverkauftem Hause Platz zu machen. Der Andere, Herr Barnay, steht zum Meininger Hoftheater in keiner intimeren Beziehung als etwa der Prinz Georg von Preußen oder der Großherzog von Sachsen-Weimar-Eisenach zur Genossenschaft dramatischer Autoren. Er ist *nur* Ehrenmitglied.

Was die Anderen betrifft, welche uns die beiden Tragödien vorgeführt haben, so will ich gerne glauben, daß der harmlose Wanderer, welcher mitten »in den Waldlauben der Thüringe« plötzlich auf ein Theater stößt, das ihm die Langweile eines Badeortes durch Molière'sche Lustspiele und Shakspeare'sche Tragödien vertreibt, sich mit höflich stylisirter Ueberschätzung dankbar beweisen mag. Tritt aber solch ein artistisches Privatvergnügen aus der Heimlichkeit der Waldlauben mit bewußten Prätensionen zum Wettkampf gegen die Bühnen der Hauptstadt, ja gar zur Regulirung des deutschen Kunstgeschmackes auf, so kann ich an diesen Schauspielern, von denen es in der Technik der Rede, in den Künsten des Mienen- und Geberdenspiels kaum ein halbes Dutzend über die Höhe eines erträglichen Dilettantismus gebracht hat, nichts mehr zu bewundern finden, als die Kühnheit, den Fleiß und die Ausdauer, mit denen sie sich ihrer reformatorischen Mission unterziehen.

Die Kunstfertigkeit der Einzelnen wird den nun freilich auch von Verehrern und Eingeweihten mehr oder weniger preisgegeben. Aus der Noth flugs eine Tugend machend, versichern sie sogar, *das* sei eben der bleibende Werth solcher Leistungen, daß durch sie *»das verfluchte Virtuosenthum«* unmöglich gemacht würde. Wenn das Ideal der dramatischen Kunst darin bestünde, daß Alle gleich schlecht spielen, dann könnte man allerdings durch scharfe Dressur von Statisten dem höchsten Ziele am nächsten rücken. Ich aber denke mir, vor dem *»Zusammenspiel«* kommt doch das *Spiel*, und wenn dieses nicht viel werth ist, so wird mich jenes dafür nicht schadlos halten. Was soll mir, um nur ein Beispiel anzuführen, die Verschwörungsscene, wo diese stolzen adeligen Römer sich wie lauter Halskranke anlispeln und sich mit einer Todesangst geberden, als hätten sie den Cäsar bereits vor vierzehn Tagen im nächtlichen Wald erschlagen und das ganze Parterre säße nun voller Gendarmen und Detectives? Die Herren befinden sich doch gerade behufs Verschwörung im Hause des Brutus, wo sie vor Verrath sicher sind, alsdann ist das Gelispel ohne Sinn; oder sie sind nicht sicher, dann nützt es wieder nichts.

Ja, aber die Volksscenen, die Volksscenen sind die Hauptsache! so heißt es. Kann man das Wesen der tragischen Kunst ärger verkennen? Sind vielleicht im Shakspeare die Volksscenen das Hauptsächliche? Niemals! Und mag man immerhin den Fleiß und das Geschick, mit dem diese Volksscenen zuwege gebracht worden, loben, dieß aufdringliche Zuviel, dieß übertriebene Kreischen und Hin- und Widerrennen, dieß immer wiederholte Hände-Aufrecken, diese unaufhörlichen Responsorien im geflissentlich unverständlichen Brummtone, dieses ganze von zwei oder drei Choragen mit unglaublichem Behagen hin- und widergezerrte Statisten-Exercitium, noch nicht Oper, nicht mehr Ballet – aber niemals Tragödie: ist es nicht ein schlimmeres und deutlicheres Virtuosenthum, als jede Einzelleistung eines künstlerischen Individuums, welches die Mitspielenden überragen will? Wo nur immer in diesen meiningen'schen Vorstellungen Volk und Volksscenen, Gebrumm, Geschrei, Geläute, Gesang, Geplärr, Geklopfe, Gedränge und Geschiebe angebracht werden kann, darf es um keinen Preis fehlen. Kaum daß sich zwei Bürgersleute auf der Bühne unterreden wollen, so geht gleich hinter ihnen ein Marktgewühl los, das mich fortwährend wider Willen von der Wichtigkeit des Dialogs ablenkt. Halten Brutus und Cassius vor der Schlacht bei Philippi mitten auf der Bühne Kriegsrath, so knien weiter links, die ganze Coulissenreihe hin, etliche Bogenschützen ein sehr bewegtes Vorpostengefecht ab – man denke! etwa vier bis fünf Schritte weit vom Kriegsrath der obersten Feldherren! – und wie dort das Fingerspiel und Korbgewühl von Ausgebot und Nachfrage, so ziehen mich hier das Aufgucken und Niederducken und das zwecklose Gezupfe an Bogen und Pfeil von den Worten der Dichtung ab, vom Gefühl des Einzelnen zu dem Gebahren der Masse, vom Wesentlichen zum Nebensächlichen.

In der Kunst aber gibt es nichts Gefährlicheres, als die übertriebene Pflege des Nebensächlichen, und vollends im Drama ist alles, was nicht nothwendig ist, verwerflich.

Hier aber sind wir an der Hand der Volksscenen zum Principe der meiningen'schen Tragödien-Darstellung gekommen, die ihre Wirkungen nicht durch den Werth und die Bedeutung der schauspielerischen Leistung begründet, sondern die Aufmerksamkeit des Hörers mit allen Mitteln von derselben ablenkt.

Soll ich dieß Princip in Kürze kennzeichnen, so sage ich, es ist die archäologische Correctheit des Beiwerkes, die wissenschaftlich beglaubigte Stylisirung des Nebensächlichen, das dilettantische Betonen alles dessen, was nicht nothwendig zur Kunst gehört, nicht zu der Kunst gehört, um die es sich hier handelt. Nicht die Künste des Sprechens, der Bewegung, der charakterisitischen Menschendarstellung erfreuen sich der allersorgfältigsten Pflege; der Ruhm dieser Gesellschaft wird begründet und genährt durch ganz andere Vorzüge. Hier siehst du genau nach Autorität gediegenster Kennerschaft der römischen Alterthümer das Capitol, den Palatin, das Forum (die Rostra steht, die Tempeltrümmer sogar liegen nach wissenschaftlicher Beglaubigung umher); die Curie des Pompejus, die Wohnung des Cäsar; Stadt und Schlachtfeld von Philippi – Alles genau wie es damals gewesen sein muß, und nicht um ein Tüpfelchen anders. Und was zwischen Lampen und Decorationen herumläuft, ist genau so bekleidet, beschuht und frisirt, wie es sich mit dem Buche in der Hand beweisen läßt. Diese senatorischen Togen wie diese kretischen Pfeile, die Harnische der Edlen wie die Mundstücke der Flötenspieler, Fahnen und Zinken, Wärmschüssel und Trinkgefäß – man soll nicht sagen, daß irgend ein Verstoß gegen Weiß' Costümkunde denkbar sei. Daß nur jedem Quiriten der Knopf ordonanzmäßig sitze und kein moderner Chignon sich an solch klassisches Haupt hefte. Und wie im »Cäsar« das alte Rom, so siehst du im »Sixtus« das der Renaissance. Die Engelsburg von außen, die Sixtinische Capelle von innen und gar das Conclave selbst mit allem geistlichen Pomp und der Fülle priesterlicher Erscheinungen! Auf den Straßen Bürger und Bauern, Räuber und Sbirren, Aufläufe und Processionen, in den Palästen adelige Pracht. Formen und Farben die Fülle und Alles, was du willst, nur nicht des Mimen Kunst.

Seelenmaler hörte sich sonst der Schauspieler gerne nennen. Kindische Vorurtheile! Hier ist nicht der Schauspieler maßgebend, sondern der Archäolog, der Historiker, der Decorationsmaler, der Schneider, der Maschinist und der Statistenmeister. Die Bühne ist zum Guckkasten, zur Raritätenkammer, zum Museum, zum Panopticum geworden. Das ist keine Tragödie mehr, sondern ein Ausstattungsstück. Die Dichtung selber hat nicht mehr Werth als den eines gefälligen Kleiderständers, an dem ein archäologischer Liebhaber seine Merkwürdigkeiten aufhängen kann. Die Wahl des »Sixtus« gibt hierfür genügenden Beweis. In der ganzen deutschen dramatischen Literatur fand man bisher nicht Wichtigeres vorzuführen, als dieses über alles Vermuthen langweilige Buchdrama, dessen Verfasser sicherlich ein gescheiter und gebildeter Mensch gewesen, der aber vom Dichter nicht mehr besaß, als die fröhliche Handhabung des fünffüßigen Jambus, und von der Technik des Drama's nicht mehr verstand, als daß eine Tragödie gewöhnlich in fünf Akte getheilt zu werden pflegt. Indessen wo war im Schatz unserer Bibliotheken gleich ein anderes Stück auszuklauben, in dem sich aller päpstliche Pomp, aller Glanz der Renaissance, Schweizergarden und Pfauenfächer, Weihrauchwolken und Kirchengesang, Glockengebimmel und Volksgebrüll mit solcher Behaglichkeit entfalten ließen?

Da fällt mir wohl Mancher in die Rede und zeiht mich arger Uebertreibung. Warum sollte sich nicht Eines mit dem Anderen vereinigen lassen? Warum sollte sich nicht die Pracht des Ueberflüssigen gar wohl mit der Tüchtigkeit der Hauptsache vertragen? Ja, sollte nicht die Folie von solcher Pracht und Genauigkeit dem Diamant dramatischer Dichtung erst die rechte Leuchtkraft geben? Wäre nicht das Höchste erreicht, wenn sich für klassische Dichtung nicht nur die correcteste wie pompöseste Ausstattung, sondern auch jene echten Seelenmaler, Schauspieler von untadelhafter Kunst, schöpferisch gewaltige Darsteller fänden?

Wenn – ja wohl, wenn! Ebenda liegt's! Hast du es vielleicht schon einmal irgendwo so gefunden? Oder ist dir aus der Theatergeschichte irgend ein Ort, eine Zeit bekannt, wo Eines nicht durch das Andere beeinträchtigt worden wäre? Mir nicht. Die großen Epochen dramatischer Kunst in Spanien, in England, in Frankreich wissen von solcher Cultur des Nebensächlichen ganz und gar nichts. Das *théâtre français* leistete in seiner guten Zeit in Schlichtheit und Einfachheit der Ausstattung das Außerordentlichste. Ein flegelhafter Comparsen-Tumult, wie er die Virtuosität unserer Meininger ausmacht, wäre dort noch heut undenkbar. Welche Schauspieler mußten ein Lope oder gar ein Shakspeare zu ihrer Verfügung haben, daß sie Rollen für sie schaffen konnten, wie wir sie kennen, und doch von welcher Einfachheit war der scenische Apparat ihrer Theater! Suchen wir dagegen das Land, wo keine Kosten gescheut werden, um die Dichtung mit jedem erdenklichen Prunk, mit allen archäologischen Finessen und mechanischen Wundern zu versorgen, so brauchen wir nur nach dem heutigen England zu sehen, wo die dramatische Kunst unter allen europäischen Nationen auf die niedrigste Stufe gerathen ist.

Aber trotzdem, sagt Einer, trotzdem, daß unserem Ideale die bisherige Erfahrung widerspricht, wo steht der Beweis, daß es in besserer Gegenwart und Zukunft nicht doch noch erreichbar und darum von uns mit allen Kräften zu erstreben sei?

Erinnerst du dich an das berühmte Distichon mit dem siebenfüßigen Hexameter in den Arkaden des Münchener Hofgartens:

Florenz, dir fehlet das, was Rom hat, und diesem just, was du besitzest;
Wäret ihr beide vereint, wär's für die Erde zu schön!

Der verlangte Beweis liegt im Wesen und Zweck der tragischen Kunst selbst.
Was will und soll denn die Tragödie? Furcht und Mitleid erregen. Wie aber sollen denn in meiner Seele Furcht und Mitleid (oder wie wir immer die kathartischen Affecte nennen wollen) ihr reinigendes Werk vollziehen, wenn das Medium, durch welches allein sie wirken, wenn die Einbildungskraft in mir durch allerhand Nebensächlichkeiten fortwährend wieder abgezogen wird? Durch diesen Zweck der Tragödie, durch Furcht und Mitleid die Leidenschaften zu reinigen, ist das genaue Maß angegeben, wie weit man mit der Ausstattung einer Tragödie, wie weit mit allem Nebensächlichen in der dramatischen Kunst gehen darf. Alles das, was neben der Leistung des Schauspielers auf der Bühne zu sehen ist, darf nie aufdringlich werden für die Beobachtung des Zuschauers. Weder durch ein Zuviel, noch durch ein Zuwenig. Aber das Zuwenig ist lange nicht so störend wie das Zuviel. Denn eine mangelhafte Ausstattung, selbst ein Ungeschick läßt sich durch die Kunst des Schauspielers verdecken, läßt sich über ihn vergessen. Alles dagegen, was die gemeine Schaulust absichtlich zu beschäftigen geeignet ist, entzieht dem Hauptzweck des Drama's einen Theil meiner Aufmerksamkeit. Tritt vollends die Leistung des Mimen programmgemäß hinter den scenischen Prunk, den archäologischen Firlefanz, das Getümmel der Comparserie zurück, so weiß ich schlechterdings nicht, wie meine arme Seele zu Furcht und Mitleid gedeihen soll – es wäre denn zu Mitleid mit dem Darsteller und zu Furcht vor dem Verfall der Kunst, die aber beide kein Bühnendichter mit seinen Werken beabsichtigt.

Was soll denn nun aber mit dieser Hypertrophie des Nebensächlichen bezweckt werden? Doch nur ein höherer Grad von Glaubwürdigkeit des künstlerischen Scheines, eine mächtigere Bezauberung der Phantasie. Aber dabei übersieht man vollständig das ökonomische Verhältniß der die Täuschung bewirkenden Kräfte in dieser Kunst der Bühne. Man übersieht, daß die das Bild belebende, die Täuschung erzeugende, die Wirkung alles Nebensächlichen erst bestimmende Macht einzig und allein vom *Schauspieler* ausgeht. Wer dieses Verhältnis umkehren zu können meint, der handelt nicht klüger als ein Maler etwa, welcher die fernsten Gegenstände im Hintergrunde seines Bildes mit größerer Genauigkeit und Naturtreue auspinseln wollte als das, was er in den Vordergrund gebracht hat, und der sozusagen das perspectivische Verhältniß auf den Kopf stellen möchte.

Wenn ich den Mohren von Venedig rasen sehe, handelt es sich um Desdemona's Leben, nicht um Othello's Stuhl, und darum ist es ein unverzeihlicher Verstoß gegen Wesen und Zweck der tragischen Kunst, einen Stuhl auf die Bretter zu stellen, der nach dem ersten Blicke dem Publikum weit bedeutender vorkommen muß, als der Darsteller des Othello selber. Was hilft mir die von allen archäologischen Autoritäten verbriefte Garderobe des Julius Cäsar, wenn der, welcher dieses merkwürdige Scepter, diesen authentischen Purpur, diese historisch beglaubigten Sandalen trägt, mich in Ausdruck und Geberde immer nur an Herrn Blasels köstlichen Menelaos erinnert! Als im dritten Akte des »Sixtus V« das höchst ausführliche Pontifical-Gaudium mit seinen übelriechenden Weihrauchwolken den ganzen Zuschauerraum erfüllte und das gerührte Publikum den ambrosianischen Lobgesang *da capo* verlangte, sagte ein guter Berliner hinter mir zu seiner Gefährtin:»Siehst du, das ist ordentlich lehrreich. Nun weiß man doch, wie es in so einem Conclave zugeht!« Wahrlich, die Seele dieses Mannes konnte von Furcht und Mitleid nicht entfernter wandeln.

Nun konnte man mich nicht ärger mißverstehen, als wenn man nach dem bislang Gesagten glauben wollte, ich hielte jenes Princip, nach welchem der Theaterschneider und sein archäologischer Handweiser mehr Bedeutung als der Schauspieler und die Volkscene mehr Wichtigkeit als das Zwiegespräch erhalten, für von vornherein festgestellt und von Anfang an gewollt. Mit nichten! Diese Theaterpraxis wurde nicht nach jenem Principe willkürlich und bewußt geschaffen; sondern aus einer Praxis, wie sie allmählig ward und bestimmend wirkte, entwickelte sich nachgerade ein Princip, das dann freilich wieder bestimmend auf die Praxis wirkt. Erst war die Noth und nachher machte man eine Tugend daraus. Niemand, der diesen Vorstellungen beiwohnt, auch kein principieller Gegner, kann in ihnen das Walten eines nicht gewöhnlichen Regisseur-Talents verkennen. Aber dieses merkwürdige, große Talent ist nicht durch den berechtigten Widerspruch bedeutender Schauspieler geschult; es hat keine Kritik und kein Publikum zu berücksichtigen gehabt und ist von klein auf gewohnt, auch seine Launen mit souveräner Energie durchzuführen. Könnte man diese Regie in ein anderes Theater versetzen, sie durch Zusammenwirken mit ebenbürtigen darstellenden Talenten, durch gerechte Kritik und großes Publikum entwickeln und corrigieren, ich glaube wohl, sie würde leisten können, was der Kunst zum Heile gereichte. Ja, könnte die Direktion des Meininger Hoftheaters nur mit gleichen Mühen und Kosten, als man Dekorationen und Kostüme von historischer Bedeutung sich beschafft, zu Schauspielern kommen, über denen man jenen gutgemeinten Krimskrams vergäße, sie würde wohl schon jetzt dafür sorgen, daß dieser nicht als die Hauptsache erschiene.

Dafür bürgt die Aufführung des dritten Stückes, eines Lustspieles Shakspeare's: »Was ihr wollt«. Die komische Wirkung ist leichter herzustellen, als die tragische, sie ist unseren Schauspielern weitaus geläufiger. Es läßt sich Mancherlei für tragisch ausgeben, was nur traurig, nur banal, nur überspannt, nur abgeschmackt ist. Wer lachen soll, muß zum Lachen gereizt werden. Die Wirkung corrigirt das Bemühen, sie hervorzubringen, wenn sie ihm auch dadurch erleichtert wird, daß man gern lacht und lieber lacht, als sich rühren läßt. Komische Talente sind in Deutschland häufig, tragische selten. Die überallhin verbreitete Possencultur befördert die Entwicklung des komischen, beeinträchtigt die des tragischen Talentes. So besitzt auch die Meininger Gesellschaft ein paar tüchtige Kräfte für das Lustspiel, und gern lassen wir uns von einem Junker Tobias erheitern, welchem wir als Brutus jeden Glauben versagen mußten. Daß auch in diesem Stücke durch weinerlichen Singsang und durch geschmacklose Uebertreibungen allzuviel gesündigt wurde, wird Niemanden überraschen; aber auch dieß machte sich nicht so peinlich fühlbar, da man nie zu vergessen brauchte, daß denn doch das Spiel der Menschen die Hauptsache war. Das Nebensächliche überwucherte die Handlung nicht. Das Lustige erfordert keine so geschlossene Spannung der horchenden Seelen; es kommt über allenfallsige Störungen leichter hinweg. Es erduldete auch weniger Störungen. Man hatte keine Volksscene in dem Stücke gefunden, keine hineingelegt; wo Zwei sich unterhielten, geschah es ohne Statistenmärkte und Soldaten-Processionen; der Kleiderprunk war maßvoll; die Einrichtung der Bühne und vor Allem die Einrichtung des Buches selbst sind jedem Theater ohne Ausnahme zu empfehlen. Und so wünschte ich trotz des unverhohlenen Tadels aufrichtig, es möchten einige an tragischen Talenten reiche Jahrgänge dem herzoglich meiningen'schen Theater recht viel brauchbare Kräfte zuführen. Die guten Eigenschaften dieser Truppe, Ernst, Fleiß und Ausdauer, die ungeduldige Leidenschaft und die in gutem Sinne fürstliche Energie der Leitung, des zu Einem Zwecke fest zusammengehaltene Wollen Aller soll auch hier nicht verkannt werden. Aber diese blendenden Eigenschaften können doch nicht verbergen, daß die aufgewendeten Kräfte zum überwiegenden Theile der beabsichtigten Wirkung nicht gewachsen sind und der gewiß in gutem Glauben eingeschlagene Weg bei uns wie in England zum vollständigen Verderb unserer tragischen Bühne führen muß. Das Wichtigste auf der Schaubühne ist und bleibt der Schauspieler. Wer unbeirrt von historischen Velleitäten und antiquarischen Capricen ins Auge faßt und im Auge behält, was die tragische Kunst soll und kann, der wird jenen vielbesprochenen, vielbeliebten Leistungen der herzoglich meiningenschen Wanderbühne vorderhand nicht mehr Werth beilegen dürfen, als noch so fleißig ausgeführten, dennoch unbedeutenden Gemälden, welche man in einem überaus kostbaren Rahmen zur Schau stellt.

RUDOLPH GENÉE
Das Gastspiel der Meininger in Berlin
[1875]

Das erneute Gastspiel der Gesellschaft des herzogl. *Meiningen*'schen Hoftheaters hat am 16. April in den Räumen des Friedrich-Wilhelmstädtischen Theaters mit der Aufführung der »Herrmannsschlacht« begonnen. Man mußte erwarten, daß die zum Theil recht leidenschaftlichen Parteikämpfe, welche im vorigen Sommer hier für und wider die Meininger stattgefunden, bei dem erneuten Erscheinen dieser Gesellschaft sich wiederholen würden. Ja, der Umstand, daß man diesmal die Vorstellungen mit einem Drama eröffnete, welches erst wenige Monate zuvor im hiesigen königl. Schauspielhause einen geradezu sensationellen Erfolg errungen hatte, wäre ganz geeignet gewesen, den Parteieifer noch zu erhöhen. Es scheint aber, als ob auf beiden Seiten eine ruhigere Anschauung Platz gegriffen hätte. Soweit es sich um das *Ausstattungsprincip* handelt, bestehen die Gegensätze noch, und sie werden auch noch für's Erste fortbestehen. Aber in der allgemeinen Würdigung der Leistungen jener Gesellschaft hat man von beiden Seiten sich einander ein wenig genähert. Man kann immerhin zugestehen, daß mit der *»Herrmannsschlacht«* ein Vergleich zwischen beiden Theatern herausgefordert war; aber man beurtheilt die Rivalität auf solchem Gebiete von dem richtigen Gesichtspunkte, daß die Interessen der Kunst dadurch unter allen Umständen nur gewinnen können.

Da die Redaction der »Deutschen Rundschau« mich mit dem Ersuchen beehrt hat, über die Meininger Aufführungen meine Ansichten an dieser

Stelle mitzutheilen, so möge man mir's nicht verübeln, wenn ich dabei genöthigt bin, auch über das, was meinen bescheidenen Antheil an der »Herrmannsschlacht« (in der in Rede stehenden theatralischen Form) betrifft, ein paar Worte zu sagen. Ich habe stets empfunden, wie mißlich es ist, mit einer bedeutenden poetischen Schöpfung, wie diese Kleist-'sche, so zu verfahren, wie ich es um der damit erstrebten theatralischen Wirkung willen für nöthig erachtete. Aber ein solches Werk für die deutsche Bühne zu gewinnen, ein Werk, welches neben den darin uns verletzenden und abstoßenden Elementen doch die dramatische Gewalt des Dichters am entschiedensten offenbart, und welches so reich an poetischen Schönheiten allerersten Ranges ist, das galt mir mehr, als jenes principielle Bedenken. Vielleicht würde der unglückliche Dichter selbst mir ebenso dafür Pardon gewähren, wie er ihn seinem »Prinzen von Homburg« für dessen eigenmächtiges Verfahren in der Schlacht ertheilte. Auch diese »Herrmannsschlacht« ward gewonnen, und die Sieges-Trophäen lege ich mit freudiger Genugthuung auf das einsame Grab des Dichters.

Die Meiningen'sche Theaterleitung hatte bei ihrer Aufführung ebenfalls meine Bearbeitung als Grundlage benutzt, aber mancherlei Aenderungen mit derselben vorgenommen, wobei sie in den meisten Fällen auf die Original-Dichtung zurückging, in anderen Fällen aber wieder von derselben abwich, wo ich solches nicht für geboten erachtete.

Daß auch hinsichtlich der *scenischen Darstellung* des Drama's die Meininger Aufführung von der Berliner erheblich abweicht, war durch die Grundsätze bedingt, von welchen jene Theaterleitung bei der Inscenirung derartige Stücke ausgeht, und welche den Aufführungen derselben schon im vorigen Jahre eine so ungewöhnliche Aufmerksamkeit des Berliner Publicums zugewendet hatten.

Sofern es sich hier nur um ein einfaches Für und Wider in der allgemeinen und sehr wichtigen Principienfrage handelte, um das bloße Maß des Antheils, den das scenische Element an den dramatischen Darstellungen zu nehmen hat, so würde ich von vornherein mich zu den Gegnern der Meininger Richtung bekennen müssen. Schon vor zwei Jahren, also noch ehe die Meininger in Berlin bekannt waren, hatte ich in einem Artikel der »National-Zeitung« speciell über die Scenirung *Shakespeare*'scher Dramen auf der modernen Bühne mich in diesem Sinne ausgesprochen.

Wollen wir aber dem großen und allgemeinen Kunstprincip, welches durch diese Frage berührt wird, das ihm zukommende Ansehen erhalten, so ist es vor Allem nöthig, daß wir bezüglich der Meininger Frage die zwei Seiten derselben bestimmt von einander unterscheiden und daß wir das Verdienstliche jener interessanten Erscheinung entschieden und freudig anerkennen, die liebevolle Sorgfalt nämlich, welche man der dramatischen Dichtung zuwendet, den unermüdlichen Fleiß, der auf die Herstellung eines lebendigen Zusammenspiels gerichtet ist, auf sinnreiche Arrangements, welche den Eindruck der Wahrheit zu fördern geeignet sind, und welche den poetischen Intentionen des Dichters entsprechen sollen.

Die andere Seite der Scenirung wäre in der bloßen Aeußerlichkeit alles decorativen Elements zu erkennen, sofern solche Aeußerlichkeit – möge sie auf genaue und complicirte Herstellung der Localitäten oder möge sie auf Glanz und historische Treue der Kostüme und Requisiten gerichtet sein – ein Uebergewicht über den geistigen Gehalt der Dichtung erlangt. Mein hochgeschätzter Freund *Karl Frenzel,* den ich hier zu vertreten habe[1], hat sich wiederholt über diese Frage in einem meinen Anschauungen entgegengesetzten Sinne geäußert. Die Frage ist aber für die dramatische Kunst von solcher Wichtigkeit, daß ich sie hier nicht unerörtert lassen kann. Wenn man von beiden Seiten mit redlichem Ernste daran geht – und die Meininger Theaterleitung selbst verfolgt ihr Ziel mit vollstem künstlerischem Ernste –, so wird, wenn auch noch lange nicht eine definitive Entscheidung, so doch ein gewisser Ausgleich zu ermöglichen sein.

In den verschiedensten Epochen der dramatischen Kunst ist immer die Dichtung aus der Vorstellung der besondern Bühneneinrichtung ihrer Zeit hervorgegangen. Gleichviel aber, ob wir für die altgriechische Tragödie die Scene der antiken Bühne herstellen oder für die Dramen Shakespeare's die einfache altenglische Bühne anwenden wollten, oder endlich ob wir's mit dem modernen Drama in unserm gegenwärtigen Decorations- und Coulissen-Theater zu thun haben, so wird doch unter allen Umständen in der dramatischen Darstellung das *dichterische Wort* der gebietende Factor bleiben, dem sich alles Andere unterzuordnen hat. Wenn in der Zeit der größten Unvollkommenheit des neuen Dramas, in der Zeit der Mysterien und Passionsspiele des Mittelalters, die realistische Aeußerlichkeit in der Darstellung gegen den geistigen Gehalt das Uebergewicht hatte, wenn dadurch das *Auge* mehr beschäftigt wurde, als

---

[1] Unser werther Mitarbeiter Dr. *Karl Frenzel* befindet sich augenblicklich auf einer Reise durch Italien. *Die Red.*

das Ohr, so lehrt uns auch ein Blick in die weitere Entwickelungsgeschichte des Schauspiels, daß, je höher die dramatische Dichtung in ihrem künstlerischen Werthe stieg, sie um so mehr des äußerlichen Apparates entbehren konnte. Wenn es im Wesen jeder *Kunst* begründet ist, daß sie mehr oder weniger die Mitwirkung der *Phantasie* Derjenigen in Anspruch nimmt, auf die sie wirken soll, so ist dies in höchstem Maße bei der dramatischen Kunst der Fall. Das Drama setzt allerdings plastische Erscheinung und Bewegung der poetischen Gestalten voraus, ja man kann sagen, daß sein erster Zweck die Erscheinung ist. Die dramatische Dichtung – auch ohne Rücksicht auf die theatralische Darstellung – geht zunächst über die Grenzen des Epos dadurch hinaus, daß sie die verschiedenen Gestalten, die sie verlebendigt, auch selbst reden läßt. Bei der bloßen Lectüre eines Dramas wird uns durch die dialogische Form die Vorstellung der verschiedenen Gestalten erregt. Der eigentliche Zweck des Dramas verlangt aber wirkliche plastische Erscheinung der dichterischen Schöpfungen. Die dramatische Darstellung kommt also unserer Einbildungskraft wesentlich dadurch zu Hilfe, daß wir nicht nur die dichterisichen Worte vernehmen, sondern daß wir die Gestalten auch in körperlicher Erscheinung vor uns haben, daß wir sie gehen und agiren sehen. Sollte aber mit dieser Bedingung zugleich auch die äußerste Grenze der dramatischen Darstellung erreicht sein, so würde die Frage eintreten müssen: ob nicht schon das *Costüm*, d.h. die dem historischen Stoffe stets entsprechende Tracht der Darsteller, eine Entfremdung vom streng künstlerischen Zweck des Dramas wäre. Das läßt sich absolut nicht behaupten. Das historische Costüm ganz zu verbannen, ist weder möglich, noch ist es geboten. Das Costüm ist schon wünschenswerth, um die agirenden Personen äußerlich leichter von einander zu unterscheiden. Und daß man von den ersten Anfängen auf diesem Wege immer mehr zu Vervollständigungen geneigt war und noch heute ist, liegt in der Natur der Sache begründet. Wir wissen allerdings, daß in früherer Zeit, speciell in Deutschland in der Zeit der höchsten Blüthe der dramatischen Kunst, von einem streng historischen Costüm nicht die Rede war. Es genügten bloße Andeutungen, die sich namentlich auf die Standesunterschiede gezogen. Wir wissen sogar, daß einst Caroline Neuber, als sie mit Gottsched verfeindet war, ein römisches Drama von ihm in römischem Costüm darstellen ließ, um damit – den Verfasser der *Lächerlichkeit* preiszugeben! Heutzutage würde der lächerliche Eindruck gerade durch das gegentheilige Verfahren bewirkt werden, und wir sehen daraus nur, wie solche Dinge unter der Herrschaft des wechselnden Zeitgeschmackes stehen. Aber auch bezüglich dieser Seite der dramatischen Darstellung werden wir uns auf allgemeine Andeutungen beschränken können; denn wir werden uns zu erinnern haben, daß das Schauspiel keine bloße Copie der Wirklichkeit sein soll und sein kann, sondern daß seine Tendenz und seine Wirkung gerade in der *Symbolik* liegt. Die dramatische Dichtung selbst ist durchgehends durch Symbolik bedingt. Man wählt zunächst für die Sprache in der Tragödie höhern Stils die Versform; man läßt die Personen, sobald sie mit sich allein sind, auf der Bühne ihre innersten Empfindungen und Gedanken laut aussprechen. Eine Handlung, welche in Wirklichkeit mehrere Tage, Monate, Jahre dauert, läßt man innerhalb drei Stunden geschehen; und ebenso wechseln wir die Oertlichkeiten mit denselben Personen ohne jedes Bedenken mit zauberähnlicher Geschwindigkeit. Der dramatische Dichter hat also nicht nur das Recht, sondern er ist auch verpflichtet, von der mathematischen Genauigkeit des wirklichen Lebens abzusehen, indem er diese Wirklichkeit des Lebens in eine poetische Sphäre zu rücken hat. Der dramatischste aller Dichter, Shakespeare, besaß als solcher auch am meisten die Gewalt, Charaktere und Handlungen auf einen geringen Raum zu concentriren und durch die momentane Wirkung, die er damit auf unser Gemüth ausübt, uns alles kleinliche Nachrechnen über die Richtigkeit und Wahrscheinlichkeit bezüglich der Zeitdauer u.s.w. zu ersparen. Schon durch diese hervorragende Eigenschaft der Shakespeare'schen Poesie muß gerade das Shakespeare'sche Drama jede Ueberschreitung gewisser Grenzen in der Herstellung alles Aeußerlichen in der scenischen Darstellung zurückweisen; denn alle Bemühungen, die in dieser Beziehung auf Erreichung genau historischer Wahrheit und getreu dargestellter Wirklichkeit gerichtet sind, müssen – je mehr diese Bemühungen auf die geringsten Details sich erstrecken – mit dem vorwiegend symbolischen Element der Dichtung collidiren.

Nachdem nun allerdings die geschichtliche Entwicklung des Theaters zu unserer seit lange bestehenden Decorations-Bühne geführt hat, müssen wir diese hinnehmen und als solche verwerthen. Auch der Dichter der Gegenwart componirt sein Drama in der unwillkürlichen Vorstellung derselben, und der Versuch einer rückgängigen Bewegung in dieser Beziehung wäre daher ebenso aussichtslos wie unberechtigt. Wol aber wäre es an der Zeit, bei dem heftigen Drängen nach immer weiter gehender Vollständigkeit, historischer Treue und Complicirtheit der scenischen Darstellung, die Frage aufzuwerfen, ob nicht das innerste Wesen der »Kunst« eine gewisse Grenze darin gebiete?

Die eifrigsten Anhänger des Ausstattungs-Princips, um mit diesem Wort die extreme Richtung zu bezeichnen, wenden bei der Bekämpfung ihrer principiellen Gegner gern das Mittel an, daß sie die von diesen geforderte *Einfachheit* der Scenerie mit *Dürftigkeit* verwechseln. Es braucht wol nicht nachgewiesen zu werden, daß zwischen Einfachheit und Unzulänglichkeit ein bedeutender Unterschied besteht. Eine *einfache* Scenerie kann doch sehr *sinnreich* sein, und man wird schwerlich bestreiten wollen, daß eine einfache Scenerie, welche sinnreich ist, einen ungleich größeren künstlerischen Werth hat, als die durch unbeschränkte Entfaltung reicher Mittel gehobene Aeußerlichkeit. In Decorationen und Costümen kann mit wenigen, aber richtig gewählten Mitteln viel geschehen, die Stimmung des betreffenden Dramas zu fördern. In beiderlei Hinsicht kann historische Farbe walten, ohne daß man mit peinlicher Genauigkeit auch die unwesentlichsten Einzelheiten behandelt. Wenn wir in dieser Hinsicht uns nicht mit allgemeinen Andeutungen des Richtigen begnügen, so werden wir mit dem Streben nach historischer Genauigkeit niemals zu einem vollkommen befriedigenden Resultat gelangen, ganz abgesehen davon, daß zuletzt die Geldmittel keines Theaters genügen würden, um allen entstehenden Forderungen gerecht zu werden. Für den Eindruck eines Dramas scheint mir's auch genügend zu sein, wenn in der decorativen Einrichtung der Bühne, im Costüm oder in irgend welchen zur Verwendung kommenden Requisiten, nicht auffällige Verstöße vorkommen, wenn dem bestimmten Zeitalter oder der Nationalität in den allgemeinen Grundzügen Rechnung getragen wird. Man sagt, auch in den geringsten Details seien diese Aeußerlichkeiten geeignet, die poetische Stimmung zu fördern. Sehr wol, aber auch die Stimmung der Dichtung selbst und in Uebereinstimmung mit dieser das Spiel der Darsteller muß unsere Theilnahme derart in Anspruch nehmen, daß wir keine Aufmerksamkeit für wirklich unwesentliche Dinge übrig haben. Wieviel Gelegenheit ist aber bei alledem einer verständnißvollen Regie geboten, durch ein richtiges Arrangement der Bühne, bezüglich der Decoration und der in Anwendung kommenden Versetzstücke, durch richtiges Verhältniß der Ein- und Ausgänge, der Stellung und der Bewegungen der Personen zu einander u.dgl.m., für den lebendigen und der poetischen Intention entsprechenden Eindruck eines Dramas zu wirken!

Und gerade in dieser Beziehung können die *Meininger* Aufführungen *allen* Theatern als Muster aufgestellt werden; die Rivalität mit der Berliner Hofbühne ist eine zufällige, und ich kann es deshalb auch nicht für gerechtfertigt halten, gerade diese als Sündenbock für die mancherlei Gebrechen des ganzen deutschen Theaters zu nehmen. Das Nachahmenswerthe der Meininger Aufführungen erkenne ich aber nicht in dem Verschwenderischen der Ausstattung. Ich will ausdrücklich zugestehen, daß man nicht einen sinnlosen Pomp entwickelt, sondern daß Alles, was geschieht, von sorgfältigem Studium, von Geschmack und seinem Gefühl für das Malerische zeugt. Aber auch in solchem Sinne kann des Guten zu viel geschehen; und es geschieht zu viel, wenn eine so übermäßige Beschäftigung des *Auges* die Wirkung des dichterischen Wortes beeinträchtigt. Die Vorzüge wie die Nachtheile des Meininger Verfahrens traten gerade bei der Aufführung der »*Herrmannsschlacht*« mit besonderer Schärfe hervor. Gleich die erste Scene, das Zusammenkommen der deutschen Fürsten nach der Jagd, war trefflich arrangirt. Auch das Innere der fürstlichen Wohnung zeigte eine reiche Fülle bei trefflicher Charakteristik der Zeit und Nationalität. Höher aber als den Reichtum an schönen Fellen schätze ich hier das sehr geschickte und der poetischen Situation angemessene Arrangement der Scene Thusnelda's mit dem römischen Legaten. Der ganze zweite Akt war ein Meisterstück scenischer Darstellung, vom ersten bis zum letzten Auftritt. Hier kamen auch namentlich die Vorzüge in der Behandlung der kleinen Rollen und der Massen zur vollsten Entfaltung. Kein Schritt wurde gethan, keine Bewegung gemacht, die nicht genau zur Harmonie des ganzen Bildes gepaßt hätte. Und diese Harmonie wurde nicht wenig gefördert durch den, die dramatische Action auf's glücklichste unterstüzenden decorativen Theil der Scene. Man wird bei diesem Decorations-Arrangement der Meininger wahrnehmen, wie sie die *Fläche* der Bühne durch die Complicirtheit der Decoration sehr einengen. Vielleicht ist dabei die Rücksicht mitbestimmend, daß man dadurch mit geringern Massen leicht den Eindruck großer Fülle erreicht. Ich vermuthe aber, daß auch ein künstlerisches Motiv dafür bestimmend ist, indem nicht, wie es bei unseren Theatern meist vorkommt, der ganze Bühnenraum für sich selbst abgegrenzt wird, um einen freien Platz abzugeben, der die Aufschrift tragen könnte: Hier wird Comödie gespielt. Es ist nun allerdings sehr fraglich, ob es *nöthig* sei, einen solchen Eindruck fern zu halten, da ja doch die Zuschauer wissen, daß auf dem vor ihnen befindlichen freien und durch die Coulissen bestimmt begrenzten Raum das Drama vor sich gehen soll.

Und gerade in dem über die statthaften Grenzen hinausgehenden Streben nach dem *Schein der Wirklichkeit*, der möglichen *historischen Wahrheit*, werden wir's am entschiedensten erkennen müssen, wie wenig man auf solchem Wege dem vorgestreckten Ziele näher kommt. In was für Widersprüche man nebenbei dadurch gerathen kann, dafür geben uns die Meininger ein schlagendes Beispiel in der wilden Volksscene des dritten Actes. Diese ganze Scene, welche mit hastigem Fragen, schreckvollem Zusammenlaufen des Volks beginnt, in welcher dann der entsetzte Vater in wildem Schmerz sein eigenes Kind durchbohrt u.s.w., diese ganze Scene gibt man in gedämpftem Ton; warum? Weil die römischen Cohorten in dem Platze lagern und von dem Aufruhr Kunde erlangen könnten. Wenn aber der Dichter selbst ein solches Bedenken nicht haben konnte und nicht zu hegen brauchte, *weil sonst überhaupt fast jedes Drama unmöglich würde*, so meine ich, braucht auch die Regie sich mit so übergroßer Vorsicht nicht Sorge zu machen. Daß aber im dichterischen Geiste diese ganze Scene nicht so intendirt ist, sagt uns ihr ganzer wilder Inhalt, das rollende Crescendo, welches bis zum Schlusse sich steigert, bis Herrmann verkündet, daß der zerstückte Leib der Getödteten »in Deutschland Rache werben wird, bis auf die todten Elemente« –! u.s.w. Und diese ganze Scene, welche mit dem Rufe des Volkes: »Empörung! Rache! Freiheit!« schließt, wird in gedämpftem Tone durchgeführt, – weil die Regie (nicht der Dichter) Rücksicht auf die im Platze lagernden Römer nimmt. Mir fällt dabei ein, daß der gute Zettel im Sommernachtstraum einmal versichert, er wolle »leise brüllen«; aber selbst dem Genie dieses braven Künstlers traue ich die Lösung dieser Aufgabe nicht zu. Jene Ausführung der Volksscene ist mir aber interessant, da dieser Fall auf's eclatanteste beweist, wie im Drama mit einem so peinlich berechnenden Streben nach »Wahrheit« nicht durchzukommen ist; denn in der hier ganz unnöthigen Sorge um die erhöhte Wahrscheinlichkeit ist man zur Vorführung einer psychologischen Unmöglichkeit gelangt. Trotzdem fand die Scene in dieser Darstellung durch die an sich ganz musterhafte Genauigkeit und durch das Eigenthümliche dieser gedämpft sprechenden Volksmassen bei der Mehrheit des Publicums ungleich größern Beifall, als im Königlichen Schauspielhause. Es war eben ein Bravourstück der Regie, und eben weil man es als ein solches berechnet hatte, macht man nach dieser Scene, abweichend von *Kleist* wie auch von meiner Bearbeitung, Actschluß. Wenn man beim Schlusse des *ersten* Actes von meiner Bearbeitung abgewichen ist, indem man die erste Scene des zweiten Actes (bei Kleist dritter Act) noch dem ersten Acte angefügt hat, so läßt sich vom ästhetischen Gesichtspunkte nichts dagegen sagen. Daß man aber mit jener Volksscene den dritten Act schließt, ist ästhetisch nicht gerechtfertigt; denn jene Scene ist nur ein verbindendes Glied für die nächste Scene, die Auseinandersetzung Herrmann's mit Thusnelda und Herrmann's Aufbruch. In der Theilung des fünften Actes (im Original) sind die Meininger meiner Einrichtung gefolgt, indem sie mit dem Aufbruch zum Kampfe, nach dem Barden-Chor, den vierten Act schließen. Sie haben aber in diesen beiden Acten zwei Scenen wieder nach dem Kleist'schen Original hergestellt, von denen ich die eine (die Gefangennahme und Wegführung des Septimius Nerva) ganz wegfallen ließ, während ich die andere, die langsame Abschlachtung des Varus, ganz umgestaltet habe. Ich weiß wol, daß diese Scenen für den politisch-patriotischen Radicalismus des Dichters sehr charakteristisch sind; die versuchsweise Wiederherstellung derselben war auch insofern dankenswerth, als damit ein apartes literarisches Interesse erweckt wurde. Aber nach dem Eindruck, den diese Scenen bei der Meininger Aufführung gemacht haben, wird man zu Gunsten einer sympathischen Gesammtwirkung des Dramas von dieser theilweisen Wiederherstellung des Originaltextes hoffentlich wieder abstehen.

In der *scenischen* Darstellung war auch in diesen letzten Acten vieles Schöne und höchst Zweckmäßige. Für die Römer-Scene im Teutoburger Wald hatte man nicht das *Dickicht* des Waldes gewählt, sondern eine etwas lichte Stelle im Walde, von ganz bestimmter Physiognomie. Die Decorationen (von Brückner in Coburg) müssen überhaupt durchgängig als vortrefflich bezeichnet werden; ganz besonders war auch in der letzten Scene des Dramas (»Teutoburg in Trümmern«) das Werk der Zerstörung höchst anschaulich gemacht. Trotz alledem kann man nicht in Abrede stellen, daß der Eindruck der beiden letzten Acte ein erheblich schwächerer war, als bei den Aufführungen im Berliner Königlichen Schauspielhaus.

Was nun die Leistungen der einzelnen *Darsteller* betrifft, so muß man bei ihrer Beurtheilung auf die Größe der Aufgabe billige Rücksicht nehmen. Es ist schon viel, daß man in Herrn *Nesper* einen Darsteller besitzt, welcher der schwierigen Aufgabe beinahe durchgängig gewachsen war. Im Uebrigen auch war in der Darstellung der mehr oder minder bedeutenden Rollen manches Gute neben manchem Unzulänglichen. Aber gerade in den kleinsten Rollen und bei den geringern Talenten fühlt man überall die schaffende Thätigkeit der Regie. In den Rede-Accenten wie in der gesammten mimischen Thätigkeit macht ein gewisser Uebereifer, eine allzu bewußte und absichtliche Deutlichkeit sich vorwiegend geltend. Die geringern und geringsten Darsteller, denen die Kraft eigenen künstlerischen Schaffens fehlt, sind eben willige Werkzeuge in der Hand der Regie. Diese kann naturgemäß mit solchen Mitteln nur – so zu sagen – im Groben arbeiten; aber die Art der Darstellung hat offenbar für die Menge der Zuschauer etwas Anregendes; wenn dem Publicum auch nicht Alles gefällt, was ihm aus dieser Sphäre dargeboten wird, so nimmt man doch wenigstens an Allem gewissen Antheil, weil diese Antheilnahme energisch herausgefordert wird. In dem geschilderten Verfahren liegt die Eigenartigkeit der Meininger Schule – soweit sie die *schauspielerische* Thätigkeit betrifft. Diese Methode mag – unter Voraussetzung bestimmter Verhältnisse – ihre Berechtigung haben. Sie ist nicht überall anzuwenden, und auch da, wo sie am Platze ist, kommen naturgemäß Fehlgriffe vor.

Nächst der »Herrmansschlacht« brachte man an Einem Abend Molière's »*Gelehrte Frauen*« und das Fragment »*Esther*« von Grillparzer zur Aufführung. Mit der *Molière*'schen Komödie konnte man den Eindruck der vorjährigen Aufführung vom »Eingebildeten Kranken« nicht erreichen. Man hatte in der allerliebsten Einrichtung des Zimmers alles Mögliche gethan, den Zuschauer in eine frühere Zeit zurückzuversetzen, damit für die Dichtung selbst der historische Standpunkt festgehalten werde. Auch in der Darstellung griff man in der Carikirung der typischen Figuren sehr herzhaft zu, um uns stets zu erinnern, daß wir's hier nicht mit fein ausgeführten Individualitäten zu thun haben. Dennoch ist die Situation in dieser Komödie in allen vier Akten eine zu gleichmäßige, als daß man lange Gefallen an der Carikatur haben könnte.

Ungleich bedeutender war der Erfolg des *Esther*-Fragments. Man ist einem solchen Fragmente gegenüber dankbarer, als bei einem vollständig ausgeführten Werke, weil unsere Ansprüche von vornherein ganz andere sind. Die *aufsteigende* Linie ist für den Dichter meist der leichtere Theil seiner Aufgabe. Wie es leichter ist, ein interessantes Problem aufzustellen, als es zu lösen, so wird man auch mit der Exposition eines Dramas leichter Interesse erregen können, als dies Interesse und die Befriedigung daran von der Peripetie bis zum Abschlusse erhalten. Die große Schlußscene dieses zweiaktigen Bruchstückes gehört in der That zum Reizvollsten, was Grillparzer geschrieben hat. Sie enthält eine solche Fülle poetischer und zugleich psychologisch feiner Züge, daß man sie der großen Scene zwischen Hero und Leander an die Seite stellen kann. Bei einer überaus schönen Scenirung, welche hier wirklich geeignet war, den poetischen Eindruck des Ganzen zu erhöhen, war auch die Darstellung in fast allen Rollen eine vortreffliche.

Ueber die Aufführung von »Fiesko« und was sonst noch von den

Meiningern geboten werden soll, muß das Referat für das nächste Heft aufgespart bleiben.

LUDWIG SPEIDEL

Die Meininger in Wien
[1875]

Ein Theater, welches mit Mann und Maus, mit Kind und Kegel auf Reisen geht, um sich in fremden Städten sehen und hören zu lassen, ist in unserer Zeit, die sich so häufig des Fortschrittes rühmt, eine seltsame Erscheinung. Eine seltsame und, man möchte fast sagen, eine verspätete. Man mag Büchermenschen oder Fachmänner befragen, alle werden sie, als ob es sich um eine ausgemachte Sache handelte, einhellig behaupten, daß der Aufschwung deutschen Schauspielwesens mit der Errichtung stehender Bühnen aufs innigste verknüpft sei. Hamburg und Mannheim, Wien und Berlin werden als ebenso viele Argumente zur Erhärtung dieses Satzes ins Feld geführt. Wandernde Schauspielertruppen, sogenannte »Schmieren«, wie sie der Galgenhumor leichtlebiger »Seelenmaler« selbst getauft hat, treiben sich in deutschen Landen nur noch abseits der Heerstraße herum, um Bauern und Kleinstädter mit ihren Späßen zu bewirten oder ihnen das aus Furcht und Mitleid entstehende tragische Vergnügen zu verschaffen; größere Bühnen begnügen sich mit einzelnen Gästen, welche durch die fixen Sternbilder des heimischen Theaterhimmels wie glänzende Meteore oder Kometen fegen. Das Meininger Hoftheater, ein Geschöpf und Lieblingsspielzeug des regierenden Landesherzogs, hat diese Ordnung der Dinge mit Geräusch umgestoßen. Und gewiß nicht zum Heile höherer Theateraufgaben. Wir meinten immer, daß ein Theater, wie andere Gemeinwesen, mit dem Boden, auf dem es entstanden, verwachsen sei, daß seine Eigentümlichkeit nur an Ort und Stelle, wo selbst relative Schwächen in Vorzüge umschlagen, genossen werden könne. Man gewöhnt sich an Schauspieler, ja man muß sich an die Schauspieler erst gewöhnen, um sie, durch entstellende Flecken und kleine Unarten hindurch, in ihrem wahren Werte schätzen zu lernen; mancher Schauspieler ist, und mit Recht, in Berlin ein Held, der es in Wien, und wieder mit Recht, nicht ist. Es geht mit Schauspielern nicht anders als wie mit geistigen Getränken, deren Beliebtheit, je spezifischer sie sind, desto fester an den Himmelsstrich gebunden ist. Die

Meininger in Meiningen, die Wiener in Wien – das scheint uns das Richtige zu sein; da nun die Meininger einmal in Wien sind, so müssen wir uns wohl oder übel mit ihnen befassen, und sie werden sich hoffentlich nicht beklagen, wenn wir sie an Maßstäben messen, die uns die Wiener Bühne in die Hand gedrückt hat. Es ist gewiß nur billig, daß sie die Kritik hier genießen wie Essen und Trinken: nach einheimischem Maß und Gewicht.

Die Meininger sind in Wien aufs beste untergebracht; sie haben das schöne und geräumige Haus an der Wien bezogen, das einst Schikaneder – die Sage von der Liedergewalt des Orpheus verwirklichend – zumeist aus dem Erträgnisse der »Zauberflöte« aufgebaut hat. Und sie bedürfen eines großen Bühnenraumes, um sich rühren zu können; eine so beschränkte Szene wie die des Burgtheaters würde sie krumm- und lahmlegen. Ihre Spezialität beruht nämlich, wie die Aufführung von »Julius Cäsar« dargetan hat, lediglich im Äußerlichen, im dramatischen Beiwerk, wenn man will. Die Dichtung spielt nur die Gelegenheitsmacherin für Entfaltung von Dekorationen, Kostümen und reich bewegten Gruppen und Volksmassen. Wenn die Romantiker, an ihrer Spitze Ludwig Tieck, für die Shakespeareschen Stücke auch die Shakespearesche Bühne mit ihren dürftigen Andeutungen des Schauplatzes und ihren zum Teil anachronistischen Kostümen gefordert haben, so treiben die Meininger, dem realistischen Zuge des Zeitalters folgend, ihren dramatischen Wahrheitssinn, ihr Streben nach augenfälliger szenischer Richtigkeit so weit, daß sie in einem historischen Drama die äußere Gestalt des Zeitraumes, in welchem das Stück spielt, bis auf den letzten Knopf zur Anschauung bringen wollen. Sie szenieren ungefähr, wie Piloty malt. Die Dekorationen der Meininger tragen durchaus den Stempel solchen Bestrebens, und damit man ihre Absicht ja nicht verkenne, entwickelt der Theaterzettel ein förmliches architektonisches Programm. Die Meininger wollen nicht bloß schlechtweg korrekt sein in ihren Dekorationen, sie wollen vielmehr, daß man auch wisse, sie seien korrekt; das bringt einen doktrinären Beigeschmack mit sich, der bitter genug auf den Gaumen fällt. So liest man beispielsweise auf dem Theaterzettel, welcher Shakespeares »Julius Cäsar« gewidmet ist: »Die Szene spielt im dritten Akte in der Kurie des Pompejus und dann auf dem römischen Forum, Aussicht gegen den Palatin und die während der Bürgerkriege zerstörte Kurie des Senats...« Nun wollen wir nicht einmal fragen, welches archäologische Genie, und heiße es Ottfried Müller oder Theodor Mommsen, davon unterrichtet sei, wie das Rom Cäsars bis in das Detail hinein ausgesehen habe – wir fragen nur, was in aller Welt hat »die während der Bürgerkriege zerstörte Kurie des Senats« mit Shakespeares »Julius Cäsar« zu schaffen? Er weiß nichts davon, und wir, seine Zuschauer, brauchen auch nichts davon zu wissen. Diese umgestürzten Säulen und Pilaster sind ebensogut Phantasiebilder wie das Rom, welches sich der nächste beste Dorfmaler aus der Tiefe seines Gemüts und seines Farbenkastens geholt hat. Übrigens verdrießt uns weniger die »Korrektheit« der Dekorationen als ihre Prätension, korrekt zu sein. So etwas malt man auf die Leinwand und verliert weiter kein Wort darüber. Dann kann man auch dankbar sein und sagen: Seht, was für hübsche Dekorationen ihr habt; sie sind so hübsch, daß sie nicht einmal den poetischen Eindruck stören! Ein solches Lob ist wohl das beste, das man erteilen mag, denn es ist nicht von außen her gesagt, sondern mitten aus dem Kern der in Betracht stehenden Dichtung heraus, die doch wohl auf der Bühne das erste und das letzte Wort hat, wobei für den äußeren Aufputz immer noch ein paar höfliche Redensarten übrigbleiben. Ungefähr das gleiche gilt von den Kostümen, auf welche die Meininger kein minderes Gewicht legen. Das Kleid ist dem Leibe näher als die Dekoration, in ihm spricht sich unmittelbar etwas Moralisches aus, und so mag der Regisseur schon einige Mühe darauf verwenden. In den Volksszenen, wie sie die Meininger geben, spiegelt sich etwas von dem Rom Cäsars, in welchem die Welt zusammenströmte; nicht nur der Römer kommt darin zur Erscheinung, sondern auch der Grieche und der Barbar. Mögen die antiken Zeugnisse für die verwendeten Trachten auch verschiedenen Zeiten entnommen sein – das hat wenig auf sich, denn die alte Welt, die noch nicht so tyrannisch wie wir von der wechselnden Mode beherrscht war, hat lange an einem Rock getragen. Doch es gilt nicht allein, das richtige Gewand anzuhaben, sondern auch, es je nach der Situation bald bequem, bald stolz tragen zu können – und man muß es neidlos gestehen, daß es unsere Gäste in dieser Kunst weit gebracht haben. Der Meininger Zeremonienmeister ist nicht weniger lobenswert als der Meininger Schneider.

Und nun zu einem Hauptstolze der herzoglich meiningenschen Theaterregie, zu ihrer Kunst, Gruppen zu stellen, zu bewegen, ineinander überzuführen, bedeutende Menschenmassen reich zu beleben und wie einen Akteur mit fünfzig Köpfen und hundert Armen spielen und reden zu lassen. In diesem Punkte steckt eine Arbeit, deren Geduldsamkeit man eigentlich nur ahnen, kaum begreifen kann. Die Griechen haben ein Sprichwort für das Unmögliche: Aus Sand Stricke drehen. Man kann daran denken, wenn man die Komparserie des Meininger Theaters in voller Tätigkeit, wenn man diese vielen dummen Kerle – denn dumm ist jeder Deutsche in Sachen körperlicher Geschicklichkeit – so anstellig sich gebärden, bewegen und in die Handlung eingreifen sieht. Das ist ein Wunder, das man gesehen haben muß, und wäre es nur, um es nachträglich unnütz und vielleicht ein wenig lächerlich zu finden. Die Kunst des Regisseurs – Herrn Chronegk, hinter welchem der regierende Herzog steht – beginnt schon bei den einfacheren Gruppen, die sich aus drei bis sechs Personen zusammensetzen. Gewöhnlich werden dergleichen Gruppen, sobald nur das Allernötigste festgestellt ist, sich selbst und ihren plastischen Trieb überlassen, mag daraus werden, was will. Ganz anders bei den Meiningern. Hier ist alles mit vorschauendem Auge berechnet, mit leitender Hand geordnet, das heißt alles, was sich vorschauend berechnen und ordnen läßt. Wie ein plastisches Bildwerk, das lebendig wird und sich zu bewegen beginnt, ist es anzuschauen, wenn kleinere Gruppen erst jede selbständig für das Auge arbeiten, wie sie dann, wenn die Handlung sie kreuzt, zusammenrückend eine größere Gesamtgruppe bilden und im gleichen Linienfluß sich wieder scheiden und wieder vereinigen. Freilich, vollständig läßt sich dieser plastische Instanzenzug nicht beherrschen, und der Zufall, der witzige Junge, tut manchen kräftigen Einspruch gegen die künstlerische Rundung des Ganzen. Auch ist Shakespeare zu unruhig für solche Gruppenbildung, zu springend in seiner Leidenschaft, zu wühlend und dialektisch. Es gibt Tragödien von Sophokles, voran die »Antigone«, wo sich die Leidenschaft in so einfachen und schönen Linien ausspricht, daß es den Darstellern möglich, ja leicht gemacht ist, sich wie freigelassene Statuen zu bewegen. Dasselbe gilt vom antiken Chore, welcher, gering an Zahl, durch poetisch-musikalischen Rhythmus gebändigt wird. Das fällt weg bei Shakespeare für die kleineren Gruppen wie für die Masse des Volkes. Das Meininger Shakespeare-Volk ist ein Ungeheuer, an dem kein Nerv schlaff, kein Glied unbewegt ist; es stürzt auf seinen Mann los, es weicht zurück, es knirscht und brüllt. Aber es ist ein halbstummes, unartikuliertes Element, für dessen Bewegung das künstlerische Prinzip fehlt. In der Oper ist es für den Chor die Musik; der Chor ist im Zauber der Töne gefangen, von ihm getragen und gehoben; der musikalische Rhythmus ist dieselbe Macht, die in seinen Gliedern lebt; sie befeuert und beherrscht ihn zugleich. Der Chor des Schauspiels, von keiner inneren Fessel gebunden, strebt ins Maßlose; er ist, wenn man die Schleusen zieht, ein wildes Wasser, welches die Dämme des Kunstwerkes einreißt und die bedeutungsvollen dramatischen Einzelgestalten in seinen Wogen begräbt.

Damit hat es allerdings bei den Meiningern keine Gefahr, denn die bedeutenden Einzelgestalten fehlen in ihrer Gesellschaft. Und so berühren wir den wundesten Fleck des meiningenschen Hoftheaters und wohl seine eigentliche Raison d'être. Man stelle sich einmal die Frage, ob hervorragende schauspielerische Kräfte, ob echte Künstler gewillt wären, das Joch eines so üppig ausgebildeten Schauspielchores zu tragen. Nimmermehr! Sie würden darin eine maßlose Überhebung des Dilettantismus erkennen, sie würden in ihm eine unberechtigt übergreifende Macht erblicken, die alles selbständige Künstlertum knickt. Aus Mangel an bedeutenden Schauspielern hat sich das meiningensche Hoftheater auf jenen dramatischen Sport geworfen, den es nun schwunghaft betreibt. Bei seinem Erscheinen in Wien hat es sich den einzigen Schauspieler, der des Erwähnens wert ist, vom Dresdener Hoftheater ausgeliehen; es ist Herr Dettmer, der Darsteller des Antonius. Er ist ein guter Spieler und Sprecher, und unter den Meiningern geradezu ein Riese.

Nun möchten wir aber heute nicht ohne ein freundliches Wort von unseren Gästen scheiden. Wenn sie auch mit dem Betonen des Äußerlichen gegen Dichter und Dichtung arbeiten, wenn sie auch in einer Richtung treiben, die stets einen Niedergang der dramatischen Kunst bedeutet hat, so sind sie in ihrer Weise doch so exemplarisch, daß man ihnen eine Art Anerkennung nicht versagen kann. Die einseitige Ausbildung einer Richtung hat stets ihr Lehrreiches. Regisseure und Schauspieler können von den Meiningern lernen, wenigstens in Einzelheiten lernen; ihre Methode aber in Bausch und Bogen nachzuahmen, wird keinem Theaterdirektor einfallen, der den Künstler über den Statisten stellt und gegen Dekorateur und Schneider noch halbwegs auf der Seite des Dichters steht.

Epilog

Der Vorhang ist gefallen über dem Meininger Gastspiel, die Beifallsrufe sind verhallt, und eine große Stille folgt dem geräuschvollen Drang, mit und unter welchem unsere Gäste über die Bretter des Theaters an der Wien geschritten. Sie haben ihr ganzes Können vor uns ausgebreitet, ihre Methode, ihren Stil in einer langen Reihe von Beispielen uns anschaulich gemacht; von ihren Vorzügen und Mängeln ist uns nichts verborgen geblieben. Sie haben Shakespeare und Schiller gespielt, Molière und Kleist, Björnson und Lindner und alle dramatischen Gattungen durchlaufen, von der Tragödie zur Posse, vom Schauspiel zum Lustspiel. Nun ist es gestattet, die Summe ihrer Leistungen zu ziehen, ein letztes, abschließendes Wort zu sagen. Bevor wir aber an diese Aufgabe gehen, möchten wir noch einige Punkte berühren, die unser zuerst abgegebenes Urteil auf der einen Seite erweitern, auf der andern bestätigen. Wie man sehen wird, haben wir von unserer ursprünglichen Ansicht nichts zurückzunehmen, sondern ihr bloß einiges hinzuzufügen.

Als wir uns über die Meininger zum erstenmal aussprachen, lag uns nur die Aufführung von Shakespeares »Julius Cäsar« vor. Der Shakespeareschen Tragödie ist ein Shakespearesches Lustspiel gefolgt: »Was ihr wollt«. Daß Deinhardsteins landläufiger Bühnenbearbeitung gegenüber der Text der Schlegelschen Übersetzung wieder hergestellt war, stimmte uns von vornherein günstig; doch glaubten wir mit dieser literarischen Genugtuung abgespeist zu werden. Wir hegten die Befürchtung, daß mit dem gegebenen Personal und dem Geist, der es beseelt, weder die feineren Teile des Stückes noch seine komischen Partien einigermaßen entsprechend würden zur Erscheinung kommen. Wo nehmt ihr eine rechtschaffene, heitere und zartsinnige Viola her, wo eine vornehme, lebenslustige und verliebte Olivia? Und diese Narren, Lumpen und Gecken, womit wollt ihr sie bestreiten? Sollte beispielsweise der dürftige Cassius von gestern heute ein unterhaltender Narr sein? O nein, er war ein hohlstimmiger, nüchterner, steifer, in jedem Betracht unerquicklicher Narr, und seine Kumpane machten keine viel bessere Figur. Auf dem Burgtheater haben wir ja den Haushofmeister Malvolio durch La Roche persönlich kennen gelernt, und der Malvolio der Meininger, dieser fade Tropf ohne Shakespearesche Seele, dem man nur dann einen Gefallen tut, wenn man über ihn lacht, sollte an jene authentische Bekanntschaft auch nur entfernt erinnern? Ebensowenig selbständiger Humor sprach aus den beiden Junkern, dem Tobias von Rülp und dem Christoph von Bleichenwang; jener rohe, versoffene Lumpenkerl und diese blöde, verlassene Seele voll Feigheit und prätentiösen Gelüsten drückten ihren Charakter nur in der äußeren Erscheinung aus. Nun aber kommt das Wunder: in der Hand der Meininger Regie bilden diese an sich niederen Karten ein vortreffliches Spiel. Wir haben die einzelnen Figuren nie mittelmäßiger darstellen sehen, und doch brachten sie zusammen die Komik des Stückes zu einer Wirkung, wie wir sie zuvor noch nicht erlebt hatten.

Wir wissen wohl, daß die komischen Teile der Shakespeareschen Lustspiele, oder bestimmter ausgedrückt, die possenhaften Partien derselben in Verruf sind, daß man ihnen vorwirft, sie seien roh, leer, ihr Witz und Spaß veraltet. Nun hängt allerdings nichts so sehr mit der Zeit und ihren Bedingungen zusammen als der Witz, der Spaß, der Humor, und eine Komik, welche die Zeitgenossen unmittelbar und wie selbstverständlich angesprochen, versteift sich mit den Jahren und kann schließlich nur durch gelehrte Prozeduren aufgeweicht und wieder genießbar gemacht werden. Ist nun das Niedrigkomische bei Shakespeare von solcher Beschaffenheit, daß es ohne künstliche Hilfsmittel nicht mehr genossen werden kann? Ja und nein – ja im einzelnen, nein im ganzen. Die Wortspiele, die in aller Komik überhaupt am raschesten welken, sind auch bei Shakespeare nicht mehr grün; die Verrenkungen und Umstülpungen der Sprache, die seinen Zeitgenossen lustig vorkommen mochten, sind es für uns nicht mehr. Aber zurückgeblieben ist ein saftiger Stamm, ein gesunder komischer Körper, wenn sie auch im Boden ihrer Zeit wurzeln und die Luft ihres Jahrhunderts atmen. Das Wirtshaus, die Kneipe ist für jene von gewaltigem Hunger und noch gewaltigerem Durst geplagten pantagruelischen Zeitläufte, wo selbst die jungfräuliche Königin Elisabeth sich fast wie ein Kutscher unserer Tage nährte, die natürliche Atmosphäre, und so wird denn auch der komischen Muse Shakespeares, wo sie »den tiefsten Ton der Leutseligkeit angibt«, der Weinbecher nimmer leer. Shakespeare mag noch so stark gegen den Übergenuß gegorener Getränke eifern und das Laster der Trunkenheit (zunächst an den Deutschen) geißeln – er selbst, eine in hochfliegender Begeisterung wie in ausgelassenem Scherz ganz dionysische Natur, liebte den beseligenden Saft der Traube, und man wird wohl von ihm sagen dürfen, was der römische Dichter von dem älteren Kato gesagt hat: daß auch seine Tugend ihr Feuer zuweilen aus ungemischtem Wein geschöpft hatte. Shakespeare freilich ist ein Gott des Weines, stärker als der Wein selbst; aber noch wo er die zerstörenden Wirkungen des Weingenusses darstellt, träufelt er Witz und Humor – und manchmal recht gemütlichen – in den verhängnisvollen Becher. Er ehrt im Mißbrauch noch die göttliche Kraft der Rebe. Nur den ganz gemeinen Trinkbestien, wie es die Lumpenhunde im »Sturm« sind, entzieht er seine Teilnahme; dagegen hat er die faule Weingärung, die dem Sektfaß Sir John Falstaff schließlich die Dauben sprengt, unter Entwicklung unsterblicher Witze vor sich gehen lassen. In »Was ihr wollt« läßt Shakespeare der Trinkleidenschaft seiner Zeit frei die Zügel schießen; es wird Tag und Nacht gezecht, gelacht, gejohlt, und die noch übrige Besinnung wird in Vollführung von Schalkstreichen verbraucht. Aber dieses wüste Treiben, von dem sich die Herzensangelegenheiten der beiden frischen Mädchenseelen doppelt lieblich abheben, findet ein mildes Urteil; Leute, deren »Augen schon um acht Uhr früh untergegangen sind«, werden am Hof einer feingebildeten, reichen Gräfin geduldet, und den in einem Raufhandel zerschlagenen Junker trifft aus Oliviens Mund keine härtere Sentenz als: »Bringt ihn zu Bett und sorgt für seine Wunde.«

Diese niedrigkomischen Elemente in »Was ihr wollt« bringen also die Meininger zu vorzüglicher Geltung. Als die Schauspieler einer kleinen Stadt, wo, aus Mangel an anderweitiger Anregung, das Kneipenleben noch meerschweinchenhaft floriert, sind sie ihrer Aufgabe wunderbar gewachsen. Sie haben noch den frischen, frechen Mut, den Shakespeare, als der Sohn einer derberen Zeit, für seine possenhaften Szenen verlangt. Sie entfesseln jede Figur voll und ganz, aber sie binden sie wieder in einem planvoll ins Werk gesetzten Ensemble. Innerhalb dieses Ensembles wirkt jeder einzelne als Künstler, so wenig er es sonst auch sein mag. Die wüsten Orgien dieser Gesellen werden amüsant, ihre grobkörnigen Witze lustig, ihre plumpen Intrigen und weinseligen Streiche ergötzlich. In solcher Harmonie geht die Derbheit unter, weil die Virtuosität der Darstellung mehr den künstlerischen Geist als den nackten Inhalt hervortreten läßt. Die beiden Junker, der fette und der magere, der Narr und der Diener bilden so ein treffliches komisches Quartett, und ihnen gesellt sich noch als frei schwebende Stimme das Kammermädchen Maria, diese heiterste und anschlägigste aller Soubretten, die von Fräulein Bömly (hier können wir endlich einen Namen nennen) höchst unterhaltend dargestellt wird. Sie ist ganz der ausgelassene Schalk, der mit den Verhältnissen spielt, ganz der muntere Kopf, welcher den stumpfen Trunkenbolden die Gedanken, welche sie brauchen, bereitwillig liefert. Diese anmutige Schauspielerin besitzt eine Meisterschaft im Lachen, in jenem breiten, herzlichen Lachen aus vollem Munde, welche zum Lachen zwingt. Mit der Erwähnung dieses Namens ist aber das Kapitel des Löblichen erschöpft. Die Posse hätten wir wohl; wo aber bleibt das Lustspiel Shakespeares, wo Olivia und namentlich Viola? Eine Viola haben die Meininger nicht, wohl aber haben wir sie wieder auf dem Burgtheater gesehen, wie man sie anderwärts kaum sehen wird. Frau Gabillon hat uns diese reizende Hosenrolle gespielt, und nie hat man ein Beinkleid anmutiger ausgefüllt und mit der höchsten Sittigkeit des Spieles zugleich jene höchste Freiheit verbunden gesehen, die aus der bewußten Reinheit der Intentionen entspringt... Es ist nicht unsere Schuld, wenn unsere Gedanken, sooft von den Meiningern die Rede ist, immer burgwärts schweifen.

So mag man den Meiningern hinfolgen, wo man will, es tritt uns stets wieder dasselbe Ergebnis entgegen. Man kann sagen: sie haben aus der Not eine Tugend gemacht. Da ihnen hervorragende Schauspieler nicht zu Gebote stehen, haben sie sich mit dem Aufwand aller ihrer Kraft auf ein untergeordnetes Feld geworfen und es mit saurem Schweiß angebaut. Das bedeutende Individuum fehlt, also stellen wir die Masse in den Vordergrund; der einzelne wirkt nicht, also versuchen wir's mit dem Ensemble; unser Wort zieht nicht, es füllt nicht die Phantasie, also her mit bunten Kostümen und blendenden Dekorationen, und laßt sie ja recht historisch treu sein, damit man für den mangelnden poetischen Eindruck wenigstens durch eine Augentäuschung entschädigt werde. Das sind gewiß lauter berechtigte Seiten der dramatischen Darstellung, aber indem man sie zur Hauptsache macht, bringt man sie selbst um ihre Berechtigung. Ich will eine Dichtung genießen, und ihr kommt mir mit reichen Kleiderstoffen und angepinselter Leinwand; ich will mich am warmen Atem eines Künstlers ergötzen, und ihr werft mir ganze Rotten gestikulierender, sumsender und schreiender Statisten entgegen; ich will gerührt, erbaut, erschüttert sein, und statt dessen macht man mich zum geblendeten, verblüfften und bestürzten Maulaffen. Es ist das Hineintragen der Oper und des Balletts in das Schauspiel; aber was ist eine Oper ohne Musik, ein Ballett ohne Tanz? Das Schauspiel hätte allen Grund, vor der täglich mehr um sich greifenden Macht der Oper auf der Hut zu sein und sich hauptsächlich da zu befestigen, wo sein Wesen und seine Stärke liegt, nämlich im gesprochenen Worte; es sei lieber nüchtern als überschwenglich, es versage sich eher jeden Reiz der Ausstattung, als daß es auf eine einzige Silbe verzichte, in welcher ein Funken poetischen Geistes schläft. In der Kunst gilt vor allem das Individuum; mit diesem und seiner Ausbildung fange man an und nicht mit einer lächerlichen Emanzipation der Massen. Die Meininger, als einzelne genommen, haben noch viel, ja fast alles an sich auszubilden; ihre Technik der Rede befindet sich auf einer so niedrigen Stufe, daß sie, als dramatische Straf-Meininger, wohl einen Vortragsmeister verdienen. Sie können nicht einmal den landläufigen Theatervers sprechen, der dem Sprecher doch von selbst den Mund öffnet, noch weniger natürlich den vielgestaltigen, eminent dramatischen Vers Shakespeares, am wenigsten aber jene rasend gewordenen Jamben der Kleistschen »Hermannsschlacht«. Und mit solchen beschränkten künstlerischen Fähigkeiten und Fertigkeiten will man das deutsche Schauspiel verjüngen und ihm neue Bahnen vorschreiben! Nein, ihr seid groß im Untergeordneten und unbedeutend im wesentlichen. Man kann von euch lernen, aber man darf euch nicht nachahmen.

Paul Lindau

Schillers »Räuber«

in den Aufführungen durch die Meininger und das Königl. Schauspielhaus.

[1878]

»Hm! Hm! – So ist es. Aber ich fürchte – ich weiß nicht – ob ich –«
»Räuber« 1. 1.

Man kennt die lustige Geschichte »Dat Wettlopen twischen den Hasen und den Swinegel up de lütje Haide bi Buxtehude«. Der Hase strengt sich an, läuft sich den Athem aus, und wenn er keuchend am Ziele anlangt, »is de lütje Swinegel ook schon da«.

Das Königliche Schauspielhaus und das Herzogliche Theater von Meiningen werden es mir nicht übel nehmen, wenn ich durch die Frühjahrsaufführungen in diesem Jahre und im Jahre 1876, als wir das letzte Mal das Vergnügen hatten, die Meininger bei uns zu sehen, an diese schöne Geschichte erinnert worden bin. Vor zwei Jahren stand in den Zeitungen zu lesen, daß die Meininger eine glanzvolle Aufführung der Kleist'schen »Hermannsschlacht« vorbereiteten und den Berlinern vorführen würden – auf einmal wurden wir durch eine Vorstellung des wundervollen Dramas am Königlichen Schauspielhause angenehm überrascht, kurz vorher, ehe die Meininger hier eintrafen. – Neuerdings hieß es, die Meininger wollen uns die »Räuber« bringen; sie verwerfen die sogenannte Mannheimer Bühnenbearbeitung, die die Handlung in die Zeit des Landfriedens verlegt, und greifen auf das ursprüngliche Drama zurück, um dadurch die Gelegenheit zu haben, die charakteristische Färbung der Zeit – Mitte des 18. Jahrhunderts – auch in den Aeußerlichkeiten und Kostümen wieder herzustellen; und wiederum kommt das Schauspielhaus unmittelbar vor den Meiningern mit den »Räubern« im Zopfcostüm.

Den Meiningern wird wohl das Verdienst der Initiative zugestanden werden müssen; aber dem Schauspielhause kann aus der Benutzung glücklicher Gedanken, auch wenn sie nicht gerade von ihm selbst herrühren, sicherlich kein Vorwurf gemacht werden. Anregungen sind nichts Verbotenes; und das Abmessen der einzelnen Kräfte gegen einander, der Darstellungen in ihrer Gesammtheit und der Principien, welche hüben und drüben, am Gensdarmenmarkte und an der Panke obwalten, hat sicherlich nur Fördersames und Gewinnbringendes.

Der Gewinn wird allerdings nicht ohne Mühe errungen. Denn man kann sich schließlich doch mancherlei Erquicklicheres denken als die Nothwendigkeit, sich die »Räuber« in einer Woche zweimal ansehen zu müssen. Ich darf das sagen, ohne mich der Pietätlosigkeit gegen den größten Dramatiker schuldig zu machen. Gerade das Gefühl der Pietät ist es, welches aus mir spricht, wenn ich bekenne: das ist des Guten zu viel! Dieser himmlische Ueberschwang im Gefühle und im Ausdrucke, der uns als das wundersame erste Aufbäumen eines Genies immer wieder ergreift und rührt, wenn er nach weise bemessenen zeitigen Zwischenräumen uns entgegenstürmt, wirkt, wenn er zu schnell wiederkehrt, weniger angenehm. Doch dies nur nebenbei bemerkt. Ich wende mich ohne Weiteres zu den Darstellungen, da über die »Räuber« allmählich wohl so ziemlich alles Erforderliche gesagt worden ist.

Den Gästen gebührt der Vortritt. Nicht nur aus Höflichkeitsgründen, sondern auch weil sie lediglich durch Aeußerlichkeiten, unabhängig von künstlerischen Motiven, davon abgehalten worden sind, in Berlin die Ersten zu sein.

Die Meininger haben für die Aufführung die beiden Ausgaben, die sogenannte Literaturausgabe von 1781: »Die Räuber, ein Schauspiel«, und die Mannheimer Bühnenbearbeitung von 1782: »Die Räuber, ein Trauerspiel«, zusammengestellt. Zu einer genauen Auseinanderlegung der Bestandtheile dieser Mischung müßte man das Soufflirbuch zur Hand haben. Hier genüge es, zur allgemeinen Charakterisirung derselben anzuführen, daß die energischen Kraftstellen der ersten Ausgabe vollständig beseitigt worden sind, und daß man dem aufspringenden Löwen *in tyrannos*, so weit es eben möglich war, die Klauen beschnitten und ihn gezähmt hat. Es bleibt allerdings immer noch genug Wildheit übrig. Bei der Scenenfolge hat man sich bald nach der ersten, bald nach der zweiten Ausgabe gerichtet, je nachdem es zweckmäßig erschien; und der Bearbeitung, die manche interessanten Dinge wieder hergestellt hat, kann ein gutes Zeugniß aufgestellt werden. Ich finde auch, daß man wohl daran gethan hat, den ersten Schluß beizubehalten, die Selbstmorde Franzens und Schweizers.

Das Schauspielhaus, das ebenfalls Bestandtheile aus der ersten Ausgabe herübergenommen, hat sich für den späteren und roheren Schluß, die Verurtheilung Franzens zum Hungerthurm und die Purificirung der liebenswürdigen Räuber Schweizer und Kosinsky entschieden. Der ursprüngliche Schluß ist aber ungleich dramatischer und echter.

Ganz respectvoll haben sich die Meininger an diejenigen Angaben der ersten Ausgabe gehalten, welche auf die Zeitbestimmung und das Costüm Bezug haben. Es sind dies drei Stellen. In dem langen Monologe Franzens am Ende der ersten Scene des ersten Actes heißt es: »Es ist itzo die Mode Schnallen an den Beinkleidern zu tragen, womit man sie nach Belieben enger und weiter schnürt. Wir wollen uns ein Gewissen nach der neusten Façon anmessen lassen, um es hübsch weiter aufzuschnallen, wenn wir zulegen.« Ferner sagt Franz in der ersten Scene des dritten Actes: »Freilich krümmt Franz sich nicht wie ein girrender Seladon vor Dir,« – eine Wendung, die seltsamerweise auch durch ein Versehen in die Mannheimer Bearbeitung mit übergegangen ist. Zu der Zeit des Landfriedens von einem »girrenden Seladon« zu sprechen, ist natürlich ein gröblicher Anachronismus; denn erst durch den Roman »Astrée« von Honoré d'Urfé, der im Jahre 1619 erschien, ist der »Seladon« ein Prototyp der schmachtenden Liebhaber geworden. Der Franz der ersten Bearbeitung, der sich die Haare pudert, kann davon mit Fug und Recht sprechen, der Franz der Mannheimer Einrichtung nicht. Die genauste Zeitbestimmung aber findet sich in dem Berichte Hermanns, zweiter Act zweite Scene, über den angeblichen Tod Karls. Da läßt sich beinahe auf den Tag feststellen, daß die »Räuber« Ausgang des Jahres 1756 beginnen und im Jahre 1758 enden. Hermann lügt da dem alten Moor vor, Karl sei

> mit König Friedrichs Macht
> gezogen in die Prager Schlacht

und dort geblieben, also am 6. Mai 1757. Um die Sache recht glaublich zu machen, wird sogar Schwerin citirt.

Demnach würde also das Costüm das sein, welches Mitte des 18. Jahrhunderts getragen worden ist. Es will mir so scheinen, als ob die Meininger ein Costüm gewählt hätten, das etwa 50 Jahre älter ist.

Einer künstlerischen Specialität gegenüber hat der Kunstfreund, der von diesen Dingen gerade so viel weiß, wie man ohne Anstrengung und ohne Specialquellen erfahren kann, eine große Zurückhaltung zu bewahren; ich nehme daher ohne Weiteres an, daß der kenntnißreiche und hochachtsame oberste Leiter der Meininger hier sehr absichtlich etwas weiter zurückgegriffen hat. Die Moden brauchen noch jetzt, da der Dampf und die Electricität die Entfernung fast überwunden haben, einige Zeit, um den Weg von Paris nach den deutschen Hauptstädten zurückzulegen, und von da nach den kleineren Plätzen in der Provinz dauert es viel länger. In der Mitte des 18. Jahrhunderts mögen Jahrzehnte vergangen sein, ehe die neueste Mode bis zu einem fränkischen Herrensitze vordringen konnte, und es ist daher wohl nichts Verwunderliches, daß wir auf dem gräflichen Schlosse des alten Moors einigen Trachten begegnen, die die Pariser Stutzer schon in den ersten Jahren des Jahrhunderts als altmodisch bei Seite geworfen hatten.

Was mich in der Annahme bestärkt, daß hier reifliche Ueberlegung und künstlerische Absichtlichkeit zu Grunde liegen, ist der Umstand, daß Amalie, die wie alle jungen hübschen Mädchen ein bischen eitel sein mag, in der Mode am weitesten vorgeschritten ist, und so, wie sie uns bei den Meiningern erscheint, 1750 wohl eine ganz moderne Dame sein mußte, wogegen der alte Moor, der den Modenschwindel nicht mitmacht, ohne Puder in den Haaren, ohne Crapaud, in der Tracht aus den letzten Regierungsjahren Ludwigs XIV. uns entgegentritt. Der Mann hängt am Alten, und das zeigt auch seine Einrichtung, die wir später etwas mustern wollen. Dieser conservative Sinn verträgt sich sehr gut mit seinem Charakter, wie ihn Schiller schildert.

Recht charakteristisch und vortrefflich in der Wirkung sind die Räubercostüme. Die confiscirten Kerle sehen unglaublich echt aus; aber eine Merkwürdigkeit, für die mir jedes Verständniß fehlt, ist die Costümirung Karls. Da möchte ich mir eine Belehrung ausbitten. Karl erscheint in den böhmischen Wäldern als Räuberhauptmann etwa im Aufputze eines Börsenmannes, der in dem nicht ungeeigneten Costüme eines eleganten Räubers einen Maskenball bei einem Gründer mitmachen will: in einem wunderschönen fleckenlosen, siegellackrothen Wamms, als ob er eben vom *Derby-day* käme; und er entfaltet einen überraschenden Luxus von reiner und feiner Wäsche, von Jabots und Spitzen – die er natürlich zusammengestohlen hat, das setze ich voraus –, die aber in dieser tadellosen Verfassung, in dieser schönen Lagerung und in dieser Sauberkeit nur unter der Voraussetzung eines vortrefflich verwalteten regelrechten Haushaltes denkbar sind. Und die schönen Stiefel! Alles »so reinlich und so zweifelsohne«! Und Alles mit so sichtbarem Gefallen getragen, als ob es uns zurufen wolle: »Schaut mich doch an, ich bin ja der schöne Karl!« Da hat mir der Räuber Moor im Schauspielhause, wie ich ihn in der Darstellung durch einen jungen, mit einem schönen Organ ausgestatteten und, wie es scheint, nicht unbegabten Schauspieler, Herrn Cäsar Beck, gesehen habe, ungleich besser gefallen.

Der Räuber Moor darf sich in der äußeren Bekleidung von Schweizer und Roller, und wie die Gauner alle heißen, nicht unterscheiden, sonst wirkt Kosinskys Scharfblick geradezu lächerlich. Karl muß gerade so schmutzig und zerlumpt aussehen, wie alle Anderen. »Irre ich, so irre ich mir« heißt es Hiob 19, Vers 4: und in diesem Falle bitte ich, wie gesagt, um eine freundliche Aufklärung.

Die Decorationen und Requisiten erfordern bei den Meiningern immer eine besondere Aufmerksamkeit. Wir wollen uns einige der Herrlichkeiten etwas näher ansehen.

Die Zimmereinrichtungen sind wieder von seltener Schönheit. Die Meininger setzen mit voller Berechtigung voraus, daß sich der Graf Moor nicht gerade an dem Tage, als die Handlung beginnt, neu möblirt hat. Wir sehen werthvolle alte Möbel, alte Gobelins, die gewiß schon seit hundert Jahren und länger der gräflichen Familie angehören.

Da fallen uns in Franzens Zimmer zwei kostbare Truhen auf, und namentlich ein kleiner Kasten mit Intarsien – wir haben da auch gleich Gelegenheit, das Wappen der Grafen von Moor kennen zu lernen; wenn ich recht gesehen habe: zwei Löwen, die das von Lorbeer umrahmte Auge der Dreieinigkeit halten – es kann aber auch etwas Anderes gewesen sein; denn von Zeit zu Zeit mußte man doch auch aufpassen auf das, was gesagt wurde; und die Freude an dem schönen Anblick wurde dadurch manchmal recht beeinträchtigt.

Noch schöner ist vielleicht das Schlafzimmer Moors, dessen Hintergrund durch einen großen, über die ganze Breite gespannten Gobelin, ein Turnier darstellend, gebildet wird. Ganz prächtig wirkt neben den abgestumpften Farben des Gewebes und der Möbelbezüge der tiefrothe schwere Vorhang, welcher vermuthlich das Bett verbirgt. Nur die Staffelei mit dem Bilde will mir nicht recht gefallen. Sie wirkt modern. »Irre ich, so irre ich mir«, Hiob *loco citato*.

Auch die Ahnengalerie im Schlosse, die im reinen Renaissancestil gehalten ist, ist prachtvoll und gefällig zu gleicher Zeit. Wie traurig und öde wirkte daneben der abgezirkelte Kuppelbau, den das Schauspielhaus in dieser Scene bietet! Doch davon später. Allen diesen Decorationen merkt man an, daß ein tüchtiger Maler dahinter steckt. Wie man weiß, übt der Herzog diese Kunst selbst aus und zwar, wie Kundige versichern, mit wahrhaftem Talente; das sieht man, wie gesagt, allen diesen Anordnungen auf den ersten Blick an. Nirgends wird das Auge durch eine Schroffheit verletzt oder durch eine Oede ermattet und gelangweilt. Alles ist behäbig, wohnlich, stimmungsvoll, gemüthlich.

Dieselben Vorzüge bekunden auch die landschaftlichen Bilder. So die Gegend an der Donau mit der untergehenden Sonne, die die Bemerkung des Räubers Schwarz: »Siehe diese malerische Landschaft, den herrlichen Abend«, vollkommen rechtfertigt; und die Mondnacht im fränkischen Walde. Bei beiden war die Beleuchtung vollkommen gelungen. Und da wir gerade von Beleuchtung sprechen, – wie wär's, wenn im Zwischenacte das Gas etwas weniger gespart worden wäre? Es thut ja der künstlerischen Wirkung keinen Abbruch, wenn man im Zwischenacte etwas um sich blicken kann, ohne von dem Halbdunkel belästigt zu werden.

Außer diesen stummen malerischen Vorzügen, welche eine Specialität der Meininger ausmachen, haben sie sich noch durch die Behandlung der Massen auf der Bühne, die geschickte Gruppirung etc. einen besonderen Ruf gemacht. Diese Vorzüge hat auch die Aufführung der »Räuber« bewährt. Gleich das erste Auftreten der Bande in den böhmischen Wäldern, und vor Allem der Augenblick, in welchem der vom Galgen abgeschnittene Roller zurückgebracht wird, wirkten mächtig und wurden mit gutem Grunde beklatscht. Aber auch diesmal geschah, wie ich es, natürlich vergeblich, schon öfter hervorgehoben habe, viel zu viel. Es braucht doch nicht jeder von den 79 Mann mit den Händen und Beinen zu schlenkern, mit dem Kopfe zu schütteln, die Achseln zu zucken! Das ist wie ein ewig aufgeregtes Meer. Dieses Herumwirthschaften sollte gedämpft werden. Es wirkt zerstreuend, bisweilen geradezu belästigend. Denn so vortrefflich die Figuranten und Statisten sind, sie sind doch nicht dazu da, um in erster Linie und allein die Aufmerksamkeit auf sich zu ziehen und dauernd zu bannen. Jedesmal wenn die Räuber eintreten, habe ich immer nur einen Menschen gesehen: den Meininger *comme il n'en faut pas;* es ist ein tüchtiger, arbeitsamer Mann, der kein Wort zu sprechen hat und dabei beständig mit seinen rothen Hosen, die er unbedingt einem Bonner Husarenofficier in Galauniform wegstibitzt hat, im ersten Treffen steht. Mich hat dieser Rastlose, der im Schweiße seines Angesichts sein stummes Spiel mit Schultern und Händen verrichtete, wüthend die Augen rollte und gar verschmitzt lächelte – er hat mich zuerst amüsirt, aber schließlich recht gestört.

Die einzige Ensemblescene, die hinter meinen Erwartungen weit zurückgeblieben ist, unendlich weit, die geradezu dürftig arrangirt war, ist der Sturm auf das Schloß und das Eindringen der Räuber. Da fehlte alles Schauerliche, Beängstigende. Es wurde zwar genügend geschrien und recht viel gepfiffen, aber man glaubte doch mehr in der Nähe eines Bahnhofs sich zu befinden, in welchem die Züge rangirt werden, als angesichts einer stürmenden Räuberbande. Ich erinnere mich noch des Eindrucks, den ich von dieser selben Scene vor einigen Jahren im Wallnertheater empfangen habe; da war sie von Lebrun geradezu meisterhaft eingerichtet. Da hörte man das unheimliche krachende Geräusch von den aufgebrochenen Thüren, von gesprengten Schlössern, das Geklingel zerbrochner Scheiben, das schauerliche Surren der tiefen Glocken, und dazu das Mordiogeschrei und die bewußten Pfiffe – das wirkte wirklich wie es wirken soll. Hier wurde eben nur gepfiffen und mit Discretion gepfiffen; gerade hier, wo die Discretion am wenigsten vonnöthen ist.

Von den Darstellern will ich nicht viel sagen, sogar recht wenig. Beachtenswerth erschien mir namentlich Herr Kober, der sehr gut spricht, als Franz und vor Allen Herr Hellmuth-Brehm, der den Schweizer ganz meisterlich und seinen Nebenbuhler am Gensdarmenmarkt in Grund und Boden spielte. Auch Herr Heine brachte das Verschmitzte, Gaminhafte des Spiegelberg recht gut zur Geltung; ebenso verdient der Kosinsky des Herrn Kainz reichliches Lob. Der sonst so verdienstvolle Künstler, dem diesmal der alte Moor zugefallen war, wimmerte mir zu viel und nahm ein viel zu langsames Tempo. Herr Nesper als Karl Moor hat mir diesmal nicht zugesagt. Es ist gewiß eine schwierige Aufgabe, bei den volltönenden Phrasen, den hochgeschraubten und gespreizten Tiraden das theatralische Pathos zu meiden; aber predigen soll doch Moor auf keinen Fall, das ist ja Sache des Pastors Moser. Es läßt sich da mildern, ohne dem Schwunghaften Abbruch zu thun. Und dann der Dialekt! Es ist ein Unglück, wenn man aus einer Gegend stammt, in der die Unterscheidung zwischen dem G und K, B und P, D und T etc. nicht anerzogen wird. Der Meininger Moor sagte ganz deutlich: »Krau ßer Schlüssel«; ich habe nachschlagen müssen, um zu ermitteln, daß das »Grauser Schlüssel« heißen soll. Auch die Amalie der Frau Bittner hat das Publicum nicht hingerissen; ich kenne übrigens keine Darstellerin der Amalie, dieser überspannten Dame, die beständig mit ihrer Laute spazieren geht, der dies Kunststück gelungen wäre. Die Wolter habe ich in dieser Rolle leider nicht gesehen.

Im Einzelnen und im Ganzen sind also nach meinem Geschmack die Farben im Spiele zu stark aufgetragen, und ich wünschte da dasselbe liebenswürdige Abtönen, das uns die decorativen Leistungen so werth macht. Namentlich die Ensemblescenen wurden stürmisch beklatscht. Der Director Chronegk wurde mehrfach gerufen, und er hat es verdient. Aber im Allgemeinen schien mir dieser Erfolg um einige Grade tiefer gesunken zu sein, als ich es sonst bei den Vorstellungen der Meininger bemerkt habe. Der größte Trumpf, den sie heuer auszuspielen gedenken, das Wintermärchen, steht uns ja auch noch bevor.

Ueber die Vorstellung der »Räuber« im Schauspielhause, dieses nicht mehr ganz unbekannten Dramas, das jetzt in Berlin gleichsam als eine Novität behandelt wird, will und muß ich mich kürzer fassen. Ich habe von dieser Vorstellung nur die drei letzten Acte gesehen; aber ich glaube es ist gerade genug, um mir ein Bild von dieser Aufführung zu machen, um die charakteristischen Unterscheidungsmale zwischen dieser und der der Meininger herauszufühlen und die sehr verdienstlichen Leistungen einzelner Künstler (– Herr Kahle hatte als Franz einige hochbedeutende Momente, Berndals Moser war ein Muster verständnißvoller Recitation –) zu würdigen. In schauspielerischen Einzelleistungen steht, wie ich auch vorausgesetzt hatte, die Aufführung an unserer Hofbühne bisweilen beträchtlich über der der Gäste aus Meiningen, in der Gesammtwirkung aber und namentlich in allen Wirkungen durch das Aeußerliche bleibt sie hinter jener zurück.

Gerade vom Aeußerlichen, von dem was man *Ausstattung* zu nennen pflegt, möchte ich bei diesem Anlaß einmal etwas ausführlicher sprechen.

Ich habe den Meiningern oft den Vorwurf gemacht, zu viel auf den Ausputz zu achten. Es muß wohl sehr schwer sein, hier das richtige Maß innezuhalten; denn die Königliche Bühne leistet in dieser Beziehung durch ihre äußerste Sobrietät und den gänzlichen Verzicht auf optisches Wohlgefallen wieder viel weniger, als richtig ist.

Nicht, daß die Ausstattung gerade dürftig und ungenügend wäre – es ist Alles da, reichlich! Aber sie ist unerfreulich, nüchtern, kalt, unbehaglich. Die Bühne sieht immer viel zu breit und zu tief aus. Es herrscht eine wahre Scheu gegen Versatzstücke in Landschaften und raumverzehrende Möbel in den Zimmern – Bahn frei! heißt es, nur recht viel Platz!

Wie schade und wie schädlich!

Kleine Theater, kleine Bühnen! Das sind die wahren Förderer der schauspielerischen Wirkung! Das sind deshalb auch die Forderungen, die jeder Theaterkundige bei jedem Neubau ausspricht. Wo einmal ein großes Theater, wo das Uebel eines großen Zuschauer- und eines großen Bühnenraumes vorhanden ist, da helfe man sich wenigstens damit, daß man durch Vorhängen der Prospecte die Bühne nach Möglichkeit einengt und ihr durch Tiefhängung der Soffitten die ungemüthliche Höhe nimmt; da lasse man bei Landschaften reichlich Versatzstücke anbringen, da fingire man ein coupirtes Terrain durch Hügel, Höhen, Höhlen, Baumgruppen, Brunnen, wie es gerade die Situation zuläßt, da schaffe man ein interessantes, mannichfaltiges, ein fesselndes Bild. Nur lasse man die unselige Rasenbank aus dem Spiele, jenes schreckliche Möbel, das auf fünfhundert Schritt nach dem Staube der Coulissenmagazine und Requisitenkammern duftet, und für das die ganze bewohnte Schöpfung kein Urbild darbietet. Bei Zimmereinrichtungen sorge man für eine vortheilhafte Ausstellung eines reichlichen Mobilars und stelle durch behagliche Draperien und sonstigen Schmuck einen Raum her, der bewohnt aussieht. Man höre endlich auf, das stereotype Zimmer – Ausgang in der Mitte, rechts und links Thüren, »Etablissement« in der Mitte, vorn, rechts und links Tische mit Stühlen herum, im Hintergrunde rechts und links neben der Thür je ein Stuhl, dazu recht schön gemalte Lambrequins, stilvoll abgezackt, mit Klunkern dran –, man höre auf, jenes unvermeidliche Zimmer, das man nur auf der Bühne sieht, uns vor die Augen zu zaubern! Ein verstelltes, geschmackvolles Zimmer, das den Spielraum variiert, – wie belebt das die ganze Darstellung, wie wird dadurch die unselige Monotonie und Langweiligkeit des öden Platzes in der Mitte überwunden!

In dieser sehr wesentlichen Einzelheit, die nicht die Hauptsache, aber auch nicht eine lächerliche Nebensache sein soll, sind die Meininger große Meister, und es läßt sich viel, es läßt sich beinahe Alles von ihnen lernen. Sie würden in dieser Specialität geradezu vollkommen sein, wenn ihre Ausstattung noch ein bischen weniger anspruchsvoll wäre. Aber das Wesentliche: die geschickte künstlerische Vertheilung des Spielraums, und die Herstellung gut componirter und coloristisch gut behandelter Bilder – das haben sie erreicht.

Die Decorationen des Schauspielhauses in den »Räubern« halten mit denen der Meininger den Vergleich nicht aus. Bei diesen letzteren ist Alles wohlthätig abgetönt, Alles harmonisch, interessant in der Wirkung, sinnig und originell; am Schauspielhause herrscht eine reinliche, steife, ungemischte, bureaukratische Correctheit, die einen kalten Respect einflößt, aber nichts weiter. Bei den Meiningern fühlt man sich immer wohl wie in einer traulichen Häuslichkeit, wo man gern gesehen ist; im Schauspielhause bisweilen wie im Vorzimmer eines hohen Vorgesetzten, dem man eine Bittschrift überreichen muß, beklommen, als ob man von Rechtswegen nicht hingehörte und von insolenten Lakaien mit scheelen Blicken gemustert würde.

Wir stecken bis über den Ohren in der unausstehlichen Würdigkeit der Schinkel'schen Tradition. Nur recht viele gerade Linien, je mehr, je besser! Und recht klare, schöne, zweifellose Grundfarben! Alles recht hübsch quadratisch abgesteckt oder in unantastbaren gleichseitigen Dreiecken hübsch regelrecht vertheilt, damit nur um Gotteswillen keine Seite zu kurz kommt – gerade so wie der unerfreuliche Vorhang mit seinem goldenen Gitter und den stilisirten Greifen! Daß nur ja dem edeln Schinkel kein Leid geschieht! Daß nur ja keine Ueberwucherungen, keine sinnlich wirkenden Incorrectheiten vorkommen! Daß wir nur beständig daran erinnert werden, wie hier Reißbrett und Schiene, Triangel und Zirkel ihre volle Schuldigkeit gethan haben! Es sieht immer aus, als ob die Bühne frisch tapeziert und eben Hausputz gewesen wäre: ordentlich, vertraueneinflößend, aber fröstelnd kalt. Die Meininger geniren sich gar nicht Möbel und Requisiten durcheinander zu werfen, wenn es nur in der Farbe und in den Linien stimmt. Sie sehen sich bei der Einrichtung nicht blos die Dichtung an, sondern haben auch das Bestreben, immer schon an sich selbst Gefälliges und Schönes dem Auge darzubieten. Da steht mancherlei Ueberflüssiges herum! Aber gerade durch diese Dinge bekommt so ein Zimmer auf einmal den Charakter des Wohnlichen und Verwohnten; es sieht nicht aus, als ob es gerade für diese eine Vorstellung aufgestellt sei.

Eins greift in das Andere. Der Sinn der Nüchternen, Geradlinigen und Regulären, der sich jeder starken und kecken Abweichung gegenüber ablehnend verhält – dieser Geist der Ordentlichkeit, wie er sich in der Ausstattung bemerklich macht, wirkt auch auf die Inscenirung weiter. Wenn die Räuber im Walde singen: »Ein freies Leben führen wir«, so ertönt bei den Meiningern ein ganz unmusikalisches wildes Gejohle, das zwar nicht sehr angenehm, aber recht charakteristisch ist. Man verspürt zwar die Lust dem Einen oder Andern, namentlich meinem Gönner mit den Bonner Husaren Hosen zuzurufen: »Baumwolle her, der Kerl sprengt mir die Ohren!« aber man freut sich doch des offenbaren Bestrebens, die Echtheit wiedergeben zu wollen; man sieht, daß Jemand dahintersteckt, der nachgedacht hat. Im Schauspielhause erklingt das Räuberlied unter Hornbegleitung, als ob es von einem Gesangverein vorgetragen würde.

»Wenn ich nicht irre, hörten wir
Geübte Stimmen Chorus singen.«

Im Schauspielhause klingt's besser, aber bei den Meiningern ist es viel witziger.

Und wie verschieden war die Gruppirung der lagernden Räuber! Bei den Meiningern war es für jedes einigermaßen geübte Auge wahrnehmbar, daß hier ein Künstler, ein Maler mitgewirkt hatte; im Schauspielhause erkannte man nur die Hand eines gewissenhaften und emsigen Regisseurs.

Auch der Laie weiß, daß ein Theater außer den sichtbar mitwirkenden Kräften eine große Summe von künstlerischen Mitarbeitern erfordert, deren Walten dem Auge des Zuschauers entrückt ist. Zu diesen gehört außer dem eben genannten Regisseur – sofern die Bühne einen ersten Rang beansprucht – unbedingt auch der Maler. Nicht blos für die Decoration und die Costüme, sondern auch für die Gruppirung auf den Proben. Am Burgtheater in Wien ist z. B. der Maler Gaul der ständige Beirath des gerade auch in diesen Einzelheiten außerordentlich tüchtigen Dingelstedt. Auch unser Hoftheater hat natürlich seinen Maler, Herrn Kretschmer; dieser letztere wird als ein geschmackvoller und verständiger Mann gerühmt, und ich zweifle nicht im Entferntesten daran; aber ich zweifle allerdings daran, ob dessen Kräfte in ausreichender Weise verwerthet werden. Wie wesentlich aber diese beständige und starke Mitwirkung des Malers ist, – das zeigen die Meininger, bei denen die malerische Kraft sogar die letzte, die entscheidende Instanz bildet. Es ist Se. Hoheit der Herzog. Die Ergebnisse dieser künstlerischen Thätigkeit machen sich überall geltend; sie sind das eigentliche Geheimniß der starken Wirkung, der sich Niemand entziehen kann, sie sind die Erklärung des Erfolges.

Wir Alle, die wir an der Hebung unsrer heimischen Kunststätte, am Kgl. Schauspielhause, ein warmes und wahres Interesse nehmen, und nicht durch abfällige Kritiken, hämische Witzeleien und boshafte Nachreden Reformen durchzusetzen trachten, – wir möchten hier zu guterletzt und nicht ohne eine leise Hoffnung, gehört zu werden, den Wunsch aussprechen, daß gerade hier und in dieser Specialität die Arena erschlossen werde, in welcher um den Preis gerungen wird; daß dem Maler, wie es bei den Meiningern schon geschieht, eine ungleich stärkere Mitwirkung als bisher ermöglicht und die Gelegenheit zur Entfaltung der specifisch malerischen Eigenschaften gegeben wird. Die Resultate würden zeigen, daß der Rath kein schlechter gewesen ist.

Shakespeares »Wintermärchen« Aufgeführt von den Meiningern
[1878]

Shakespeares »Wintermärchen« hat den Meiningern die Gelegenheit zur glänzendsten aller ihrer glänzenden Schaustellungen geboten.

Wenn es sich lediglich darum handelte, hier das Werk eines Malers zu besprechen, so würde des Entzückens kein Ende sein. Diese zauberhaften Decorationen, diese interessanten Zimmer, diese in Sonnenschein gebadeten Straßen und Plätze und Landschaften, diese herrlichen Stoffe und Trachten und Requisiten; endlich diese mit Geschmack und feinem Kunstsinn geordneten Gruppirungen – es ist eine Lust und eine Pracht! Und einem Jeden, der für Schönheit und Anmuth einen empfänglichen Sinn besitzt, muß angesichts der »holden Wunder«, die hier dem Auge geboten werden, das Herz im Leibe lachen.

Hier haben die Specialitäten dieses interessanten Kunstinstituts weidlich zur Geltung gebracht werden, hier haben sich die Meininger, wie man in Berlin sagt, einmal ordentlich »loslassen können«; und sie haben sich keinen Zwang angethan.

Aber es handelt sich nicht blos um ein malerisches, es handelt sich auch um ein dichterisches Werk; und der Dichter heißt Shakespeare.

Es ist nachgerade etwas langweilig geworden, die »Principien« der Meininger zu discutiren, und ich möchte mich dieser Discussion gern entziehen, möchte gern mit der überschwänglichen Anerkennung all des Schönen, durch das sie uns erfreuen, über das Bedenkliche, das aus diesen Schönheiten herauslugt, hinwegsehen; aber wider Willen wird die Kritik, die es ernsthaft meint, durch das anregende kleine Hoftheater immer wieder und wieder dazu veranlaßt, an einige der erheblichsten Fragen der Schauspielkunst heranzutreten und namentlich die Beziehungen der Schauspielkunst zu den verwandten Künsten immer wieder zu berühren.

Gerade diese prächtige, wundervolle Inscenirung des »Wintermärchens« hat, wie ich ehrlich bekennen muß, manche der Bedenken, die sich mir bei der ersten Bekanntschaft mit den Meiningern aufgedrängt hatten, auf's Neue in mir wachgerufen. Ich finde, daß hier wiederum das Verhältniß der Ausstattung zum Inhalte der Dichtung verschoben, und daß die Meininger über das Ziel hinausgegangen sind.

Als dieses Ziel, als den leitenden Gedanken der Meininger, fasse ich ihr Bestreben auf: die Dichtung in einen ihrer würdigen Rahmen zu stellen, zum Guten den Glanz und den Schimmer zu fügen. Dieses Bestreben hat in mir den eifrigsten Fürsprecher. Aber der Rahmen soll das Bild nicht erdrücken, sonst wird die glänzende und charakteristische Ausstattung ebenso tadelnswerth, wie der gewöhnliche geistlose und unschöne Theaterplunder. Der Kampf, den die Meininger gegen diesen Plunder unternommen haben, ist rühmlich; sie haben in unserem deutschen Theater eine neue und bedeutsame Bewegung hervorgerufen; sie haben das Publicum gelehrt, daß die Ausstattung von Wesentlichkeit ist, einen selbstschöpferischen, selbstdenkenden Kopf verlangt und nicht dem niedern Handwerk und der Gewöhnlichkeit überlassen bleiben darf. Sie haben den gemeinen Theaterprunk, der mit recht viel Gold und Silber und Flitterkram und bengalischem Lichte arbeitet, verschmäht und immer nur eine edle malerische und charakteristische Wirkung angestrebt. Dies ist ihnen bisweilen in ganz hervorragender Weise gelungen. Für mich bleibt immer noch die Ausstattung des »Käthchens von Heilbronn« das Bedeutendste, was in dieser Beziehung geleistet ist. Da schien mir das rechte Maß innegehalten zu sein. Bei manchen andern Vorstellungen, namentlich bei »Fiesko«, erschien mir die Meininger Ausstattung zu anspruchsvoll; denn schließlich bleibt Ausstattung doch immer nur Ausstattung und sie darf auf keinen Fall der wichtigere Bestandtheil des Schauspieles sein;

> Nur muß der Knorr den Knubben hübsch vertragen.
> Nur muß ein Gipfelchen sich nicht vermessen,
> Daß es allein der Erde nicht entschossen.

Wenn die Ausstattung, wie sie die Meininger zuwege gebracht haben, die Dichtung hebt, dann soll sie freudig willkommen geheißen werden; ja, wenn sie selbst nur den Zweck verfolgt, andere Mängel, z. B. ungenügende Darstellung in einigen Hauptrollen, zu verdecken, so wollen wir sie uns als ein Surrogat mitunter gern noch gefallen lassen; wenn aber die Ausstattung vermöge ihrer Ueberhebung Fehler gebiert, die Unterscheidung zwischen dem Wesentlichen und Unwesentlichen aufhebt, die Verhältnisse stört, die Arabeske zum Mittelstück macht, das Glänzende verdunkelt und auf Nebensächliches die klarste Beleuchtung wirft, wenn sie also das Wesen der Dichtung schädigt, dann ist es geboten, ihr schroff entgegenzutreten und sie auf den ihr zukömmlichen Platz zu verweisen.

Bei der Aufführung des »Wintermärchens« wurde der lebhafteste Applaus des ganzen Abends beim Tanze der Schäfer laut, der in der That vortrefflich arrangirt war.

Diese Thatsache schließt eine herbe Kritik in sich. Gibt das nicht zu bedenken? Ist es richtig, daß der geschickte Leiter einiger sinniger Quadrillentouren dem Dichter, daß verständige Statisten dem eifersüchtigen Leontes und der duldenden Hermione den Rang ablaufen?

Das ist nur denkbar, nur erklärlich, wenn sich das Publicum auf der falschen Fährte befindet; und dieser Irreführer ist diesmal die übertriebene Schönheit der Ausstattung, die uns von Anbeginn an dermaßen in Anspruch nimmt, daß das dichterische Werk ihr gegenüber in den Hintergrund tritt, daß man mehr auf die Tischdecken und phantastischen Wandmalereien achtet als auf die Seelenqualen eines unschuldig leidenden Weibes, mehr auf den originellen Schrein, der das Orakel birgt, als auf die Worte des weissagenden Gottes.

Ich weiß sehr wohl, was sich zu Gunsten der Meininger anführen läßt. Die Dürftigkeit, die Unkenntniß und Geschmacklosigkeit, die bisher an den meisten deutschen Bühnen den Rahmen für die Dichtung geschaffen, haben uns verwahrlost, sagt man. Wir haben uns daran gewöhnt, im Theater elenden Kram zu sehen, oder vielmehr: wir haben uns des Sehens ganz entwöhnt. Deshalb frappiren uns jetzt der Reichthum, die Kenntniß und der Geschmack, wie sie aus den Meininger Aufführungen zu uns sprechen, und wir schenken dem Sehenswerthen eine zu große Aufmerksamkeit. Der Fehler liegt also nicht an den Meiningern sondern an uns, nicht an dem Ueberwuchern der schönen Aeußerlichkeiten sondern an unserer ungenügenden Schulung, diese Aeußerlichkeiten schnell zu fassen.

Das mag ja sein. Die Kritik eines späteren, in der Aesthetik vorgerückteren und erzogeneren Geschlechtes wird vielleicht ganz anders urtheilen. Sie wird das Gebotene, das uns außergewöhnlich erscheint, vielleicht als selbstverständlich hinnehmen. Ich weiß allerdings nicht, ob den Meiningern damit gedient wäre, wenn solche Zukunftskritiker, die sich um das Gefäß nicht kümmern und nur den Gehalt prüfen würden, über ihre jetzigen Aufführungen berichteten. Aber wie dem auch sei, so wie wir nun einmal sind: linkisch, unerfahren und unbeholfen in dieser plötzlichen Intimität mit dem Ungewohnten, kommen wir über das Aeußerliche mit einem flüchtigen Blicke nicht hinweg. Wir werden verlockt uns dieses schöne Muster und jenen originellen Schnitt mit besonderer Aufmerksamkeit anzusehen; wir freuen uns über die Lichteffecte, über die geschmackvollen Geräthe und werden kaum gewahr, daß inzwischen ein Anschlag auf das Leben eines Freundes vorbereitet, ein schuldloses Weib verstoßen, ein Kind geboren, ein anderes hingerafft wird. Was uns da vorgespielt wird – nun ja, es mag ja recht interessant sein und recht traurig; aber was uns gezeigt wird: die Decorationen und die Costüme – es ist doch zu schön!

Und die Folge?

Die Folge davon ist, daß wir uns in einem einfachen Ausstattungsstücke zu befinden glauben, kaum noch wissen, ob Shakespeare oder

Pasqué zu uns spricht, und mit der reizendsten Naivetät beim Schäfertanze unserer harmlosen Freude den lautesten Ausdruck geben.

Aber es ist ja ein Märchen, wendet man ein, und wenn irgendwo, so ist hier die märchenhafte Pracht am Platze!

Ganz einverstanden; aber da fragt sich's doch, ob diese Pracht wirklich märchenhaft ist, und ich möchte das ganz entschieden verneinen. Ich finde, daß die Pracht im »Wintermärchen« bis auf den letzten Act die vollständige Negation des Märchenhaften, daß sie ein wahres Muster von historischer Treue und archäologischer Genauigkeit ist. Was ist denn, wenn ich von der zauberhaften Schlußdecoration absehe, in all diesem Prunk Phantastisches, Uebersinnliches? Wo ist der zauberhafte Duft, das zarte Flimmern, die neckische Freiheit des Märchens? Alles, was wir sehen, diese realistischen Landschaften, diese strengen stolzen Gewänder, alles das ist so solide, so echt menschlich schön, so compact, so glaubhaft, wie nur möglich. Diese Kleider sind nicht von Feenhänden gefertigt, ein tüchtiger Costümier hat sie nach bewährten Mustern gearbeitet; und nicht die Phantasie hat diese Gegenden geschaffen, es sind bedeutende Leistungen eines Coloristen, der gute Studien gemacht und seine Mappen voll guter Skizzen hat.

Die Meininger geben das »Wintermärchen« als reines Renaissancestück, mit einer beinahe pedantischen Innehaltung der angenommenen Zeit. Es entspricht dem Charakter dieser Ausstattung ganz und gar, daß wir im Zimmer der Hermione den katholischen Betstuhl sehen, und daß der Schrein, in dem der Ausspruch des Delphischen Gottes verwahrt wird, eine Kirche darstellt, die mit Heiligenbildern auf Goldgrund verziert ist. Das ist ganz streng im Charakter der Zeit. Ein tüchtiger Costümkundiger wäre sicherlich im Stande, fast das Jahrzehnt, in das die Meininger die Handlung des Stückes verlegen, festzustellen. Gesetzt ein Stocktauber, der das »Wintermärchen« nicht kennen würde, wohnte dieser Aufführung bei, – würde dieser, der vielleicht nicht der Beklagenswertheste im Zuschauerraum wäre, jemals auf den Gedanken verfallen können, daß ihm da ein Märchen vorgespielt wird? Sicherlich nicht. Er würde, glaube ich, den Eindruck gewinnen müssen, daß ein historisches Stück mit bewunderungswürdiger Treue in den Costümen, Decorationen und Requisiten zur Aufführung gelangt.

Nun, das Märchen schlägt gewöhnlich nicht in der Costümkunde von Weiß nach. Es wirft munter mit leichter Hand die Zeiten durcheinander. Und ich begreife weder die Nothwendigkeit noch die Berechtigung, durch die starre Innehaltung einer bestimmten Zeit in den Costümen den

Dichter nach dieser einen Richtung hin zu corrigiren, die Correctur am Texte aber nicht vorzunehmen und somit geflissentlich die rührenden und kindlichen Anachronismen der Dichtung zu haarsträubenden in der Ausstattung zu machen.

Durch die Bannung der Dichtung in einen geschlossenen Zeitraum fügen die Meininger den früheren Bearbeitungen ein neue hinzu; und da fragt sich's denn, welche besser ist, – eine Frage, die ich vielleicht später einmal zu beantworten versuchen will.

Shakespearisch ist das Meininger »Wintermärchen« auch nicht. Hier wird eine Art von historischer Treue gewahrt; der Dichter hat aber gar nicht an Historie gedacht und ihr deshalb auch keine Treue gelobt. Um das Stück Shakespearisch darzustellen, hätte man zu der relativen Einfachheit der Shakespearischen Bühne zurückkehren, hätte man alle die verschiedenen Nationalitäten einfach in die Tracht der Lords unter der Herrschaft der jungfräulichen Königin stecken müssen. In unserer Zeit des Experimentirens werden wir vielleicht auch das noch erleben.

Die Regie hat dem »Wintermärchen« gegenüber den weitesten Spielraum; sie kann ungefähr machen, was sie will. Wenn der Dichter uns erzählt, daß ein Fahrzeug an den Küsten Böhmens Schiffbruch erleidet, daß Delphi eine Insel ist und Giulio Romano ein Bildhauer, daß wegen einer russischen Großfürstin das Delphische Orakel befragt wird und zur selben Zeit Balladen gedruckt werden – wenn der Dichter so fröhlich mit allem Positiven umspringt, dann kann auch die Regie sich alle möglichen Freiheiten gestatten. Das Einzige, was wir ihr Namens des Dichters untersagen möchten, ist die Pedanterie. Die gehört entschieden nicht hierher.

Auf Dingelstedts Anregung hat man das »Wintermärchen« in eine phantastische antike Gewandung gekleidet. Dingelstedt hat die stärksten Anachronismen und Fehler ausgemerzt und den Schauplatz der ersten Hälfte der zweiten Abtheilung anstatt nach Böhmen nach Arkadien verlegt. Das ist eine Auffassung.

Eine andere könnte die sein, dem Charakter der Dichtung dadurch zu entsprechen, daß man ähnlich wie die Werke der bildenden Künstler aus der Zeit auch ein Bühnenbild mit rührenden Anachronismen hergestellt, also meinetwegen die fließende Gewandung der Antike mit der stolzen Pracht der Renaissance willkürlich vermählt hätte.

Oder man hätte endlich das Stück als Märchen mit Phantasiecostümen und Phantasiedecorationen ausstatten können.

Alles das scheint mir mehr Berechtigung zu haben als die von den

Meiningern gewählte Innehaltung einer bestimmten Epoche aus der Renaissance. Dadurch wird der Anachronismus, der in der Dichtung nebensächlich ist, ja lieblich und rührend genannt werden kann, aufdringlich selbstbewußt; er sucht sich auf wohlfeile Weise als etwas Originelles hinzustellen. Wenn der Delphische Orakelspruch in einen byzantinischen Schrein gelegt wird – ich habe nichts dagegen; aber dann verbitte ich mir, daß der abgedankte Gott *per procurationem Jovis* losdonnert; denn dieser Donner ist ein sehr guter Dingelstedt'scher Theatereffect, der in seinen antiken Stücken sachlich berechtigt ist, in einem Renaissancestücke nicht. Shakespeare weiß nichts davon. Und sind denn die slavischen Schnürröcke, welche die Böhmen tragen, Shakespearisch? Für Shakespeare ist das Böhmen im »Wintermärchen« irgend ein *ultima Thule*, irgend ein phantastisches Land, und er gibt deren Bewohnern dieselben griechischen Namen wie seinen fabelhaften Sicilianern. Wenn ich Leute vor mir sehe, die diese böhmische Nationalität in ihren Gewändern zur Schau tragen, und sich mir gegenüber als richtige Slaven vielleicht aus der Zeit der Jagellonenherrschaft aufspielen, dann blicke ich verwundert auf den Zettel und frage mich, ob diese Leute wirklich Polyxenes, Archidamus, Autolykus heißen, oder ob das verdruckt ist und nicht besser Polyxnszek, Archidamuslaw und Antolykrad gelesen werden müsse. Böhmen am Meere braucht keine Schnürröcke.

Das Renaissancecostüm ist natürlich für das »Wintermärchen« durchaus nicht zu verwerfen; die Maler, die das Stück illustrirt haben, wie der Engländer John Gilbert und die Deutschen Gabriel Max und Klimsch, haben ja auch vorwiegend Renaissancecostüme gewählt. Es will mir sogar scheinen, als ob die Gilbert'schen Bilder für manche Costüme den Meiningern als Vorlage gedient hätten; aber ich meine, es hätte eine viel größere Freiheit obwalten müssen. So wie wir das »Wintermärchen« gesehen haben, halte ich es weder für märchenhaft noch für Shakespearisch; es ist Meiningensch. Damit will ich die Ausführung in keiner Weise herabsetzen, will nur den Versuch gemacht haben, meine von der Ansicht eines großen Theils des Publicums abweichende Meinung zu begründen.

Die Meininger haben die Shakespeare'sche Dichtung im Wesentlichen unverändert beibehalten. Sie haben Einiges von den früheren Bearbeitern Ausgeschiedenes wieder aufgenommen; so die stimmungsvolle Scene, die ich für sehr wesentlich halte, in welcher das Kind ausgesetzt wird. Daß dabei der leibhaftige Bär, der den Antigonus verschlingt, über die Bühne hüpfen muß, erscheint mir überflüssig und nicht geschmackvoll. Das Thier wirkt entschieden komisch, und diese Komik ist in diesem

Augenblicke nicht am Platze; denn eine Minute darauf wird ein braver Mann elendiglich zerrissen. Freilich wird die grause Tragik durch die schlechten Witze des Rüpels auch in der Dichtung sofort abgelöst. Aber diese erste Rüpelscene mit ihren ungeschlachten Späßen macht einen überaus verdrießlichen Eindruck, und da die Meininger an dem Original doch manches Wesentliche verändert haben, da sie z. B. die Vermählung der alten einsamen »Turteltaube«, der Pauline, mit Camillo am Schlusse beseitigt haben, so hätten sie auch, ohne eine stärkere Pietätlosigkeit zu begehen, die störendsten Anachronismen und Fehler und die verletzenden Witzeleien des Rüpels ausmerzen können. Diese Art des Shakespeare'schen Humors ist durch und durch archaistisch, und um einiger guter Witze willen müssen wir die unerträglichsten Roheiten mit in den Kauf nehmen.

Als eine sehr glückliche Conservirung möchte ich die Beibehaltung des von der »Zeit« gesprochenen Epilogs zur ersten, oder des Prologs zur zweiten Abtheilung bezeichnen. Die Bühnen, welche andere Bearbeitungen aufführen, werden gut thun, hierin die Meininger sich zum Muster zu nehmen und diese Ansprache, die in ehrlicher Weise die Zweitheilung der Dichtung erkennen läßt und diese beiden Theile gleichzeitig in sinniger Weise vermittelt, wieder einzuführen. Abweichend von der gewöhnlichen symbolischen Darstellung der »Zeit«, die uns fast immer als Greis mit weißem Vollbarte, mit dem Stundenglas und der Hippe vorgeführt wird, geben die Meininger der »Zeit«, die blühende Gestalt eines jungen Mädchens, das auf einem in phantastischen Wolkengebilden schwebend gedachten Globus thront. Die Verse wurden, beiläufig bemerkt, von Fräulein Grunert recht gut gesprochen.

Von dem Reichthum und der Schönheit aller Aeußerlichkeiten habe ich schon gesprochen. Unter den Decorationen verdient nach meinem Geschmack den Preis des Abends die letzte, in welcher auch das Märchenhafte zum Ausdruck kommt: ein phantastischer, farbenprächtiger Garten in heller Sonnengluth, im üppigsten Rosenschmucke. Die Wirkung ist eine magische. Aber auffallender Weise ging der Hauptvorgang in dieser Scene, die Erweckung der Hermione, der Wirkung ganz verlustig.

Shakespeare hat sich eine bemalte Statue der Hermione gedacht. Die Meininger haben also den Versuch gemacht, der Statue, die von der Schauspielerin, welche die Hermione spielt, selbstverständlich gestellt wird, die natürliche Gesichtsfarbe und ihrer Renaissancekleidung die glänzenden Farben der Stoffe zu lassen. Das sieht sehr hübsch aus; aber auch die gutmüthigste und ergibigste Phantasie wird nicht der Forderung des Dichters, hier an einen Stein zu glauben, gerecht werden können. Um bei dem Zuschauer den Glauben an den Stein einigermaßen zu ermöglichen, muß die Statue in antiker Gewandung und weiß sein. Da hilft alles nichts. Bei den Meiningern sehen wir Frau Bittner schön costümirt, und man wundert sich, weshalb sie so still sitzt. Paulinens Ansprache, die den Stein erweicht, die ersten sanften Bewegungen der Hermione, das sehnsuchtsvolle Verlangen und der Jubel des Leontes, alles das ist bei dieser Darstellung thöricht, unbegreiflich. Und wenn sich die Meininger tausendmal auf die Verse Shakespeares berufen, welche die Färbung rechtfertigen, sie haben doch Unrecht. Ein golddurchwirktes Renaissancekleid wirkt ebenso wenig plastisch und statuenhaft wie ein schwarzer Tuchfrack.

Die Stellungen in den großen Ensemblescenen, wie im Gemache der Hermione, in der Gerichtsscene und schließlich im Garten, waren wiederum sehr geschmackvoll und malerisch geordnet; aber sobald die Leute sich zu bewegen anfangen, machen sich dieselben Uebertreibungen geltend, die schon so oft, natürlich ohne allen Erfolg gerügt worden sind. Die Comparserie spielt die ganze Gerichtscene zu Tode. Ein verständiger Vorsitzender hätte die Galerien zwanzigmal räumen lassen, und ein König müßte sofort depossedirt werden, der einen so beweglichen Hofstaat – Hofleute, die einen beständigen mimischen Commentar zu jeder seiner Aeußerungen geben – um sich duldet. Hier führt das Bestreben realistisch zu sein, zum vollen Gegentheil. Und da wir gerade von realistischer Wiedergabe sprechen, in welchem Gerichtshofe wird jemals ein Gerichtschreiber die Anklage mit so thränenreicher Stimme und so wehmüthigem Ausdrucke verlesen, wie wir's hier gehört haben?

Ueber die Einzelleistungen kann ich mich kurz fassen. Was die Meininger können, ist ja bekannt und noch bekannter, was sie nicht können. Es wird zu viel absichtlich hervorgehoben, es werden noch immer zu viel Pausen gemacht. In Herrn Görner, dem Darsteller des Rüpels, lernten wir einen neuen, recht komischen Schauspieler kennen.

Am wenigsten vortheilhaft ist Perdita von der Regie ausstaffirt. Ich zweifle nicht, daß das Costüm ganz echt ist, aber ich mußte bei dieser Perdita immer an jene andere Perdita denken, die vor einem Jahr in der Festvorstellung im Nationaltheater uns Alle durch ihre liebliche Erscheinung und ihr seelenvolles Spiel gleichermaßen bezaubert hat. Sie war sicherlich weniger echt und viel conventioneller gekleidet; sie trug in den goldblonden Locken einen einfachen Strohhut mit frischen Blumen; ein einfaches weißes Kleid, das ebenfalls mit frischen Blumen besäet war, umspannte den zarten Leib. Es war nichts Sonderbares, es war nichts Merkwürdiges, was den Blick besonders fesselte; aber sie war entzückend in ihrer Anmuth, sie schien wirklich, wie Florizel von ihr sagt »dem frühsten Lenz entsprossen«, ganz Sonnenschein und Blüthenduft, hold und schön und rein. Und welche unbewußte Poesie lag in jedem Worte, das sie sprach! Der seelenvolle Klang dieser kleinen, zitternden, etwas kranken Stimme gab den lieblichen Versen einen ganz eigenthümlichen wundersamen Zauber. Dem kleinen Mädchen glaubten wir seine Liebeslust und seinen Seelenschmerz, und die Unempfänglichsten unter uns ließen sich rühren und ergreifen. Es war Mathilde Ramm.

Und bei der Erinnerung an die im frühsten Lenz dahingeraffte Schauspielerin, die von der Regie zwar weniger schöne Kleider, aber von der Natur das wahre künstlerische Talent empfangen hatte, war es mir gar nicht mehr zweifelhaft, auf was es bei der Schauspielkunst, der edlen Vermittlerin der Dichtung, hauptsächlich und vor Allem ankommt: auf die Echtheit der Empfindung und des Vortrags. Die Echtheit der Costüme kommt später.

B. S.

Das deutsche Theater und die ›Meininger‹
[1879]

»Die Schauspielkunst vollendet sich nur in der Harmonie ihrer Totalwirkungen.«
Eduard Devrient,
»Geschichte der deutschen Schauspielkunst«.

Glänzende Erscheinungen werfen grelle Lichter. Auch das intensive Licht, welches das helle Gestirn der *Meininger Hofbühne* um sich verbreitet, beleuchtete gelegentlich zahlreicher Gastspiele dieser Mustertruppe künstlerische Mängel und Uebelstände einzelner Bühnen auf das Grellste. Es erweckte recht ernste Gedanken nicht nur über die bei dieser Gelegenheit dem Publicum zum Bewußtsein gelangenden Schattenseiten der einzelnen Institute, sondern auch über den allgemeinen Verfall der deutschen Bühnenkunst. Unserm Theater sind die höheren Tendenzen und Principien immer mehr abhanden gekommen, weil die Vertreter der wirksamsten aller Künste meist nur noch auf kleine Wirkungen für ihre

Persönlichkeit, nicht aber auf die Hebung der Kunst im Großen und Ganzen ihren Ehrgeiz richten. Wie aber ein ernstes Streben nach schöner Totalwirkung sogar einem Theaterpublicum von heute Bewunderung abzuringen vermag, das haben die Meininger Gastspiele bewiesen. Ueberall, wo die Kunstjünger aus der Werra-Stadt ihren Thespiskarren aufschlugen, zeigte sich jene begeisterte, pietätvolle Theilnahme für wahre und nach harmonischen Wirkungen strebende Bühnenkunst, welche derselben einstmals in Hamburg unter Schröder's Leitung, in Berlin zur Zeit Iffland's, in Weimar während der Glanzperiode unter Goethe's Leitung und im Wiener Burgtheater noch während der Regiethätigkeit Laube's entgegengebracht wurde und diesen in ihrer Art mustergültigen Bühnen den Aufschwung zu ihrer großen Bedeutung ermöglichte.

Was ist aber durch solchen vorübergehenden Enthusiasmus für das Gute oder das Bessere gewonnen, wenn nach der Fluth die Ebbe eintritt und dann Alles wieder im alten Schlendrian fortgeht? Leider geht es zugleich abwärts. Je größere Ausdehnung die neugewonnene Theaterfreiheit dem Theaterbetrieb gewährte, desto allgemeiner freilich, aber auch desto gemeiner wurde die Theaterlust, desto mehr verlor die Bühne an Würde durch die Concession an die niedrigsten Bedürfnisse. Schiller nannte die Schaubühne eine »Schule der praktischen Weisheit«. Heute ist sie fast zu einer Schule der Thorheit und Unlauterkeit geworden. Schiller glaubte an eine bessere Zeit, wo das deutsche Volk eine wirkliche »Nationalbühne« haben und wesentlich mit durch diese zu einer »Nation« werden würde. Eine Nation sind wir denn endlich geworden, aber die »Nationalbühne« sind sich die Deutschen stets schuldig geblieben. Schiller rühmte als leuchtendes Vorbild die Griechen und ihre geistige Einigung durch die begeisterte Pflege ihrer nationalen Bühne: »Was kettete Griechenland so fest an einander? Was zog das Volk so unwiderstehlich nach seiner Bühne? Nichts anderes als der vaterländische Inhalt der Stücke, der griechische Geist, das große überwältigende Interesse des *Staates*, der bessern Menschheit, das in denselben athmete.« Herrliche Worte, aber sie treffen leider nur für die Griechen, nicht für die Deutschen zu. Wohl lassen sich einige analoge Verhältnisse in der Geschichte des griechischen und der des deutschen Theaters herausfinden. Wie bei den Griechen sich das Theater aus dem religiösen Cultus, den Dionysos-Festen, entwickelte und in der Verherrlichung edler Menschlichkeit, in den Meisterdramen des Sophokles gipfelte, so ist auch das deutsche Theater aus religiösen Spielen (Mysterien) herausgewachsen und erreichte in den Werken Lessing's, Schiller's und Goethe's seinen Höhepunkt. Niemals aber hat bei uns der Staat und das Volk dem Theater und seiner Entwicklung ein so hohes lebendiges Interesse zugewendet, wie bei den Griechen. Niemals hat bei uns der Staat dem Theater und seinen Interessen wesentliche organisatorische Beihülfe oder durch Staatsmittel in großartigem Style Unterstützung gewährt, wie damals der Staat von Athen, welcher auf würdige Aufführungen der Meisterwerke des Sophokles größere Summen verwendete, als der ganze Peloponnesische Krieg kostete. Dagegen hat es bei uns an negativer Antheilnahme, z. B. Censurmaßregeln, selten gefehlt. Obwohl die erleuchtetsten Fürsten, Staatsmänner und Geistesheroen den Culturwerth der Bühne hochschätzten, obwohl Kaiser Joseph der Zweite die Einwirkung der Bühne zur Verbreitung des guten Geschmackes und zur Veredelung der Sitten gerühmt hatte, dann auch vorübergehend in Preußen das Theater als einflußreich für die allgemeine Bildung und im Werthe den Akademien der Wissenschaften und Künste ebenbürtig geschätzt wurde, und obgleich ein Goethe dem Theater dreißig Jahre lang die größte Hingebung und rastloseste Sorgfalt gewidmet hatte, wurde doch immer wieder die Bühne in Deutschland nur als eine »öffentliche Anstalt zum Vergnügen« neben anderen Gewerben betrachtet und behandelt und als solche sich selbst überlassen.

Um so höher ist der Heroismus Einzelner anzuschlagen, welche dem Gedeihen und der Verbesserung des deutschen Theaters ihre beste Kraft und sogar ihr Lebensglück opferten. Gedenken wir nur der vier Hervorragendsten darunter.

Mit welchem heiligen Eifer hatte *Lessing* seine scharfe Federlanze eingelegt gegen die Unnatur und das leere Prunkwesen der Franzosen, sowie gegen die zopfigen Producte ihrer deutschen Nachahmer, indem er der deutschen Schauspielkunst wieder den frischen volksthümlichen Geist, die natürliche Wahrheit und den nationalen Sinn einzuimpfen bestrebt war! Viel hat er gewirkt und viel erreicht, allein schließlich schlug in der deutschen Bühnenkunst die Natürlichkeit in Verwilderung, der Shakespeare-Cultus in Sturm- und Drangwesen, die Befreiung aus steifen Formen in Formlosigkeit und Opposition gegen Sprach- und Sittengesetze um. So mußte denn unser edler Reformator am Ende seines Lebens noch den Schmerz erleben, sich in seiner Reform mißverstanden zu sehen.

Nicht besser erging es *Schröder* in Hamburg. Was Lessing als erstrebenswerth und segensreich empfahl und vertheidigte, das hat Schröder auf der Bühne zur That gemacht und praktisch eingeführt. Er hat dem hohlen französischen Pathos und Effecthaschen den letzten Stoß versetzt, und, unter Zurückdrängung der überwuchernden Oper, durch wirksame Aufführungen der Tragödien Shakespeare's und der Schiller'schen Dramen der deutschen Kunst die höchsten und trefflichsten Aufgaben geboten und gesichert. Seine höchst sorgfältige, von gesunden Principien getragene Regieführung bot Alles auf, um das Hamburger Kunstinstitut, auch in äußeren und kleinen Dingen, zum vortrefflichsten in Deutschland zu machen, indem er auf die Harmonisirung aller Kräfte und Mittel den größten Werth legte; hat doch er schon es sich zum Gesetz gemacht, die von ihm eingeführte Zimmerdecoration, Zimmereinrichtung, Costüme und alle Requisiten mit dem Charakter und der Zeit der Handlung in Einklang zu bringen. Trotz seiner Anstrengungen, Mühen und hohen Verdienste war es ihm nicht vergönnt, mit frohem Bewußtsein von der Bühne zu scheiden, vielmehr mußte er, abgesehen von seinen großen Opfern und Vermögensverlusten, auch den immer größeren Verfall seiner Musterbühne erleben, sodaß er völlig entmuthigt 1812 sich in ländliche Einsamkeit zurückzog.

In ähnlichem Sinne wie Schröder in Hamburg wirkte *Iffland* in Berlin. Der Adel seines Spiels, die Grazie seines Wesens, die Humanität und harmonische Abklärung seines Charakters und seine edlen Bemühungen als Bühnenleiter haben die deutsche Schauspielkunst und ihre Vertreter in der Achtung des Publicums auf eine Höhe gehoben, welche sie unter Schröder nicht erreicht hatte. Daß Iffland freilich das spätere Virtuosenthum durch sein Beispiel heraufbeschwor, kann nicht verhehlt werden. Endlich schied auch er, ermüdet und vielfach in seinen Bestrebungen enttäuscht, von der Bühne.

Weit übertroffen in der energischen Organisation und straffen Disciplin der Bühne wurde Iffland von *Goethe*. Die von unserem Dichterfürsten geleitete Bühne zu Weimar war etwas ganz Einzigartiges. Sie entstand durch den unvermittelten Uebergang aus dem verwilderten Naturalismus der Stürmer und Dränger zu einem weltentrückten Idealismus, welchen die Genien der Dichtkunst selbst in's Leben riefen oder realisirten. Ein Theater-Souverain wie Goethe war noch nie dagewesen und wird schwerlich jemals wieder erstehen. Eine bis dahin unerhörte Verfeinerung und Veredlung des Bühnenwesens schlug die hergebrachten Vorurtheile gegen den Stand der Bühnenkünstler aus dem Felde, seit Goethe in so eingehender Weise sich des Theaters annahm, während gleichzeitig die feurige Antheilnahme Schiller's viel zur Befestigung der kunstgeschichtlichen Bedeutung der Weimarischen Bühne und der Weimarischen Schule beitrug. Mochten sich auch die Professionisten der Bühne dagegen äußern, daß in Weimar die Poesie zu sehr dominire und die Bühnenkunst bevormunde, die Unparteiischen fühlten, daß es so sein müsse und so am besten sei. Leider hatte auch die Goethe'sche Glanzperiode ein klägliches, ein im eigentlichsten Sinne tragikomisches Ende. Die Geschichte ist bekannt: weil »Der Hund des Aubry« durchaus Komödie spielen sollte, vergaß man den schuldigen Dank gegen den einzigen Goethe, der die Bühne zur wirklichen Kunststätte erhoben und ihr den edelsten Geschmack verliehen hatte, und dankte ihn ab.

Seit jener Zeit neigten sich fast überall die Leiter der Bühnen einer ökonomisch engherzigen und bureaukratischen Gleichgültigkeit zu, der ein Aufschwung zu neuen epochemachenden Organisationen unmöglich war. Auch das idealistische Gepräge der Weimarischen Schule verlor sich in einen aussichtslosen Formalismus, welcher der Bühnenkunst mehr Schaden als Nutzen brachte. Durch die virtuosen Nachahmer Iffland's kam das leidige Gastspiel-Virtuosenthum immer mehr in Aufnahme, und dies zerstörte fast überall die guten Ueberlieferungen früherer Zeit, namentlich aber das einzig richtige Streben nach harmonischen Totalwirkungen und nach einem stilvollen Zusammenspiel. Außerdem beherrschte die schwung- und kraftlose Trivialität der Kotzebue'schen Stücke so sehr die Bühne, daß an eine Erhebung zu besserem Streben lange Jahrzehnte nicht zu denken war. Wohl ließen es sich einige treffliche Hoftheater angelegen sein, dem allgemeinen Verfall des Theaters entgegen zu wirken, aber auch sie mußten nach und nach von ihrer Höhe herabsteigen und dem Zeitgeiste huldigen, während der Ruhm ihrer Bühnen meist nur in dem Besitz einzelner virtuoser Kräfte bestand, nicht in dem Gedeihen des Ganzen oder in einem kraftvollen System.

An sehr ernsten und höchst einsichtsvollen reformatorischen Geistern fehlte es auch in der Neuzeit nicht, und ganz besonders machten sich zwei hervorragende Männer, *Eduard Devrient* und *Heinrich Laube,* durch ihre Bestrebungen, eine Besserung im Großen anzubahnen, hochverdient, fanden aber nur wenig Nacheiferung. Demnach hat die neueste Zeit einen mit Erfolg gekrönten Versuch, durch einsichtsvolle Anknüpfung an die besten Ueberlieferungen der Vergangenheit einen Aufschwung zum Bessern herbeizuführen, aufzuweisen, und zwar in den Gesammtgastspielen der *Meininger.*

Die Meiningische Hofbühne hat in vielen Stücken die Saaten der Vergangenheit zur Reife gebracht. Wenn einst Schröder sein Theater in

Hamburg von der Oper loslöste, aber nur auf kurze Zeit, so haben sich die Meininger ganz consequent und für immer von der Oper emancipirt, um desto ausgiebiger für das Schauspiel zu wirken. Auch die lebensvolle, vom Impuls der Dichtung getragene Darstellungsweise, die durch Schönheit verklärte Natürlichkeit und die harmonische Totalwirkung, welche die Meininger hervorbringen, lassen einen Vergleich mit der Hamburger Bühne unter Schröder zu; namentlich ist bei Beiden das Streben nach einem guten und stilvollen Ensemble ein gleiches. In dem Goethe'schen Bühnenregiment findet sich das Vorbild für die straffe Disciplin der Meininger, welche jedoch nicht so penibel gehandhabt wird, wie es einst in Weimar geschah. In einigen Punkten überbietet jedoch die Meiningische Hofbühne alle Vorgänger: in dem malerischen Reiz der Scenen- und Gruppenbilder wie überhaupt in der künstlerisch schönen Ausstattung neben gewissenhaft treuer Wiedergabe der Dichtungen. Daß freilich die Verwendung von Ausstattungsreizen in manchen Dingen bei den Meiningern zu weit geht und dadurch die Aufführungen unnöthig vertheuert, kann nicht hinweggeleugnet werden. Sicherlich aber entstammt dieses Streben nach Vollständigkeit der äußeren Wirkungsmittel der ernsten Erwägung, daß nichts verabsäumt werden darf, die ernste Kunst auch gefällig und reizvoll wirken zu lassen, und nicht etwa einer Speculation auf die schaulustige Menge.

Ihre redlich erkämpfte Bedeutung verdankt die Meiningische Hofbühne hauptsächlich der Initiative und Beharrlichkeit des regierenden Herzogs *Georg* von Sachsen-Meiningen (vergl. »Blätter und Blüthen« dieser Nummer), welcher dem Theaterwesen seit Jahren die eingehendsten Studien widmete und nach seinem Regierungsanstritte (20. September 1866) dem schwunglosen Patriarchalismus der Hofbühne ein Ende machte. Zunächst bewirkte er durch Beschränkung oder Vereinfachung des Repertoires, durch den Ausschluß der Oper, der Operette und Gesangsposse eine wesentliche Hebung für das recitirende Drama. Außerdem wurden die französischen Löwen des Tages, die Sittendramen und Halbweltstücke, über Bord geworfen. Gegen letztere war der Herzog besonders eingenommen, nicht etwa nur, weil darin eine überfirnißte Sittenrohheit mit gleißenden Sophistereien sich auf die Bühne drängt, sondern auch besonders deshalb, weil sie eines tieferen dramatischen Gehaltes, einer schönen Gedankenwelt und der geistigen Höhe, welche niemals durch Virtuosität in theatralischen Effecten ersetzt werden können, durchaus ermangeln. Desto eifriger wurden die Werke Shakespeare's, unserer Classiker und einige neuere werthvolle Dramen einstudirt und vorbereitet, wobei auf phantasie- und geschmackvolle Inscenirung gleich von vornherein Werth gelegt wurde. Der Herzog war bemüht, bewährte Regiekräfte zu gewinnen; im Grunde hatte er freilich den geeignetsten Director und exactesten Regisseur – in sich selbst, denn in ihm vereinigte sich zum größten Vortheile des Ganzen ausgeprägter Kunstsinn des Directors mit persönlicher Autorität des verehrten Fürsten. Es war ein in der Theatergeschichte beispielloses, von allen Hoftraditionen abweichendes Curiosum, daß ein Fürst sein eigener Theaterdirector wurde. Früher pflegten sich die Serenissimi nach der Tafel die theatralischen Amusements nur serviren zu lassen, sich aber im Uebrigen nur um kleine persönliche Dinge oder auch um engherzige Ausführung der Censur zu kümmern. Der Herzog studirte nicht nur genau die aufzuführenden Dichtungen, sprach nicht nur manche Hauptrollen mit den Künstlern durch, sondern gab selbst Ideen für die Inscenirung an, skizzirte Zeichnungen für Decorationen und Costüme und verfolgte die Ausführung bis in's Kleinste. Wie sehr er dabei als talentvoller Zeichner und Maler sowie als Culturgeschichtsforscher über Kenntnisse und seinen Geschmack verfügte, bewiesen die Resultate. So viel emsige Fürsorge sollte dann auch die besten Früchte tragen. Hierbei darf übrigens die Mitwirkung der hochbegabten Gemahlin des Herzogs, der Freifrau von Heldburg (frühern Schauspielerin Fräulein Ellen Franz, Tochter eines Gelehrten, seit 1873 mit dem Herzog Georg vermählt), nicht unerwähnt bleiben, denn die liebevolle, sorgsame dramatische Vorbildung junger weiblicher Talente, die später Erfolge ernteten, war ihr Werk.

Die eigentliche Blüthezeit der Meininger Hofbühne begann vor etwa sechs bis sieben Jahren, als die Regie einem sehr intelligenten Mitgliede der Bühne, Herrn Ludwig *Chronegk*, übertragen wurde. Diese Wahl war ein Treffer. Was der Herzog emsig plante, führte dieser mit der nöthigen Macht ausgestattete Stellvertreter mit rastloser Energie aus. Erstaunlich ist es, wie schnell sich seitdem das Stamm-Repertoire der Meininger erweiterte. Jetzt erstreckt es sich bereits auf sämmtliche bühnenfähige Dramen Shakespeare's, Schiller's, Goethe's (ohne den »Faust«), Lessing's, Kleist's und einige Lustspiele Molière's, ferner auf: »Erbförster« von Ludwig, »Bluthochzeit« von Lindner, »Sixtus« von Minding, »Ahnfrau« und »Esther« von Grillparzer, außerdem auf einige Dramen von Ibsen und Björnson.

Eine der trefflichsten Leistungen der Meininger ist die Aufführung von Shakespeare's »Julius Cäsar«. Wohl wenige haben, bevor sie die Meininger gesehen, eine so harmonische Totalwirkung dieses grandiosen Stückes, namentlich aber einen so überzeugenden Verlauf von Massenscenen für möglich gehalten, wie er uns hier vorgeführt wird. Wie lächerlich erschien sonst im »Julius Cäsar« (und anderen mit Massen wirkenden Stücken) die schläfrige Betheiligung der Statisten, die als Pseudo-Römer ihr Phlegma bewahrten und gleich Landleuten bei Volksfesten sich über die Scene schoben! Wie automatisch schlugen sie bei Kampfscenen um sich! Ganz anders zeigt sich bei den Gehülfen der Meininger Leben und Bewegung. Man denke z. B. an die große Forumscene im dritten Acte des »Julius Cäsar«, in welcher Antonius seine rhetorischen Knalleffecte von der Tribüne schleudert und die Menge zur Wuth aufstachelt! Unzählige Hände strecken sich nach dem Testament des ermordeten Abgotts aus. Bei der Enthüllung der Leiche Cäsar's erfüllt Jammergeheul und Wuthgeschrei das Haus. Die Einen starren von Schrecken gelähmt auf die Todeswunde; Andere stoßen Flüche und Verwünschungen aus; wieder Andere knieen und weinen – überall Stimmung und Leidenschaft, realistische Wahrheit und situationsgerechter Ausdruck! Das ist die auf unserem Bilde wiedergebene Scene – einem Bilde, welches nach einer auf unsere Bitte uns freundlichst gewährten trefflichen Skizze von der Hand des Herzogs Georg durch unsere Künstler fesselnd und sauber ausgeführt wurde. Alles ist getreu nach dem lebenden Bilde auf der Bühne festgehalten, sowohl die Gruppirung wie auch der landschaftliche Reiz des Hintergrundes und der Architektonik.

Verdient »Julius Cäsar« als das eigentliche Prachtstück der Meininger bezeichnet und bewundert zu werden, so trägt unter den weiteren Tragödienaufführungen besonders die der »Räuber« den Stempel der Originalität und künstlerischer Selbstständigkeit. Da ist nur wenig von der traditionellen Text- und Geistesverstümmelung geblieben, und das sensationelle Stück erscheint gleichsam wie neugeboren. So erst hören wir den jugendlich stürmischen Dichter in seiner Eigenart und werden durch die Uebereinstimmung aller scenischen Mittel in die richtige Zeit, in die gährende Zeit der Vorrevolution versetzt. Seit Schiller's Tagen waren die Meininger die Ersten, welche das Drama im möglichst unverkürzten Text des Dichters und im zeitgemäßen Colorit, auch in der richtigen Tracht des achtzehnten Jahrhunderts vorführten.

Ebenso haben es die Meininger verstanden, »Ein Wintermärchen«, »Fiesco«, »Tell« und »Esther« zu vollster und schönster Wirkung zu bringen, und wie sie den Lustspielton in der Gewalt haben, zeigten »Was Ihr wollt« und »Der eingebildete Kranke« – wahre Cabinetsstücke drastischer Darstellung, wie sie mit solcher lachreizenden Lustigkeit wohl nirgends vorgeführt werden. Bei fast allen diesen Aufführungen schadet es dem Totaleindrucke nicht allzu viel, wenn hier und da das Bestreben, malerisch zu gestalten und zu wirken, etwas zu absichtlich und berechnet erscheint. Auch die Uebertreibungen, z. B. das zu anhaltend fiebernde Geberdenspiel in Volksscenen, und manche zu naturalistische Einzelheiten werden immer nur als nebensächliche Mängel gelten können.

Siegreich haben die Meininger bei ihren Gastspielen das an manchen Orten verbreitete Tadelsvotum bekämpft, daß sie nur mit untergeordneten Talenten sich behelfen müßten und genialere Künstler gar nicht in ihren Rahmen paßten. Wohl würden manche Directionen sich beglückwünschen, wenn sie einzelne von den sogenannten »untergeordneten« Talenten der Meininger für sich acquiriren könnten. Es brauchen nur die Leonore (im »Fiesco«) des Fräulein Pauli, die Toinette des Fräulein Habelmann, der Tell und der Antonius des Herrn Nesper, der Casca des Herrn Kober, der Stauffacher und der Junker Tobias des Herrn Hellmuth-Bräm, der Leontes des Herrn Nissen, der Autolykos des Herrn Teller hervorgehoben zu werden. Finden sich unter ihnen auch keine zweiten Devrients, Dawisons, Dessoirs oder Dörings, so sind sie doch fast alle tüchtige denkende Künstler, die ihre Mittel so gut verwenden, wie manche größere Talente es selten thun. Wird das Publicum durch die Gelungenheit und Harmonie des Ensembles über das Können der Einzelnen getäuscht, so ist es eben ihr Verdienst, so gut täuschen zu können. Während bei anderen Bühnen oft auf glanzvolle Virtuosenleistungen zu viel Werth gelegt wird und diese Bravourspieler die Mängel der Nebenrollen und des Ganzen zu verdecken haben, müssen sich bei den Meiningern die begabteren Künstler dem Hauptzwecke unterordnen und dem trefflichen Ensemble eingliedern, dagegen werden die schwächeren Kräfte zu höherer Leistungsfähigkeit emporgehoben. Dadurch entsteht das, was man harmonische Totalwirkung nennt, und diese ist der wohlverdiente Triumph der Meiningischen Regie. Das Rollenmonopol ist abgeschafft, und so werden die Künstler durch die freie Concurrenz aller Begabten immer mehr gespornt und verfallen nicht der Einseitigkeit und Selbstgefälligkeit. Jeder Einzelne fühlt sich durch die Bedeutung und die Steigerung der Erfolge des ganzen Instituts gehoben, ähnlich den Mitgliedern einer Symphoniecapelle, der es nur auf einheitliche Wirkung ankommt und die deshalb kein Vordrängen der einzelnen Künstler duldet, aber doch von Jedem höchste Sorgfalt verlangt.

Was die Meininger an Ausstattungsreizen darbieten, – um noch einmal darauf zurückzukommen – erweckt überall Beifallsstürme. Früher sah man ähnliche Pracht nur in Feerien, Zauberpossen und sonstigen dramatisirten Panoramas, und man war daran gewöhnt, classische Stücke nur in dürftigem Gewande zu schauen. So herrliche Scenenbilder, wie z. B. der Garten am Hause des Brutus, Genua im Morgensonnenschimmer, das Zimmer Olivia's (»Was Ihr wollt«), der Königssaal in »Esther«, die Rütliscenerie mit Mondregenbogen, im »Wintermärchen« die Gerichtsscene und die Belebung der Statue (Hermione) und andere, müssen Jedem unvergeßlich bleiben. Aber auch sie sind nur deshalb von so tiefem, nachhaltigem Eindruck, weil sie so stimmungsvoll mit der Totalwirkung der Darstellung und der Dichtungen verknüpft sind. Sie mögen luxuriös erscheinen, sind aber doch kein Luxus, weil sie Mittel zum großen Zwecke sind. Was Goethe (Wilhelm Meister) vom Schönen überhaupt sagt: »Das Schöne muß befördert werden, denn Wenige nur stellen's dar und Viele bedürfen's,« das gilt auch für die Schönheitsbefriedigung im Einzelnen. Man muß über so wesentliche Fortschritte in der Ausstattungskunst froh sein und es willkommen heißen, daß ein so feiner Geschmack, so gediegene Studien über alle Bühnenrequisiten zum Besten großer Dichterwerke verwerthet wurden. Werden doch auch für die mit allen Finessen ausgestatteten Musikdramen Wagner's alle Vortheile und Hülfsmittel der Neuzeit ausgebeutet. Dort wäre so minutiöse und großartige Ausschmückung weniger nöthig, da ja die Musik an sich schon viel unmittelbarer und mächtiger wirkt, als im Drama das gesprochene Wort.

Ob die Meininger einen bedeutenden und epochemachenden Einfluß auf andere Bühnen ausüben, wie viel oder wie wenig sie zu einer Reform der deutschen Bühnenkunst beitragen werden, das läßt sich gewiß noch nicht absehen oder prophezeien. Jedenfalls haben sie sehr vielen Einsichtigen unserer Zeit genug gethan. Sie haben edlen Bühnenwerken zu lebensvollster Wirkung verholfen, Pietät gegen unsere großen Dichter bekundet, und somit auch die Poeten der Gegenwart lebhaft angeregt und ermuthigt; denn sie haben gezeigt, wie nachhaltig Bühnenstücke in guter Durchführung auf das Volk wirken. Sie haben dargethan, daß eine harmonische Totalwirkung das erstrebenswertheste Ziel der Bühnenkunst ist, haben in ihrer Disciplin, in ihrem Fleiß und besonders in einer rationellen Regie das beste Vorbild in neuester Zeit geliefert. Wollen also Andere gleiche oder noch größere Wirkungen erreichen, so mögen sie es ebenso ernst mit ihrer ernsten Aufgabe nehmen und mit solchen an sich unserer Ansicht nach berechtigten, jedenfalls zweckentsprechenden Mitteln das Interesse des kunstsinnigen Publicums erwecken, wie die Meininger!

[CLEMENT SCOTT]

The Meiningen Court Company
[1881]

The effect produced on the mind by the acting of the German Court Company in ›Julius Caesar‹ is not at all dissimilar to that harmony of detail and mechanism of effort observed in the Passion Play at Oberammergau last year. Nor is the comparison irrelevant or unfair when we look closely into it. The venerable pastor Daisenberger in the Bavarian Highlands and the Grand Duke of the German principality are alike actuated by an enthusiasm. One desires to edify the Christian world, the other to revive the artistic glories of Weimar. Both are leading spirits, and give forth the infection of their enthusiasm. They take vast pains to secure perfection; they urge upon the players the immense value of rehearsals, accuracy, industry, and research; their motto is that no trouble is too great for the subject-matter in hand: and the result in both cases is the perfection of mechanical excellence rather than the glow of apparent inspiration. In point of stage management the Passion Play, with all its astounding difficulties, its groupings, its crowds, its tableaux and processions, was a most remarkable and creditable effort; nothing went wrong, every one knew where to go and what to do, the performance lasted from eight o'clock in the morning until six at night, and there was not a blunder perceptible or a hitch visible. Yet through all there was a sense of rigid uniformity that became positively wearisome. The actors and actresses had been so well trained that they ceased to be natural. They had learned their lesson so thoroughly that spontaneity seemed lost. It was clear to the technical eye that one guiding spirit and one rigid system had produced this result. And so, indeed, it was; for ten years every man, woman, and child in the village, at church and in school, in winter and in summer, had been taught bits of this Passion Play in dialogue or song, and when it came to be presented it was beautifully lifeless and magnificently inanimate. The pictures were marvellous, but there was no soul in them; the artists were drilled, not inspired. The same kind of effect is observed when the curtain draws up on ›Julius Caesar‹ and one of the first results of Herr

Chronegk's manipulation is shown. It is certainly a crowd full of movement, action, variety, and change. The colours are almost faultless, the groupings fascinate the eye. Something is always going on; men and women change places; they converse in dumb show; one leaps upon the pediment of a statue to see the procession of the advancing Caesar, another strains his eyes to catch the first glimpse of the coming procession. But what is the result? The crowd gradually becomes of superior instead of subordinate importance. We are looking at the citizens instead of listening to Brutus, Cassius, and Casca. Our attention is taken off the play to observe its detail; we do not feel the existence of a crowd, but its corporeal presence is forced upon us, and, instead of saying ›How naturally that is done!‹ we point out how cleverly it is accomplished. Now this is surely incorrect in art. Everything that is obtrusive is *ipso facto* inartistic; the best-dressed man or woman is one whose costume is scarcely remembered, and Shakespeare has himself had something to say about minor effects that are forced in front of the picture. We believe that a play can be as much over stage-managed as under stage-managed, and there have been recent instances in our own theatres where excess of care and laboured attention to minutiae have produced exactly the opposite effect to what was intended. No one can have forgotten the club scene in the last representation of ›Money‹ at the Haymarket. The object was to make every individual actor of importance, and to give reality to the scene; but the result was chaos. The action of the play was jeopardised, and the noise of natural conversation was positively deafening. This is a small instance to illustrate the danger of over-care in matters artistically designed as subordinate and comparatively immaterial.

In the great scene where Marcus Antonius inflames the passions of the citizens over the dead body of Caesar, there is, however, a dramatic purpose in the crowd, and it would be affectation not to admire the skill of Herr Ludwig Barnay, or the result of Herr Chronegk's system of training. Take, for instance, the clever but natural idea of the first words of Mark Antony's speech being drowned in the murmur and confusion. What old-fashioned actor, accustomed to ladle out the well-known ›Friends, Romans, countrymen, lend me your ears‹, would have tolerated the innovation? Yet the triple appeal justifies the interruption, and warrants that shrug of the shoulders from Herr Barnay when, in spite of all effort, he cannot get a hearing, the ›Peace ho! let us hear him‹, having been drowned beforehand. The thing that has so astonished English audiences is the power obtained of crescendo and diminuendo effects as in music.

The passions surge and swell, subside, or increase, according to the will and power of the speaker. The unanimity is wonderful, if anything too wonderful. The yells come out like an electric shock with startling and sudden effect; the arms and hands are shot out as if they had been pulled by wires. In timing, unison, and precision such an effect has seldom been seen on any stage, and the only fault that can possibly be found with it is that the sense of training is too obvious; the hand of the drillmaster is too often seen, and we think occasionally more of the cleverness of the result than the nature of the scene. It is the most difficult thing in the world, no doubt, to hit off the precise balance between feeble effort and successful endeavour, for the dramatist is often himself responsible for solecisms. A crowd does not speak a long sentence unanimously, ›all‹ cannot deliver a sentiment in time. They may assent or differ together, but no more. Acting, doubtless, is a mixed art of mechanism and individual expression, and stage crowds must be trained; but there is a danger when the training is so positive and absolute as this. It may be considered unfair to compare small things with great in the matter of stage management, and no doubt it is true that the crowd in ›Julius Caesar‹ is more difficult to discipline than the crowds in ›The Cup‹; but let it be observed that in this last instance of almost faultless stage management nobody appeared to have been taught to do anything. All was natural, exact, and harmonious. The women at the incense-bearing tripod did not wave their draperies as much as to say, ›Look at us; we are waving our draperies and performing the holy offices of the temple‹; but they did it, and they harmonised with the scene. The case, however, becomes more serious when the sense of the director and drillmaster is communicated to the chief actors on the stage, when they declaim, storm, weep, and wail according to pattern. We want mechanical regularity, it is true, no business is worth anything without it; the most natural-looking actors are studied to a fault; but we do also want individual expression, and in the play of ›Julius Caesar‹ only Marcus Antonius and Casca stood out as artists of any marked thought and intelligence. The allusion to Casca reminds us how wonderfully well all the details of the murder of Caesar were managed. Everyone naturally knew what was coming; but no one could conceive how it was to be done. It must be remembered that, much as the lovers of art in Germany admire and appreciate the enthusiasm of the Meiningers, and their whole-souled devotion to the drama, still critical opinion is divided as to the value of their method. When they first left their quiet home in 1874 and burst upon the world at Berlin, as a recent writer observes, ›at once the whole theatrical world of that city was stirred up and divided into Meiningen and anti-Meiningen, just as they are divided into Wagnerian and anti-Wagnerian; for the Meiningen Company also had and has still its strong opponents. They contended that the pompous scenery and splendid get-up of the whole overshadowed the ingenuity of the acting; that, moreover, the introduction of most minute details, such as a particular ancient lamp of unquestionable historical exactness in »Julius Caesar«, a lamp that was a work of art in itself, might easily draw the attention of the audience from the play itself to this insignificant detail.‹ This is precisely the danger of ultra-realism, and we have had so many warnings that we are not likely to forget them. But in the art of stage management as shown by Herr Chronegk, though we have much to admire, we have very little to imitate.

The change was very sudden from the turmoil, excitement, and revolution of ›Julius Caesar‹, the death, the funeral orations, and the battle, to the quiet comedy contained in Shakespeare's ›Twelfth Night; or What You Will‹. The company, as we have ventured to assert, contains no artist of startling merit, and consequently the performance of ›Was Ihr Wollt‹ was pleasant and useful, but never very remarkable. Again, all the details of the scene were in excellent taste, not a sign of slovenliness was visible, dresses and decorations were distinguished for their accuracy; but it would have been strange if any one caught what we are pleased to consider the true Shakespearian flavour. We say, for instance, that the late Mr. Compton was a Clown after what we conceive to be the design and purpose of Shakespeare. He was a Shakespearian actor, dry, quaint, incisive, and pregnant with rich and oily sententiousness. He could play either part, the Clown or Malvolio, and in both he would be considered to have caught the Shakespearian essence. The same remarks could be applied to Mr. Phelps, and yet it would be scarcely possible to quote two actors more unlike either Mr. Compton or Mr. Phelps in voice, manner, or style, than Herr Puckert and Herr Teller. The tendency of all the strong comedy representatives is to overact, but the humour imparted is essentially German and foreign to our ideas. The old songs lose their charm. The Clown might be a peasant in a German beer garden, and he satisfies the ideal in neither voice nor movement. The best played parts were the Duke of Herr Nesper and the Viola of Fräulein Werner; but, although the acting all round was not of superlative merit, and the humour in the minor characters was a little forced, the same levelness of tone was observed as in ›Julius Caesar‹, the same conscientious effort, and there was no part, even of the smallest, so indifferently acted as to upset the balance and create confusion. It must not be supposed that the Meiningen company come over to England to teach us how to act. They come to show their appreciation for art universal, and Shakespeare in particular. With our scattered talent it would be, perhaps, difficult to give such a performance of ›Twelfth Night‹ off-hand; but with a few week's notice and a carefully selected company Shakespeare could be interpreted with quite as much liveliness and meaning. Everything that this company acts must necessarily be interesting, but it need not be considered that it is specially brilliant in any department, whether scenic or histrionic.

[WILLIAM ARCHER]

The German Plays. Julius Caesar and Twelfth Night
[1881]

It was plain, before Monday evening was half over, that the Meiningen Company must certainly be the dramatic sensation of the season. It will, no doubt, give rise to controversy as well as to admiration, but even from its severest critics it must command respect. As we had been led to anticipate, the form of theatrical art which it presents is novel to our stage. Novelty has always its bigotted opponents as well as its fanatical admirers. I do not propose, after so short experience, to commit myself to either party, but may confess at once to a decided leaning towards the latter.

In the case of so novel a performance, description is the most convenient method of criticism. The curtain rises upon the Roman Forum with a view towards the Capitol, a very striking and beautiful scene, realistic in its details down to the materials for the half-finished arch in the foreground. I must leave it to those better read in antiquities to identify the buildings and columns, which are, no doubt, exact reconstructions so far as exactitude can be attained. The scene is filled with a motley throng, whom the tribunes Flavius and Marullus disperse with bitter taunts. Already a peculiarity of stage-management is noticeable. The crowd does not remain *au deuxième plan,* acting as a background to the tribunes. On the contrary, Flavius and Marullus mix with it and elbow with it, sometimes almost hidden in its midst. It has all the uncertain fluctuations of an actual crowd. Its splendid drill produces the effect of absolute freedom from drill. There is, possibly, a little too much motion, or rather too much gesticulation, but even this I am not prepared to say with certainty. It may be required by the scenic perspective for the avoidance of tameness. Next, heralded by impressive trumpet-blasts, we have the entrance of Cæsar, surrounded by his lictors, his bodyguard with standards and trophies, and a troop of patricians. This is the first great stage-picture, and a magnificent one it is. Cæsar (Herr Richard) is a perfect embodiment of the great Dictator, and as he stands there gaunt and stately in his red robe and with a gilded wreath on his close-shorn head, speaking first to Mark Antony and then to the Soothsayer, one cannot help feeling that this is a realisation of an actual scene from the life of old Rome, such as has never hitherto been attempted. The procession passes on to the games of the Lupercalia, leaving Brutus and Cassius to their first great scene. In appearance they are perfect. Brutus (Herr Nesper) is the stately patrician to the life, and Herr Teller, as the »lean and hungry« Cassius, is a figure to be remembered for its grim picturesqueness. It is in a scene like this, however, that the criticism of a foreigner must be most guarded. My knowledge of German does not qualify me to give any opinion on the technical merits of the two artists, that is to say, upon their intonation, pronunciation, and general delivery. I know, however, that they spoke their speeches with perfect intelligence, that they were picturesque in attitude and bearing, and that their style was remote alike from tameness and from rant. They seemed to me to exemplify precisely that stately, or I should perhaps say heroic, style of acting which the characters and situation required. The same criticism applies also to the quarrel scene in the fourth act, where the quarrel, the reconciliation, and especially the announcement of Portia's death, struck me as quite admirable. I am prepared to hear them severely criticised as conventional and stilted, but to me it seemed that as a rule they attained the happy mean. To return, however, to the first act: Cæsar and his train again cross the stage, and then Casca gives Brutus and Cassius his account of the scene at the Lupercalia. Herr Kober as Casca seemed a little modern in appearance, but played very cleverly. And now came the first point to which serious objection is to be taken. The storm, during which Cassius, Casca, and Cinna plan the conspiracy, is preluded and accompanied by the sweeping of prismatic vapors across the background, very cleverly managed, but of dubious and disturbing effect. Indeed, it is by no means clear what their precise intention may be. If they are intended to represent natural mists, the illusion is far from complete. On the other hand, it struck me once or twice that they might be meant for the supernatural meteoric exhalations of that portentous night. If so, they are a mistake in art, for the supernatural elements of the »tempest dropping fire« should certainly be left to the imagination. The thunder and lightning are quite natural enough and effective enough to give the requisite amount of terror to the scene.

The *mise-en-scène* of the second act, which passes in Brutus' garden and Cæsar's house, though remarkably complete, is eclipsed by that of the first, third, and fifth acts. The most striking scene of this act is that between Brutus and Portia, in which the beautiful *plastik,* fine voice, and genuine power and feeling of Fräulein Haverland roused the audience to enthusiasm. The scene between Cæsar, Calpurnia (Frau Berg), and Decius Brutus (Herr Stoppenhagen) was also admirably played.

The third act is of course the crucial act of the play, and its two great scenes are managed by the Meiningers in a fashion both unique and admirable. The Curia of Pompeius is represented by an open hall with dark marble pillars in the foreground, and a wall richly inlaid with marble and porphyry in the background, in the centre of which stands »great Pompey's statua« with Cæsar's throne at its pedestal. To the right are grouped the populace, to the left, and around the curule chair, the senators. The picture is a splendid one, full of life and color, and yet by no means gaudy. The dramatic action, too, of the scene is admirably worked up. The fall of Cæsar is extremely impressive, the consternation of the populace is vivid and yet not overdone, and the effect is magnificent when the conspirators are left alone with the »bleeding piece of earth« that once was Cæsar crouched together on the steps of his throne. Two details struck me as capable of improvement. The swords of the conspirators, which are so frequently referred to as blood-stained, should surely not retain their obtrusive brightness after the murder; or, if it would be carrying realism to excess to stain them, they should at least be concealed from the audience. Again, during the long speech of Mark Antony's servant, the whole body of the conspirators seemed to me to pay him too exclusive attention. Cæsar's body lay absolutely unnoted the whole time. It would have heightened the reality of the scene if some of the conspirators had cast nervous glances over their shoulders at the piece of work they had done. But the typical scene of the production was undoubtedly the second scene in the Forum, with a view towards the Palatine Hill. It opens, of course, with the oration of Brutus, admirably delivered by Herr Nesper, which is followed by the famous speech of Mark Antony. And here it is that the Meiningen theory, if I may so call it, is best exemplified and tested. It must have been evident to all that Herr Barnay, while he delivered Antony's address with absolute mastery, did not extract from it such a great *personal* effect as some actors might have obtained. The reason was that he did not address himself to the imagination of the audience, but to the living and moving populace before him. As the scene would be presented under ordinary circumstances in England, with a conventional crowd merely to give the orator his cues as it were, we should be obliged, as far as possible, to put ourselves in the place of the crowd, and to consider Antony's appeals as addressed to us personally. The force of his oratory would reach us, not through the stage crowd but directly. We should feel his strokes of invective and pathos in our own imagination, and not through our senses. The elements of the scene would be two only – the actor and the audience – and the immediate effect of the former upon the latter would be greater. In developing the third element, as an intermediary between actor and audience, the Meiningers sacrifice something of this directness of appeal. It is rather by inference than by personal sensation or intuition that we recognise the power of Mark Antony's oratory. We see how it moves the crowd, and by an act must so move it. The distinction is a delicate one, and could no doubt be better expressed; but to understand it thoroughly the reader must have witnessed the scene and felt the difference for himself. In the question as to the judiciousness of this attempt to lessen the call made by theatrical art upon the imagination lies the whole question of the peculiar artistic merits of the Meiningen Company. I am not attempting to decide it – I am only stating it. It is certain that the Meiningers advance their side of the case with immense power. I am not prepared to say that their stage-management is absolutely perfect, or even that this scene attains the ideal at which it aims. It struck me, for one thing, that there was a superabundance of arms in the crowd. Perhaps it was the result of the costume, but I certainly have not noticed that in modern mass-meetings, the arm is such an overwhelmingly prominent limb. It is common to call the people the many-headed monster, but this crowd was a very Briareus. One or two other details might be capable of improvement; but, with all possible deductions, the fact remains that the scene is presented in a manner far surpassing anything of the kind as yet attempted in England. Indeed, I search my memory in vain for anything with which to compare it even for an instant.

One fact is plain, and may be stated at once, if only to clear the way for the proper discussion of the merits of this scene and others of its kind.

Shakespeare did not intend it to be played in this fashion, and never dreamt that it could be. His crowd is the conventional crowd, unanimous as Mr. Puff's, an embodiment of the people in the abstract. Had he even conceived the possibility of such a representation of the scene, he would have moulded it otherwise. The Meiningers have attempted to fit a play of Shakespeare »for a nineteenth-century audience« – with equal wisdom and success it seems to me; but that, I admit, is precisely the point to be decided.

The quarrel between Brutus and Cassius has been alluded to above. As an instance of the elaboration of detail with which everything is carried out, I may note that when the curtains of Brutus' tent are closed after Cassius' arrival, we catch a glimpse, just as they fall together, of the watch lying down for the night outside – one of those little touches which always add reality to a scene. Cæsar's ghost is admirably managed, with no trick beyond the arrangement of lights. Its disappearance might possibly be more neatly effected, but the whole episode is excellently arranged. The last act is even more difficult than the third to put on, and is made wonderfully effective. It is scarcely possible that the progress of a battle could be more vividly indicated to the senses and imagination of an audience. The actual skirmish upon the stage is bold and extremely telling, considering the difficulty of the problem; but it is the way in which the progress of the battle in the valley is indicated which specially deserves notice. The whole act forms, in point of acting, setting, and stage-management, a worthy conclusion to a quite unique and very noteworthy production.

The performance of »Twelfth Night« afforded a better opportunity than »Julius Cæsar« for testing the purely histrionic qualities of the company, which stood the test with all honor. The merits of the representation call for a much fuller analysis than I have space for. Suffice it to say that while all the parts were very efficiently filled, Olivia, Viola and Maria, Malvolio, Sir Toby, Sir Andrew, the Clown, and the Duke Orsino, were played with special excellence. Herr Gorner, who played Junker Christoph von Bleichenwang – the German representative of Sir Andrew Aguecheek – reminded me forcibly, in more than one passage, of the elder Coquelin. Herr Teller, evidently a most versatile artist, played the Clown in a manner interesting from its very difference from our ordinary stage conception of the Shakesperean fool. The dresses were very original and quaint, and the mounting complete, though not very rich. Altogether, the performance was, in its way, as interesting as its predecessor, though not so novel and remarkable.

Otto Brahm
Die Meininger
[1882]

I. Wallenstein

Als die Meininger im Frühjahr 1874 zuerst in Berlin erschienen, entspannen sich laute Fehden über die Berechtigung und die Fruchtbarkeit ihres »Prinzips«, Fehden, welche heute wieder aufzunehmen wohl auf keiner Seite gewünscht wird. Denn man hat allmählich erkannt, daß es mit dem sogenannten Prinzip nicht weit her ist und daß die besondere Art der Meininger weder ein absolutes Muster guter, noch ein absolutes Muster schlechter Schauspielkunst ist. Von dem Augenblicke an, wo man das Meiningertum als kanonisches Vorbild hinstellt, ist es zu bekämpfen; will man es als ein bloßes Ferment gelten lassen, so ist es uns willkommen. Das Meiningertum war ein Hecht im Karpfenteich deutscher Bühnenkunst – und es ist darum am freudigsten dort begrüßt worden, wo die Karpfen am wenigsten munter waren; daraus erklärt sich sein großer Erfolg in Berlin, sein geringer in Wien, wo Dingelstedt, ein Meininger vor den Meiningern, bereits seine Arbeit getan hatte.

Jedes Prinzip – um denn das gewichtige Wort für verhältnismäßig Unwichtiges zu gebrauchen – ein jedes Prinzip, einseitig gepflegt, führt zu Übertreibungen und Lächerlichkeiten. Es fehlte früher nicht, und es fehlt noch weniger jetzt bei den Meiningern an solchen Extravaganzen. Ihr Streben nach historischer »Echtheit« hat sie, im Einklang mit der allgemeineren naturalistischen Strömung dieser Tage, nur dahin gebracht, es für ein Großes zu halten, wenn sie nicht mehr die Abkürzungen der Wirklichkeit, die der Bühne genügen, sondern die Wirklichkeit selbst auf die Bühne bringen: ihre Schilde und Helme und Panzer rasseln genau so laut (vielleicht noch etwas lauter) als wirkliche Schilde und Panzer, ihre Türen sind nicht von Pappe, sondern von wahrhaftigem Holze, und fallen, sozusagen mit einem hörbaren Ruck, ins Schloß. Es ist im Grunde dieselbe Erscheinung, wie wenn der leibhaftige Rudolf Dressel bei einer Lustspielszene, die in seinem Lindenrestaurant spielt, über die Bühne des Wallnertheaters geht; es beruht auf derselben Vermischung von Wirklichkeit und Kunst, es macht das Nichtige zum Wichtigen, dieses wie jenes. Wenn diese Echtheit auch weiter keine üblen Folgen hätte als die unerträglich langen Pausen zwischen jeder Verwandlung, so wäre sie schon zu tadeln; ich will nicht fünf Minuten warten, um einen neuen Schrank zu sehen, wenn die Handlung weiter drängt und mich jeder Augenblick der Verzögerung schneller und schneller aus der Stimmung reißt. Schöne Schränke haben ihre Berechtigung und schöne Kamine auch, seien sie nun im echten oder im nachgemachten Renaissancestil; aber wenn »zu derselben Zeit irgendein notwendiger Punkt des Stückes zu erwägen ist«, so ist es eben so schlimm, wenn der Kamin, wie wenn der Narr mehr sagt, als in seiner Rolle steht – und ein neuer Hamlet müßte sich gegen das eine wie gegen das andere wenden.

Dieses Zuviel nicht an erster Stelle zu betonen war unmöglich gerade der Wallensteintrilogie gegenüber, die zu Kunststücken solcher Art gar so wenig herausfordert. Um so mehr ist es nun an der Zeit, auch der Vorzüge der Meiningischen Darstellungen zu gedenken, die sich namentlich an den drei Stellen offenbarten, wo sie ein jeder zum voraus gesucht hatte: im »Lager«, in der Bankettszene, in der Abschiedsszene des Max. Hatte das »Lager« im ganzen ein Übermaß der Unruhe und der überhasteten Beweglichkeit, so bot es doch im einzelnen der überraschenden Bilder genug: wie der betrügerische Bauer von der erregten Menge fast zertreten wird in schneller Lynchjustiz, wie der Kapziner sein Sprüchlein sagt und die Kürassiere das Promemoria anregen, das waren farbenprächtige Szenen voll Leben und Glanz. Unmittelbarer noch wirkte das Bild, welches der Bankettsaal bot mit seinen ineinander funkelnden Gläsern und Lichtern, seinem Schwirren und Klirren, seinem Durcheinanderspiel von Festesfreude und Verhängnis – und die Abschiedsszene des Max, welche besonders die Wucht der immer von neuem nachdrängenden Kürassiere, das unheilvolle Anschwellen des feindlichen Korps zu überzeugendstem Ausdruck brachte.

Das schauspielerische Fazit war am ersten Abend gering, am zweiten nicht groß. Weitaus die vortrefflichste Leistung bot Frl. Schanzer als Gräfin Terzky. Seit die Künstlerin das Berliner Nationaltheater verlassen hat, ist sie sehr bedeutend fortgeschritten; sie war die geistreichste Gräfin Terzky, die ich noch gesehen habe, und wußte sowohl ihre große Rede (im ersten Akt von »Wallensteins Tod«) mit Feuer und Schwung zu spielen, als auch in Szenen mit Max und Thekla, wo sie mehr zurücktrat, durch ihre vortreffliche mimische Beredsamkeit belebend zu wirken. Das empfand man umso dankbarer, als über dem Liebespaar selbst ein unentrinnbarer Bann süßlicher Langeweile lagerte; beide Darsteller waren wie in Milch getaucht. Unmöglich war der Darsteller des Questenberg; als er bemerkte: »Wenn's so steht, hab ich hier nichts mehr zu sagen«, lief ein allgemeines Ah der Erleichterung durch den Saal.

II. Julius Cäsar

Als nach dem dritten Akt von »Julius Cäsar« der Vorhang über der Forumszene gefallen war, über dem Tosen und Branden einer wildbewegten Menge, das rauh und häßlich, wie die Wirklichkeit, ans Ohr des Zuhörers drang, fortreißend, mit unwiderstehlicher Leidenschaft, gewaltig und echt – sagte ich bei mir: Da sieht man doch, was die Meininger können. Und als nach dem vierten Akt der Vorhang über der Zeltszene gefallen war, über den im schleppenden Tempo und leeren Pathos streitenden beiden Römern, über einen heiser krächzenden Brutus und einen in lauter Gedankenstrichen redenden Geist Cäsars – sagte ich bei mir: Da sieht man, was die Meininger nicht können. Höhepunkt und Abfall, Vorzüge und Mängel, was sie können und nicht können, folgte hier hart aufeinander. Was sie können: eine von allen Leidenschaften hin- und hergerissene, aufgestachelte, rasende, empörte Volksmasse vor uns hinstellen, so wahr in Ton und Gebärde, naturgetreu in Miene und Geste; was sie nicht können: einer Szene zu ihrem Recht verhelfen, die rein auf schauspielerische Wirkung gestellt ist und auf stark ausgeprägte künstlerische Individualitäten zählt, nicht auf Statisten. Es ist richtig: einen Auftritt, wie ihn der Schluß des dritten Aktes gewährt, so lebendig, so originell und von so unmittelbarer dramatischer Wirkung wird man kaum irgendwo sonst sehen können; und der Eindruck, welcher hier erreicht wird, wird dazu völlig im Geiste der Dichtung erzielt. Erst wenn wir diese Volksmenge in all ihrem Wankelmut sehen, stellt sich uns das ganze Wollen des Dichters und der welthistorische Prozeß in diesen Vorgängen lebendigst vor Augen. Wir erkennen den ehrlichen und unweltläufigen Idealismus des Brutus und die dämonische Aufwiegelungskunst des Demagogen Antonius; wir erkennen, wie dieses Volk, das jeder Windhauch regiert, reif ist für die Cäsarenherrschaft, und wie darum jene Träumer und Weltverbesserer untergehen müssen, welche sich dem unaufhaltbaren Lauf der Dinge entgegenstellen, dem Rad der Weltgeschichte in die Speichen fallen wollen. Und doch, indem die Inszenierung der Meininger diesen großartigen Höhepunkt mit all ihrer Kunst herausarbeitet, schädigt sie vielleicht den Eindruck des Gesamtwerkes. Um von einer Tatsache zu sprechen: nicht wenige, die aus früheren Vorstellungen der Meininger ihren »Cäsar« kannten, verließen gestern das Theater nach dem dritten Akt – nicht ohne Grund; denn was nun folgte, war ein starker Abfall. Daß hieran die Dichtung eine Hauptschuld trägt, wird niemand bestreiten, aber der andere Teil der Schuld liegt an den unzulänglichen

Einzeldarstellern, die nun vollends, gegenüber den eminenten Massenwirkungen, welche vorhergingen, arg ins Gedränge kamen. Kann aber das eine mustergültige Kunst sein, die den Genießenden vor die Wahl stellt, von einer Shakespeareschen Tragödie entweder einen Torso nur zu sehen oder ein jäh abfallendes, von stärkstem Licht in stärksten Schatten gleitendes Ganze? Und darum wird die vorbildliche Bedeutung der Meininger Aufführungen angezweifelt werden müssen. Sie sind in einigen Teilen reformatorisch, originell, wirksam, alles was man will; aber sie sind niemals mustergültig, niemals kanonisch.

Die neuen Dekorationen (in Cäsars Haus und im Kapitol) gewährten einen wundervollen Anblick; ob sie, wie den Zeitungen mitgeteilt wurde, historisch »echt« sind und mit wissenschaftlicher Treue auf den gegenwärtigen Stand der Forschung gebracht, bin ich leider außerstande zu entscheiden, da ich kein Professor der Archäologie bin. »Das Rätsel ist zu spitzig – ich will einen Gelehrten fragen.«

A. N. Ostrovskij

Einige Überlegungen und Urteile zur Meiningenschen Theatertruppe.

(Aus den Tagebüchern)

[1885]

26. März (1885).
Gestern sah ich die Meininger zum erstenmal. Ich wollte den ›Julius Cäsar‹ von Shakespeare sehen. Was ich aber tatsächlich erlebte, war weder Cäsar noch Shakespeare, sondern statt dessen eine ausgezeichnet gedrillte Truppe von mittelmäßigen Schauspielern und ekelhaft weinerlichen und sich zierenden Schauspielerinnen. Aber es lohnt sich, die Meininger Truppe zu sehen; ihre Aufführungen sind lehrreich. Ich werde sie noch zwei oder dreimal anschauen, und das wird genügen. Ich werde versuchen, meine Eindrücke zu ordnen, und dann meine Meinung über sie als Theatertruppe vorlegen. Nirgendwo können die Meininger ein gerechteres oder strengeres Urteil als bei dem Moskauer Publikum erwarten. Uns überrascht nichts; wir sahen die Moskauer Dramatische Gesellschaft, als sie auf der Höhe ihres Ruhmes stand; wir haben alle großen europäischen Theatertruppen gesehen und haben sie richtig eingeschätzt.

5. April.

Dies ist mein Urteil über die Meininger. Ihr Spiel gibt einem nicht jenen gänzlich befriedigenden Eindruck, den man von einem künstlerisch vollkommenen Werk erhält. Was wir sahen, war keine Kunst, sondern Können – d. h. Kunsthandwerk. Das sind nicht die Dramen Shakespeares oder Schillers, sondern eine Reihe lebendiger Szenen aus diesen Dramen. Immerhin, während der Aufführung macht dies einen angenehmen und starken Eindruck: von der Schlußszene des dritten Aktes von ›Julius Cäsar‹, von ›Wallensteins Lager‹ und von dem Fest bei Terzky war ich plötzlich mitgerissen und begeistert.

Sobald ich aber dazu komme, diesen Eindruck zu analysieren, stelle ich fest, daß er nur wenig stärker ist als derjenige, der von den präzisen Bewegungen gut gedrillter Truppen bei der Parade oder der von einem gut geführten, leichten Corps de ballet hervorgerufen wird. Die Gewissenhaftigkeit und zugleich Leichtigkeit und Anmut bei der Ausführung von Befehlen fand ich faszinierend. Der Regisseur, Chronegk, ist offensichtlich ein Mann von Bildung und Geschmack – aber gerade darin liegt einer der Mängel der Meiningenschen Truppe: daß die Hand des Regisseurs überall mit im Spiel ist. Es fällt auf, daß sogar die Schauspieler in den Hauptrollen nach Befehlen und nach einem Plan spielen. Da es aber nicht möglich ist, durch Befehle den Schauspielern das, was für Hauptdarsteller unerläßlich ist, nämlich Talent und Gefühl zu vermitteln, so werden die Hauptdarsteller blasser und bedeutungsloser als die Komparserie, ja niedriger als diese. Das ist durchaus verständlich; denn von der Komparserie wird lediglich eine *äußere* Wahrheit verlangt, während die Hauptdarsteller eine *innere* Wahrheit auszudrücken haben, was nicht leicht ist. Um gleichzeitig sowohl der inneren als auch der äußeren Wahrheit gerecht zu werden, muß der Schauspieler die Fähigkeit besitzen, seine Rolle zu verstehen; er braucht Talent, entsprechende körperliche Fähigkeiten und die richtige Ausbildung. Was die Hauptdarsteller bei den Meiningern betrifft: die Männer sind schlecht, die Damen taugen überhaupt nichts. Die hervorragende Rede, die Shakespeare Antonius in den Mund legt, kam wegen dem schwachen Vortrag des betreffenden Schauspielers nicht zur Geltung, während die gut gedrillte Menge darauf reagierte, als ob sie mit großer Kraft und mit großem Gefühl vorgetragen worden wäre.

Ich beobachtete die Meiningenschen Schauspieler gewissenhaft und versuchte all ihre Vorzüge festzustellen; zugleich beobachtete ich die

Zuschauer, um zu erfahren, was für Auswirkungen der eine oder der andere Vorzug hervorrief.

Bei den Meiningern gab es viel Vorzügliches. Erstens, die Gruppierungen auf der Bühne waren gut – sowohl in den Tableaus als auch in den Szenen, wo es Handlung gab. Wenn die Menge still war, wurde sie nicht zu einer beweglosen, ununterscheidbaren Masse, die die Zuschauer mit hundert Augen anstarrte. Die Menge war sehr schön und natürlich in Gruppen aufgeteilt. Wo sie handelte, war die Menge noch besser. Die Römer, die während der Reden von Brutus und Antonius auf dem Platz standen, habe ich schon erwähnt. Die Menge war lebendig, aufgeregt, zornig, und sie gewann bei den Zuschauern viel größere Aufmerksamkeit als die Rede des Antonius. Der Kampf im letzten Akt des ›Julius Cäsar‹ war auch ausgezeichnet: Soldaten mit verschiedenen Waffen klettern einen Abhang hinunter und in eine Schlucht hinein – das ist alles ehr reizvoll und natürlich; dann gehen sie in eine Baumgruppe, dort beginnt der Kampf, und man hört den Waffenlärm. Die Soldaten ziehen sich zurück, so daß sie auf der Bühne kämpfen und zwar so energisch, daß sie aus ihren Schwertern Funken schlagen, und Verwundete und Getroffene zu Boden fallen. – Ein Schauder durchläuft die Zuschauer, die Damen wenden sich weg oder decken sich die Augen mit den Händen.

Über ›Wallensteins Lager‹ ist weiter nichts zu sagen; alles ist völlig natürlich: die Stellung der verschiedenen Gruppierungen auf der Bühne ist richtig; einige liegen, einige stopfen ihre Kleider – und keiner steht dem anderen irgendwo im Wege. Aber das Fest bei Terzky ist mehr als vollkommen, niemals habe ich etwas dergleichen gesehen, und nie hätte ich so etwas für möglich gehalten.

Zweitens: die Meininger beherrschen Beleuchtung und szenische Effekte auf eine erstaunliche Weise; vorüberziehende Wolken, schräg fallender Regen, Blitze und Mondschein – alles wird äußerst geschickt und wirkungsvoll gehandhabt; zum Beispiel im Garten des Brutus dringt der Mondschein durch den dunklen Schatten der Bäume hindurch und fällt auf die weiße Marmorbank, so daß diese sich gegen das Dunkelgrün des Gartens sehr natürlich und wirkungsvoll abhebt. Das Erscheinen des Schatten Cäsars im Zelt des Brutus ruft bei den Zuschauern einen Schauder hervor.

Alle diese Theatereffekte erscheinen uns natürlich seltsam. Wir sollten aber den Meiningern nicht deswegen besonderes Lob zuerteilen, denn das würde sie beleidigen, und so sollte es in jedem gut geführten Theater sein, wo die Verantwortlichen auch nur die leiseste Ahnung davon haben, was sie überhaupt machen. Es sollte selbstverständlich sein, daß die am Theater Angestellten Meister ihres Faches sind; daß die Beleuchter, die Maschinisten u. a. aufs genaueste ihre Aufgaben erfüllt haben. Es handelt sich bei den gezeigten Effekten keineswegs um besonders ausgeklügelte Bühneneffekte; alles wird von einfachen Handwerkern getan; das Imponierende dabei liegt darin, daß diese ihre Pflichten mit Aufmerksamkeit und Gewissenhaftigkeit erfüllt haben, d. h. sie haben ihr Geld nicht umsonst verdient, wie es in unserem Theater ständig der Fall ist; die erschütternde Wirkung der Erscheinung des Schatten Cäsars wurde einzig und allein durch die Genauigkeit erzielt, mit der der Deutsche den Scheinwerfer auf das Gesicht Cäsars richtete.

Drittens: die Meiningensche Truppe hatte gute Dekorationen und Möbel – aber alles, was an der Dekoration wie auch an den Requisiten hervorragend war, ist schon in der Presse genügend beschrieben worden – dazu ist weiter nichts zu sagen; darüber zu sprechen wäre ärgerlich.

Angesichts der ungeheuren Summen, die wir bei der Inszenierung von Dramen ausgeben, könnten wir alles doppelt so gut wie die Meininger haben. Wenden wir uns nun dem zu, worüber die Zeitungen nicht berichten, d. h. überflüssige Pedanterie der Meininger Inszenierungen. Genaue Kopien des Standbildes des Pompeius, genaue Kopien römischer Urnen, die zum Ausgießen von Wein verwendet werden – darauf kann die Bühne verzichten. Exakte Nachahmungen antiker Gegenstände wissen nur Antiquitätenkenner zu schätzen, und vom Parkett aus wird man auch kaum imstande sein, solche präzisen Details in so kleinen Gegenständen, wie es Urnen sind, zu erkennen. Dem Zuschauer genügt es völlig, wenn das Äußere der Zeit und dem Ort entspricht. In dieser Situation wird Genauigkeit zur Pedanterie. In der Meininger Inszenierung ist Julius Cäsar selbst ein Teil der Requisiten. Höchst frappierend war der erste Auftritt Cäsars vor der Menge auf dem Forum, wo er umgeben von Liktoren erscheint; die Ähnlichkeit war überraschend; es war, als ob ein Bild Cäsars lebendig geworden wäre. Aber sobald er anfing zu reden, und danach für den Verlauf des ganzen Dramas, glich dieser müde, leidenschafts- und lebenslose Schauspieler eher einem äußerst unbegabten, trockenen Schulmeister als dem mächtigen Cäsar.

Chronegk versuchte sich dadurch zu rechtfertigen, indem er sagte, es sei nicht möglich gewesen einen begabten Schauspieler zu finden, der zugleich wie Cäsar aussah, und man habe keinen, der ihm nicht glich, wählen wollen, weil das Aussehen Cäsars durch Abbildungen allen so bekannt sei; man habe deswegen jemanden vorgezogen, der wie er aussah. In Deutschland mag das gut sein, in Rußland aber gehört sich das in keiner Weise. Chronegk hat vergessen, daß er nicht der Leiter eines Wachsfigurenkabinetts ist – daß es nicht um die Ausstellung von tableaux vivants geht – daß sie auch nicht römische Geschichte spielen – sondern Shakespeare und daß sein ›Julius Cäsar‹ ohne Talent nicht gespielt werden kann.

Wenden wir uns nun der Bühne ab und dem Parkett und den Logen zu. Obwohl das Moskauer Publikum auf das, was die Meininger gut machten, nicht einheitlich reagierte, lief es im Endeffekt darauf hinaus. Der intellektuelle Teil der Zuschauer verstand sofort, was diese Truppe konnte, während die Mehrheit, d. h. die wohlhabenden Kaufmänner, dessen erst später bewußt wurden. Zunächst wurden diese Zuschauer durch die äußere Aufmachung beeindruckt, wozu die Ankündigungen in der Presse wesentlich beigetragen haben. Nach den ersten Aufführungen konnte man nichts hören als: ›Die Statue des Pompejus ist echt, das sind wirkliche Tassen, aus welchen sie trinken – die Säule des Senatsgebäudes sind plastisch und nicht bloß auf der Szene gemalt. Cäsar und der Schauspieler gleichen sich wie ein Ei dem anderen‹ – dieser Realismus beeindruckte nur den reichen und ungebildeten Teil der Zuschauer – aber dadurch ließen sie sich weder ablenken noch bedrücken. Sobald sie die Ähnlichkeit des Schauspielers mit Cäsar zur Kenntnis genommen hatten, genügte das; vielleicht würden sie noch fünf Jahre darüber reden. Dann hörte man andere Bemerkungen. Nachdem sie ›Die Piccolomini‹ und ›Wallensteins Lager‹ gesehen hatten, begannen sie zu sagen: ›Es würde sich lohnen, dieses Stück nochmals zu sehen‹; während andere sagten: ›Ich werde jedesmal ins Theater kommen, wenn sie dieses Stück geben.‹ Die Zuschauer waren von der meisterhaften Regie der Volksszenen wie auch von dem Leben der Menge auf der Bühne, das hervorragend in Szene gesetzt und gespielt wurde, sehr angetan. Diese Szenen wurden vom Regisseur inszeniert – aber wer hat sie gespielt? Wer stellte die römischen Bürger, die zerlumpten Kroaten und die tapferen Korsaren dar? Hat das Meiningensche Theater 200 Statisten hierhergebracht? Keineswegs – es hat nur sieben Statisten – der Rest bestand aus unseren Soldaten.

Welche Lehre für das russische Theater kann ein vernünftiger Mensch aus dem Erfolg der Meiningenschen Truppe ziehen? Folgende: da die Meininger hauptsächlich ihrem ausgezeichneten Regisseur, Chronegk und dem einfachen russischen Soldaten ihren Erfolg zu verdanken haben, bedarf ein Schauspiel, um erfolgreich zu sein, eines vielseitig gebildeten

Regisseurs und gut ausgebildeter Schauspieler. Dagegen wird man einwenden: ›Es waren aber Soldaten und keine Schauspieler‹. Das macht keinen Unterschied: ein gut geübter Soldat ist provinziellen und nichtberuflichen Schauspielern immer überlegen. Der Soldat ist ausgebildet, gedrillt, er ist gewohnt, bei Vorbeimärschen und Paraden vor dem Publikum und vor dem Generalstab bestimmte Bewegungen ruhig auszuführen. Ein Soldat führt auf der Bühne eine gelernte Geste mit Genauigkeit und Selbstbewußtsein aus. Aber der Amateurschauspieler tut auf der Bühne gar nichts; schmerzlich, mit einer fürchterlichen Grimasse und einer den Zuschauern sichtbaren Verlegenheit, sieht er auf seine Füsse und Hände, die ihm nicht gehorchen wollen. Großangelegte historische Dramen, wo eine sich bewegende Masse gebraucht wird, sollten deshalb durch ein Corps de ballet und Soldaten gespielt werden, dann wird die Menge ins Leben kommen. Hier in Moskau haben wir jedoch ein ganzes Regiment von unbegabten und ungeschickten Pfuscher ins Theater zusammengepfercht, die auf der Bühne in Schwierigkeiten geraten und einen unglückseligen und bei weitem nicht ästhetischen Eindruck hervorrufen; dafür bekommen sie einen Gehalt und, als ob das nicht schon schlimm genug war, erhalten sie sogar den Rang von Künstlern des Kaiserlichen Theaters. Man könnte darüber in Tränen ausbrechen. Diese Amateurschauspieler sollte man weder für Geld noch umsonst auf die Kaiserliche Bühne treten lassen. Chronegk geriet über die bühnenkünstlerische Begabung der Russen in Begeisterung; er sagte: ›Wenn eure Soldaten so sind, wie müssen dann erst eure Schauspieler sein!‹ Nur ein Gefühl des Patriotismus hat es verhindert, daß man ihm sagte: nach dem Schließen unserer Schauspielschulen wurden unsere Soldaten besser als unsere Schauspieler.

Es wird jetzt interessant sein, genau festzustellen, was die Direktion der Kaiserlichen Bühnen von der Meiningenschen Truppe übernimmt. Ich glaube das folgende: In ›Julius Cäsar‹ hatten die Meininger plastische Säulen und in den ›Piccolomini‹ hingen wirklich geschnitzte Türen halboffen im Szenenbild. Auch wir sollten dies übernehmen und in unseren Inszenierungen anwenden – auch wenn sie mittelmäßig sind. Die Meininger machen einen guten Sturm, mit Blitz, schnell vorüberziehenden Wolken und strömendem Regen; das sollten wir auch übernehmen. All diese Wunder werden mit Hilfe von Zauberlaternen hergestellt – wohlan denn und eine Zauberlaterne hierher!

Aber die Direktion weiß nicht, daß die Zauberlaterne, die für die Meininger solche Wunder erzeugt, sechzig Mark kostete, sondern sie läßt sich betrügen und bezahlt etwa 1000 Rubel für eine Laterne, die nicht einmal funktioniert. Daraus folgt, daß es der Direktion nicht erlaubt sein sollte, die Meininger nachzuahmen. Die Kunst wird dabei gar nicht profitieren, und die Kosten, die schon ungeheuer sind, werden sich verdoppeln. Ehe wir bei der Aufführung von Schauspielen große Summen ausgeben, sollten wir sie richtig spielen können. Zu diesem Zwecke sollte die Direktion die alte, ohne große Kosten zu unterhaltende Schauspielschule wieder einrichten, sie sollte fähige Verwalter und Regisseure einstellen, ihre Stücke sorgfältig proben lassen, und die Aufführungen streng kontrollieren. Dann wird das Niveau an den Kaiserlichen Theatern sofort steigen – bei normalen, keineswegs übertriebenen Kosten. Es ist besser, wenig Geld und noch dazu nützlich als viel Geld aber ohne Nutzen auszugeben. Aber das hätten wir ohne die Anwesenheit der Meiningenschen Truppe feststellen können.

Otto Brahm

Die Jungfrau von Orleans der Meininger
[1887]

»Das Mädchen von Orleans läßt sich in keinen so engen Schnürleib einzwängen als die Maria Stuart. Es wird zwar an Umfang kleiner sein als dies letzte Stück; aber die dramatische Handlung hat einen größeren Umfang und bewegt sich mit größerer Kühnheit und Freiheit. Jeder Stoff will sein eigene Form, und die Kunst besteht darin, die ihm anpassende zu finden. Poetisch ist der Stoff in vorzüglichem Grade, so nämlich, wie ich mir ihn ausgedacht habe, und in hohem Grade rührend. Mir ist aber angst vor der Ausführung, eben weil ich sehr viel darauf halte und in Furcht bin, meine eigene Idee nicht erreichen zu können.«

Schiller stand im Beginn seiner Arbeit an der »Jungfrau«, als er seinem treuen Körner diese Auseinandersetzung gab; und das vollendete Werk läßt uns beides: die Reinheit der ursprünglichen Intention und ihre nicht völlig geglückte dramatische Formgebung erkennen. An einem doppelten Zwiespalt leidet diese »romantische Tragödie«: der Abstand zwischen der fesselnden Gestalt der Heldin und der kühlen Staatsaktion, welche sich um sie herum bewegt, ist der eine; der andere liegt in der schwankenden Behandlung Johannens selbst, deren Tun der Dichter bald mit feinen

Zügen historisch und psychologisch zu erklären sucht, bald in das Gebiet des Übernatürlichen frei entrückt. Die drei Donnerschläge vor der Kathedrale bezeichnen nach der Seite des Wunderbaren hin das stärkste Moment: aber Schiller selbst heißt sie einen Deus ex machina, und wenn er diese Szene »sehr theatralisch« nennt, so weist er unwillkürlich auf ihre Vorzüge wie auf ihre Schwäche hin; theatralisch wirkt sie, nicht weil der Dichter Effekte allzu begierig heraustreibt, sondern weil die Einheit der Stimmung nicht aufkommen will, in der allein das Märchenhafte lebt.

Nur eine vornehme Inszenierungskunst kann unter so beschaffenen Umständen die Dichtung in ihrer ursprünglichen Intention sicher auffassen. Wie populär das Werk auch geworden ist, die Tradition seiner Bühnendarstellung hat sich von der Absicht des Dichters weit entfernt; wenn nur eine Schauspielerin recht hoch gewachsen ist, wenn sie eine Neigung zum Amazonenhaften zeigt, so halten unsere Theaterleiter sie für die geborene Johanna d'Arc. Es ist das entschiedene Verdienst der Meiningischen Gesellschaft, mit dieser Auffassung durch ihre jüngste Darstellung gebrochen zu haben: ihre Johanna ist der Absicht des Dichters gemäß das kindlich-reine, schwärmerische, naive Wesen, das uns rührt gerade durch den Kontrast zwischen seiner Erscheinung und seiner Sendung; Das Mannweib Isabeau in der Rüstung zu sehen, nimmt nicht wunder, aber erstaunt fragt das Volk vor Johanna: »Was will die zarte Jungfrau unter Waffen?« Aus dieser Auffassung heraus hat die Meiningische Regie die Rolle Frl. Lindner zugeteilt, und der Erfolg hat ihr recht gegeben: Johanna wirkte so, wie der Dichter es dem noch ungeborenen Werke gegenüber empfunden hatte: poetisch, rührend.

Von der Darstellung der Meininger, nicht von ihren Kostümen und Dekorationen, so gelungen diese auch waren, haben wir heute ausgehen müssen, und wir freuen uns dieses Umstandes. Es mochte in den letzten Jahren scheinen, als ob das Beiwerk der Inszenierung hier über das Wesentliche siegen wolle; aber gleich im Beginn ihres gegenwärtigen Gastspiels haben die Meininger so glücklich die Erinnerung an ihr erstes Erscheinen erneut, daß wir von seiner Fortsetzung auch fernerhin die erfreulichste Anregung erwarten dürfen. Als die Gesellschaft vor zwei Jahren zuletzt nach Berlin kam, stand das Deutsche Theater auf der Höhe seiner Erfolge, während die Gäste im Rückgang begriffen erschienen; heute, wo sie unter veränderten Umständen zurückkehren, in einem Augenblick, da auch die Berliner Bühnenverhältnisse einem mannigfachen Wandel entgegengehen, können sie nur fruchtbar auf unser Theaterleben wirken. Und schon diese erste Darstellung hat gezeigt, daß die

Feinheit, mit welcher dichterische Intentionen hier erfaßt, der Geschmack, mit welchem sie gestaltet werden, die näheren wie die ferneren Freunde der Bühnenkunst gleich lebhaft anzuziehen vermag.

GUSTAVE FRÉDÉRIX

Jules César, tragédie de Shakspeare, jouée par la troupe du duc de Saxe-Meiningen
[1888]

Le *Jules César* de Shakspeare est un drame sévère, sans femme, et partant sans amour. Il n'y a guère que deux scènes féminines: celle de Portia voulant connaître, par anxiété d'épouse étroitement unie à son mari, les secrets de Brutus, et celle de Calphurnia essayant d'empêcher César d'aller au Sénat, le jour des Ides de mars. Il faut trouver son émotion dans les scènes historiques, dans les effets de théâtre que Shakspeare a pu tirer du récit de Plutarque. Car la pièce le suit pas à pas, ce récit de Plutarque. Mais Shakspeare, comme l'a dit Schlegel, sait découvrir le point de vue poétique pour chacun des phénomènes du passé; sans rien changer à une action, il la sépare de la chaîne immense des événements écoulés et lui donne de l'unité et du relief.

Un drame strictement historique, devenant, par le génie de son auteur, un drame de caractère, où passions nobles et rouries savantes de personnages fameux sont pénétrées, peut être une grande œuvre, mais bien peu variée et touchante. L'intérêt y sera dans cette vision du passé, que Shakspeare avait par illumination de génie, lui qui n'était pas érudit, qui n'avait pas lu Niebuhr, ni Mommsen, ni M. Duruy. Et de même, l'intérêt de l'interprétation du *Jules César* sera dans la restitution du cadre et des accessoires de ces scènes historiques, dans ce qu'on aura rendu des mouvements de la foule et des agitations de la vie romaine.

Voilà ce qui peut attirer aux représentations de la troupe du duc de Saxe-Meiningen les auditeurs inaptes à comprendre la belle traduction allemande de Schlegel. Il paraît que cette traduction est un modèle de fidélité, et Henri Heine, si cruellement railleur pour les ridicules personnels et les mérites poétiques des deux Schlegel, vante l'habileté suprême de traducteur de celui qu'il persifle comme écrivain, comme critique, comme ami et inspirateur de Mme de Staël. Les auditeurs allemands pourront reconnaître une diction tragique, ou harmonieuse, ou vraie à ces acteurs allemands. Mais nous, profanes, très humiliés de ne saisir de cette puissante langue germanique que des bruits rudes, nous nous bornerons à juger des attitudes, des jeux de physionomie et de la façon dont les masses prennent part à l'action. Du reste, quelques admirateurs convaincus du théâtre allemand en général et des Meininger en particulier font bon marché de la diction allemande, dont ils savent la naïveté violente et la chanson fausse.

Le traducteur de Shakspeare, Auguste Schlegel, s'est occupé, dans son Cours de littérature dramatique, de la déclamation tragique en France. Et après avoir reconnu qu'il serait difficile de surpasser les bons acteurs français, il prétend cependant que la déclamation tragique »oscille en France entre deux extrêmes opposés: entre une dignité compassée et une violence désordonnée«. On dirait que cette appréciation est faite précisément pour les acteurs allemands, sauf que leur violence, quelque furieuse qu'elle soit, garde de l'ordre. La dignité est très compassée, en effet, et les éclats, les élans vous donnent l'impression qu'une discipline méticuleuse a réglé tout cela.

L'Allemagne est très laborieuse, très énergique, et elle perfectionne incessamment toutes ses sortes d'instruments: l'instrument militaire, dont elle a fait une merveilleuse mécanique, et ses instruments d'art, de théâtre, qui sont devenus aussi des instruments à aiguille, se chargeant par la culasse, se prêtant à toutes les transformations, ayant une portée et des effets tout nouveaux. Louons-la grandement de son application, de son ingéniosité, de sa force patiente. Mais elle invente moins en matière de théâtre qu'elle ne met en œuvre, avec sa conscience qui touche à tout, et qui dédaignerait d'y toucher légèrement. Ceux qui lui veulent attribuer le premier rang pour les créations et les réformes du théâtre s'exposent aux moqueries du plus grand poète allemand, de cet impitoyable Heine qui s'amusait tant des prétentions de Schlegel et de la confiance de ses lecteurs: »Nous vîmes avec joie et orgueil, dit Heine, notre belliqueux compatriote démontrer aux Français que toute leur littérature classique ne vaut rien, que Molière est un bouffon et un farceur, et non pas un poète; que Racine a également bien peu de valeur, et qu'en revanche nous autres Allemands, nous sommes incontestablement les dieux du Parnasse.« L'ironie de Heine trouverait encore à s'exercer aujourd'hui. Mais qui l'oserait? Et qui a hérité de l'esprit et de la vivacité sarcastique de l'auteur des *Reisebilder?*

Nous avons l'air de tourner autour de cette première représentation des

Meininger, en évitant d'en parler. C'est que, tout en étant frappé de cette mise en scène, de tant de science, d'une si curieuse discipline, d'effets si ingénieux, nous n'avons pas eu l'impression d'art saisissante, originale, qu'on nous annonçait. Tout a été prévu, réglé, combiné d'après les documents authentiques ou le texte du poète. La figure et le corps des acteurs répondent à ce qu'on sait des Romains qu'ils représentent. On a un Cassius suffisamment maigre, et un Antoine suffisamment gras, pour justifier ce que Shakspeare fait dire à César: »Je veux près de moi des hommes gras, des hommes à la face luisante et qui dorment les nuits; ce Cassius, là-bas, a l'air maigre et famélique: il pense trop. De tels hommes sont dangereux.« Les comparses agissent et jouent leur personnage en conscience. Tous les ustensiles pourraient être des objets de musée, s'ils n'étaient pas imités. Les décors reproduisent les édifices de la Rome de César. Mais vous avez beau dire, avec toutes ces vérités-là, vous n'avez ni la vérité tragique ni la vérité romaine. »Ça sent le romain, ici,« disait gaiement l'archéologue de *la Grammaire* de Labiche. Eh bien! les Meininger, ça ne sent pas le romain. C'est romain, en tous ses détails, c'est scrupuleux, et cela reste allemand. Cela sent l'université et la caserne allemandes, c'est plein de science avec un noble souci d'art, et on y retrouve l'influence de cours bien donnés et d'une *landwehr* bien exercée.

Du reste, la dernière partie du *Jules César:* les plaines de Philippes et le champ de bataille, ne peut produire qu'une mise en scène très naïve. Les combats sur le théâtre, les grands coups d'épée sur les boucliers, avec sonorités de casseroles, ne parviendront jamais à se faire prendre plus au sérieux, que les anciens combats à »l'hache« de l'ancien Cirque. Toute cette figuration belliqueuse est forcément ridicule. Les récits de la tragédie classique, dont on s'est tant moqué, pouvaient donner, par la grandeur, par l'éclat des images, la vision de ces tueries. On s'adressait à l'imagination, et l'imagination, quand elle est frappée, voit tous les spectacles qu'on évoque. Mais vouloir nous procurer l'illusion d'une vraie bataille avec de pauvres comparses dont on a très patiemment marqué les entrées, les coups et les chutes, cela semble être d'un art très raffiné, et c'est d'un art enfantin. On se donne un mal énorme, avec un sérieux très louable, pour n'arriver qu'à des effets plaisants.

Les scènes qui nous montrent les mouvements de la foule, le groupement des conjurés, la séance du Sénat, l'effarement, la disparition des sénateurs après le meurtre de César, et surtout les impressions tumultueuses du peuple romain au Forum, d'abord acclamant Brutus, et puis retourné, enfiévré par la feinte douleur et les merveilleuses insinuations d'Antoine, tout cela est réglé et développé avec beaucoup de science. C'est plus agité que vivant; on voit beaucoup de bras levés, dont les mouvements semblent plutôt des exercices hygiéniques que des signes passionnés.

Et des figurants, au premier plan, multiplient des gestes excessifs en ayant l'air d'échanger des paroles qu'ils ne se disent évidemment pas et qu'ils n'auraient pas le temps de se dire. Les cris non plus ne vous donnent pas la sensation d'être des vrais cris de foule. C'est véhément avec tranquillité.

Mais qu'est-ce que cela prouve, sinon que cette vérité des mouvements et des exclamations d'un peuple est impossible à obtenir de comparses, même d'artistes véritables qu'on engagerait pour ce modeste office? Et c'est la moins intéressante des vérités qu'on puisse demander au théâtre.

La passion d'un certain homme et la passion d'une certaine femme, voilà qui aura toujours action sur nous, mille fois plus d'action que toutes les passions collectives.

N'en rendons pas moins justice aux Meininger, à la direction éclairée qui les anime, à la très haute ambition artistique qui a pu composer et mener à bien de pareils spectacles, à l'effort, à la conscience obstinés de tous ces artistes, qui servent l'art, comme on sert son pays, par le même sentiment du devoir. Les tons des décors, qui resemblent parfois à des papiers peints, et leur absence de perspective peuvent paraître désagréablement primitifs, la diction des acteurs peut sembler bien gauche, même les scènes populaires peuvent ne pas produire tous les effets de réalité qu'on nous annonçait. Mais, cependant, l'ensemble est extrêmement curieux. On a dépensé beaucoup de travail, une intelligence très déliée, un souci très méticuleux dans les moindres détails de ces représentations.

N. N.

Les Meininger

[1888]

Ceux de nos compatriotes qui étendent, en matière de théâtre le domaine de leur attention au delà des récents succès du Vaudeville et de la dernière création de M. Coquelin, avaient ouï parler de cette compagnie d'élite, réunie par la fantaisie magnifique d'un prince, et qui, là-bas, dans la petite ville ducale, isolée comme en un sanctuaire d'art, garde fidèlement, au milieu de la débâcle universelle du théâtre, le culte de la Tragédie. Ils en avaient ouï parler par des voyageurs revenus émerveillés, par ceux qui, lassés de l'écœurante banalité des spectacles quotidiens, subissent l'impérieuse nécessité de se retremper, de temps en temps, aux sources vives des grandes émotions artistiques et s'en vont, en pieux pèlerinage, écouter Wagner à Bayreuth, Shakespeare au Lyceum-Theatre et Schiller à Meiningen. Mais jusqu'ici, ces jouissances étaient demeurées l'apanage exclusif de quelques élus. Le théâtre de Meiningen n'est jamais sorti du territoire germanique; Irving se garde, avec un souci jaloux, à ses compatriotes, et l'interprétation honorable des Maîtres-Chanteurs et de la Walkyrie sur la scène de la Monnaie n'a pas fait soupçonner l'admirable ensemble auquel sont arrivés, en ces dernières années, les artistes de Bayreuth.

Voici la troupe de Meiningen à Bruxelles, et pour tous ceux que n'aveugle pas un parti-pris étroit ou le plus détestable esprit de dénigrement, les impressions ressenties en ces premières soirées sont ineffaçables. C'est la première fois qu'on assiste, en Belgique, à l'interpretation intégrale, respectueuse, minutieusement artistique du théâtre de Shakespeare et de Schiller, mis en scène non pour faire valoir le mérite de tel tragédien ou de telle actrice, mais dans le seul but de représenter l'œuvre, ainsi qu'elle a été conçue, en exprimant scrupuleusement, fervemment, les moindres intentions du poète.

Nul d'entre nous n'a perdu le souvenir des prodigieuses soirées où Rossi, et plus tard Salvini, avec un art d'une pénétration rare, ont évoqué les figures légendaires d'Hamlet, d'Othello, de Macbeth, du Roi Lear. Mais c'était Rossi, c'était Salvini dont la voix et le geste emplissaient la scène, tandis que les autres acteurs du drame, comme des comparses, s'effaçaient aux arrière-plans. Ces représentations émouvantes déplaçaient l'intérêt, par un phénomène analogue à celui que produit l'interprétation d'une œuvre lyrique par quelque chanteur fameux. C'est l'artiste, et non la partition qu'involontairement on applaudit. Et pour mieux encore se mettre en relief, le tragédien ainsi en vedette a-t-il coutume de composer savamment le remplissage destiné à lui servir de toile de fond. Qu'on se rappelle les troupes qui, d'ordinaire, accompagnent dans leurs tournées les étoiles de première grandeur (inutile de les citer; leurs noms viennent tout naturellement à l'esprit), ces troupes qui font dire aux naïfs: »Quel dommage que les rôles accessoires ne soient pas à la hauteur du personnage principal!« Rossi lui-même, qui incarnait le génie de l'acteur tragique, n'a pas échappé à la faiblesse de s'entourer de médiocres.

A Meiningen, dans une pensée artistique qu'on ne saurait assez louer, on s'inspire d'un principe diamétralement opposé. Les rôles épisodiques sont tenus avec autant de soin que les rôles de premier plan, par des acteurs de mérite égal. Ou plutôt il n'y a plus de distinction entre les rôles épisodiques et les autres: tous les personnages mis en scène, tous, jusqu'au dernier figurant, contribuent à l'impression d'ensemble, et récitent ou miment leurs rôles avec la même conviction que s'ils étaient le pivot de l'action, avec la même ardeur, avec le même souci de donner aux spectateurs une illusion absolue.

Le meurtre de César, l'agitation de la foule, secouée par les discours contradictoires de Brutus et d'Antoine au Forum, l'entrée de Jeanne d'Arc et de Charles VII dans la cathédrale de Reims sont, pour ne citer que les spectacles auxquels nous avons assisté jusqu'ici, des exemples de ce qu'on peut obtenir d'artistes pénétrés de la mission artistique qui leur est confiée. Les rumeurs grondantes du peuple romain, son attention à suivre les paroles des orateurs à la tribune, la mobilité de ses impressions, ont été exprimées à miracle.

Ce n'était plus un accompagnement quelconque destiné à soutenir et à faire ressortir l'acteur en scène, ainsi que dans les opéras l'orchestre plaque sur les roucoulements du ténor quelques accords de guitare: c'était, comme l'a voulu Shakespeare, un acteur nouveau, farouche, formidable, jaillissant violemment au premier plan, – la foule, telle qu'on la voit, en ses colères ou en ses manifestations triomphales, quand l'excite quelque passion intense.

A la voix de Brutus, au discours cauteleux d'Antoine, la symphonie éclatait, bruyante et terrible, et les acteurs s'effaçaient, se fondaient, disparaissaient dans le chœur gigantesque qui portait tout à coup la tragédie à des hauteurs inattendues. Quiconque a pris part à quelque réunion publique où la voix d'un tribun populaire remue et soulève les masses a dû être frappé, en assistant à la scène du Forum, de la vérité de ce tableau, dont l'illusion est complète.

De même, dans *la Pucelle d'Orléans*, ce ne sont pas toujours les héros du drame, Charles VII, Dunois, Jeanne d'Arc qui dominent: telle irruption d'un personnage de second plan, telle entrée de la populace, telles sonneries de cloches prennent par instants l'importance capitale et détournent l'attention des rôles que, sur les scènes françaises, les artistes chargés de les remplir ont toujours grand soin de maintenir en pleine lumière.

C'est là, pensons-nous, la véritable originalité de ces Meininger, qui sacrifient sans hésiter leur intérêt personnel à l'impression d'ensemble qu'ils s'efforcent de provoquer. Mérite rare, et qui seul suffirait à leur conquérir toutes sympathies. A peine songe-t-on à s'enquérir du nom des interprètes: ils sont, pour ainsi parler, *choses fongibles*, et nul ne s'étonne de voir une Jeanne d'Arc applaudie marcher modestement le hennin sur la tête, au lendemain de son triomphe, parmi les figurants de la suite du roi, ou perdue dans les rangs de la foule. Où trouver, ailleurs que dans cette troupe vraiment démocratique, dont toute hiérarchie est bannie, pareil renoncement? Et lequel de nos artistes fêtés consentirait, après avoir tenu les pemiers rôles, à se charger de ce qu'en argot théâtral on appelle une »panne«? La susceptibilité inquiète de nos comédiens reçoit de ces Allemands une rude leçon. Déjà l'on a signalé et loué, pour les représentations de Bayreuth, l'empressement des premiers artistes de l'Allemagne à se charger des petits rôles. Aucun d'eux ne croit déchoir en faisant sa partie dans le grand concert, sans ambitionner le titre de soliste-virtuose qu'il serait digne de porter. La même émulation existe à Meiningen: c'est ce qui donne aux représentations que nous avons la chance de pouvoir suivre en ce moment une si parfaite cohésion.

Nous prisons plus ces qualités d'artiste que la fidélité, tant vantée, qu'apportent dans la restitution des époques les costumiers et les décorateurs de Meiningen. C'est là un côté très curieux de leur entreprise, mais un côté secondaire. Les anachronismes flagrants dont nous sommes quotidiennement abreuvés sont évités: tant mieux. Ils devraient l'être toujours, et ce n'est pas un très grand mérite que d'échapper à une lourde bévue. Les costumes de *Jules César* et de *la Pucelle d'Orléans* sont fort beaux et, paraît-il, rigoureusement exacts, ce qu'il est assez difficile pour les spectateurs, à défaut d'une érudition spéciale, de contrôler. Des professeurs ont sans doute compulsé tous les documents utiles: il n'est pas une garde d'épée, pas un bras de fauteuil, pas une sandale qui n'ait fait l'objet de recherches attentives. C'est une quiétude pour l'esprit, mais ce dont se préoccupe partout le public, c'est de l'effet que produisent sur ses prunelles ces choses exactes, lorsqu'elles sont réunies sous le manteau d'Arlequin. A cet égard, on peut louer sans réserves certains tableaux, artistiquement composés et dans lesquels l'influence des peintres de Dusseldorf et de Munich ne se fait pas trop sentir: telles la scène de l'assassinat de César, au pied de la statue de Pompée; celle du Forum; le jardin de Brutus, la nuit qui précède le meurtre, avec son merveilleux clair de lune; l'entrée du cortège royal dans la cathédrale de Reims, au fracas des fanfares, au bruit des cloches, aux longs frémissements de l'orgue sous les voûtes de l'édifice; la scène finale de *la Pucelle d'Orléans*, dans laquelle on voit les soldats envelopper de leurs étendards, dans le silence de l'armée, le corps de la vierge guerrière.

Pris isolément, les costumes sont tous intéressants et artistement dessinés. Ils n'ont pas cet aspect de défroques théâtrales, taillées dans des lustrines et des serges, que les opéras nous ont rendu odieux. On peut croire qu'ils ont été portés, tant les couleurs sont sobres et harmonieuses. C'est pour cela, plus encore que pour leur exactitude historique, que nous les aimons. De ce côté, nos costumiers ont beaucoup à apprendre, et nos metteurs en scène ne feront pas mal non plus de prier les hôtes momentanés du théâtre de la Monnaie de leur enseigner le recette qu'ils emploient pour confectionner les levers et les couchers de soleil, les clairs de lune, les crépuscules, les incendies, les orages où l'on voit de vrais éclairs, où l'on entend de vrais roulements de tonnerre, et où l'on *voit tomber* la pluie! Cela nous dédommagera des phénomènes météorologiques bizarres en honneur au théâtre.

L'attitude méfiante des gens du bel air et la mauvaise humeur non déguisée de certains critiques a, une fois de plus, montré nettement l'abîme qui sépare ceux qui sentent et qui pensent de certains personnages incapables de s'ouvrir aux impressions nouvelles d'un art sur lequel il n'existe pas encore d'opinion reçue. Les choses se sont passées dans toutes les règles: beaucoup d'ahurissement le premier soir, de l'enthousiasme carrément déclaré chez les artistes; et chez les autres la recherche inquiète d'un mot d'ordre, la poursuite, dans les couloirs, d'un avis à adopter. Depuis lors, comme jadis aux représentations de Rossi, comme naguère aux soirées du *Mâle*, comme à toutes les tentatives théâtrales qui s'élèvent au dessus de la banalité, la salle clairsemée; une désertion des habitués; en revanche, un groupe d'amateurs, toujours le même, ardent à applaudir, satisfait des jouissances qu'il ressent, et ne se gênant pas pour en témoigner.

Il est extrêmement heureux, pour la plupart de nos concitoyens, que les tragédies de Shakespeare et de Schiller soient représentées en allemand: l'ignorance de cette langue est une ingénieuse excuse pour échapper à quelques soirées de littérature.

Jules Claretie

Les Meininger et leur mise en scène

Je regrette que les comédiens du duc de Saxe-Meiningen, qui viennent de jouer à Bruxelles plusieurs pièces de Shakespeare et de Schiller, n'aient point représenté, comme ils l'annonçaient, les *Femmes savantes*, le *Malade imaginaire* de Molière. Il eût été curieux pour nous, Français, de savoir ce que devenait notre comédie nationale entre les mains de ces admirables mécaniciens de la mise en scène. A vrai dire, je ne pense pas que Molière ait à y gagner quelque chose. L'art du bien dire convient mieux à son interprétation que l'art du maniement des foules et des pantomimes agitées, et quand on aura multiplié les médecins et les apothicaires dans la cérémonie du *Malade* on n'aura rien donné qui vaille un éclat de rire de Toinette.

Il était cependant fort intéressant, pour les gens de théâtre, de connaître cette troupe de comédiens, si complète et si disciplinée, que le duc de Saxe-Meiningen a recrutée et formée comme s'il se fût agi d'un régiment. Le duc Georges de Saxe-Meiningen est un artiste passioné des choses de la scène. Soldat, il a fait son devoir, et non sans un grain de chevalerie. C'est lui, le soir de Sedan, qui cherchait dans une ambulance celui de nos régiments qui avait fait feu sur son état-major et disait galamment à un de nos capitaines blessés: ›Si vos soldats avaient tiré plus juste ce matin, je n'aurais pas l'honneur de vous serrer la main ce soir.‹[1]

---

[1] Le grand-duc Georges de Saxe-Meiningen, commandant le 13ᵉ corps de la 3ᵉ armée, se présentait au maire de Floing pour visiter ses blessés... Quand le grand-duc s'approcha du lit d'un capitaine du 37ᵉ de ligne, il lui demanda ce qu'il avait. – Monseigneur, dit le capitaine Frétrel, auquel il s'adressait, j'ai le nerf sciatique de la jambe coupé par une balle. – Où etiez-vous, capitaine, reprit le duc Georges de Saxe, quand vous avez été atteint? – J'étais, monseigneur, sur les hauteurs de Floing qui dominent le bourg et l'église et j'ai fait tirer mes hommes dans la plaine sur les masses de troupes qui bordaient le ruisseau.
 – Ah: c'est vous, ajouta le grand-duc en continuant la conversation. Mais n'avez vous pas remarqué, non loin du moulin qui s'y trouve, un groupe de cavaliers entourant un officier supérieur?
 – Très bien, monseigneur, et j'ai précisément dirigé le feu de mes hommes sur ce groupe.
 – Votre tir était bon, capitaine, déclara le grand-duc de Saxe. Mais vous étiez trop loin, sans quoi je n'aurais pas aujourd'hui l'honneur de vous serrer la main, que je vous prie de me tendre.
 – Il salua et se retira. (Bastard. *Un jour de bataille*.)

Erudit avec cela, artiste, élève et excellent élève du peintre Kaulbach, dessinant lui-meme les costumes et les maquettes des décors et donnant ses ordres à M. Chronegk, intendant du théâtre de Meiningen et conseiller de cour. Toute cette famille de Saxe-Meiningen est d'ailleurs passionée de théâtre: la duchesse, baronne de Heldbourg, fait *répéter* les comédiennes comme Mme Plessy, donne des leçons aux débutantes, et les fils du duc Georges manient, me dit-on, volontiers le pinceau du décorateur et veillent eux-memes aux accessoires, à ces accessoires admirables, meubles, objets d'art, vases et cabinets souvent authentiques qui sont, au demeurant, le *principal* dans les représentations des *Meininger*.

Cette intelligente direction souveraine s'impose à des artistes choisis pour leur belle prestance et leur haute taille et habitués à une sorte d'obéissance quasi militaire. On a souvent cité comme un example de soumission aux règles de la Comédie-Française Lekain et Brizard, remplissant, après avoir joué une tragédie, les rôles des deux porteurs des chaises dans les *Précieuses ridicules* tandis que Préville jouait Mascarille, et meme on a grand'peine à s'imaginer le tragique Lekain souffleté par un laquais déguisé en grand seigneur. Les *Meininger* sont habitués à ces nécessités qui donnent à une troupe la souplesse et l'homogénéité voulues.

Je m'étais proposé d'assister à ces représentations de Molière et à celles aussi de l'*Esther*, de Grillparzer, dont la mise en scène hébraïque doit être singulièrement curieuse; mais je n'ai pu juger les comédiens allemands que sur leur interprétation du *Jules César* de Shakespeare. Les procédés qu'ils apportent sont, du reste, partout les memes, et ce qui distingue la troupe qui vient d'attirer à Bruxelles les amateurs, c'est qu'elle donne au public – j'ai déjà dit le mot tout à l'heure – la mécanique bien plus que la musique de l'art dramatique.

En cela les représentations des *Meininger* sont des plus intéressantes. Elles résument à la fois les tendances d'un peuple très discipliné et les recherches des partisans acharnés de la mise en scène *intégrale*, si je puis dire.

Ce n'est pas d'aujourd'hui que le théâtre allemand a recherché avant tout les séductions extérieures. Sébastien Mercier, un des inventeurs du mélodrame en France, écrivait de Mannheim que ›nos petites conventions théâtrales‹ françaises devaient faire place à la manière ›simple, naturelle, qui vivifie le théâtre de nos voisins‹. Il avait vu représenter une pièce de Schiller – il ne dit point laquelle – où il s'était senti saisi par ›une action qui *se rapproche de l'effrayante verité*‹. Mercier ne savait pas l'allemand, mais l'action, les tableaux, qui se succédaient devant lui, l'avaient profondément ému et bouleversé. C'était peut-être justement ce *Wallenstein* que représentait l'autre jour, à Bruxelles, les comédiens de Meiningen, qui avait, à Mannheim, troublé l'auteur du *Tableau de Paris*.

On était donc déjà loin, en Allemagne, au temps de Mercier, de cette mise en scène sommaire et de ces anachronismes ridicules qui indignaient vers 1730 l'abbé Dubos, secrétaire perpétuel de l'Académie française, voyant sur la scène allemande ›Scipion fumer une pipe de tabac‹ comme Jean Bart et ›boire dans un pot de bière sous sa tente en méditant le plan de la bataille qu'il va livrer aux Carthaginois‹. Qu'en diraient les *Meininger* de 1888, qui portent des armures copiées sur les figures de la colonne Trajane et boivent dans des coupes ou se parent de boucliers que M. Boissier ou M. Heuzey tiendraient pour authentiques?

Ces excellents comédiens du duc de Saxe-Meiningen sont d'ailleurs gens instruits et sensibles eux-mêmes à la beauté des décors et à la vérité des accessoires. Ils n'ont rien de commun avec ces troupes ambulantes, composées d'artisans, qui battaient les buissons allemands, au dernier siècle. ›Très souvent, disait-il y a cent ans un voyageur français cité par M. A. Cochut dans une étude sur le théâtre, votre cordonnier est le premier ténor de l'Opéra, et l'on achète au marché les choux et les fruits des filles qui ont, la veille, chanté Armide ou joué Sémiramis.‹

On n'en est plus là, surtout à Meiningen, où Marc-Antoine pourrait vraiment parler latin et citer du grec, étant, je crois, docteur. Mais on en est encore, dans l'art de la déclamation, à l'idéal de convention, à la routine, aux cris de fureur chez le comédien. *Tragœdus vociferatur, comœdus sermonicatur.* Je ne parle, bien entendu, que de ce que j'ai pu voir et entendre.

Il y aurait, du reste, à démontrer que, dès qu'au théâtre l'accessoire devient l'attrait principal et passe au premier plan, tout ce qui semble un progrès matériel constitue, au contraire, un léger symptôme de décadence. Les *Meininger* se donnent beaucoup de mouvement pour animer les œuvres qu'ils interprètent et c'est tout simplement un mouvement de recul. Non pas qu'il ne faille point tenir compte de l'importance de la mise en scène. Au théâtre, on *écoute* aussi par les yeux, mais il est important que cette mise en scène – et plus encore que la mise en scène, la figuration, – n'attirent pas l'attention jusqu'à l'absorber.

Dans ce *Jules César* que j'écoutais l'autre jour, la scène du meutre au Capitole constitue un des tableaux les plus habilement réglés et les plus saisissants qu'on puisse voir. Lorsque Casca frappe César, lorsque Marcus Brutus lève son poignard, lorsque les sénateurs et le peuple se retirent en désordre, levant les bras et poussant des cris, la scène a bien quelque chose de conventionnel dans son désordre: c'est de la confusion habilement arrangée, comme dans les tableaux de Court ou de Lethière; mais l'effet produit n'en est pas moins grand, parce que tous ces mouvements sont, au total, les serviteurs du texte de Shakespeare. Il en est de meme dans cette fameuse scène du Forum, où deux cents figurants gesticulent, passant, selon les accents de Marc Antoine, de l'ironie à l'attention, de l'attention à la passion, à la colère, aux larmes de douleur, aux cris de vengeance... Cela est encore un peu bien factice; les bras levés ont quelque chose d'automatique; la fureur est saccadée; la douleur devient légèrement plastique. On songe, devant cette foule, tantot aux masses disciplinées du ballet d'*Excelsior,* tantot à une succession de tableaux vivants. C'est Shakespeare à l'Eden, mais c'est encore Shakespeare.

Au contraire, lorsqu'au début du drame Casca se croise avec Cicéron dans une rue de Rome, par un temps d'orage, il est tellement important, cet orage, et si bien imité que je n'écoute plus ni Cicéron ni Casca et que j'oublie César pour regarder le ciel zébré par les éclairs, les éclairs les plus vrais et les plus aveuglants qu'on puisse voir au théatre. C'est une merveille que cet orage; et, pour braver la pluie, Cicéron et Casca relèvent sur leur front leur toge comme Paul s'enveloppait du jupon de Virginie. Ainsi la recherche archéologique et le détail aidant se retrouvent partout chez les *Meininger,* et ils vous enseignent doctoralement et par l'exemple comment les Romains se passaient de parapluie. Mais que veut-on qu'on prête l'oreille aux tragédiens, tandis que la foudre éclate et que la lumière électrique détache sur le ciel où fuient, derrière une toile métallique habilement disposée, les nuées des zigzags effrayants! ›*Il y a une guerre civile dans le ciel!*‹ s'écrie Cicéron. Cependant son explication est vaine: on ne voit que ce tableau de la *Rome* de Dezobry mouillé de pluie, d'une pluie imitée à s'y méprendre, et l'orage, le bel orage des *Meininger,* fait un tort considérable à Shakespeare.

Le tonnerre, du reste, a toujours préoccupé les tragédiens. Dans la *Sémiramis,* de Voltaire, il y a deux coups de tonnerre; le premier pendant une scène que jouait Mlle Dumesnil, le second dans la scène de Mlle Clairon.

– Mademoiselle? crie Voltaire à Mlle Clairon, pendant la répétition dernière.

– Eh bien?
– Comment le voulez-vous?
– Quoi?
– Le tonnerre!
– Comme celui de Mlle Dumesnil; répond la Clairon.

Je sais bien des artistes qui réclameraient un tonnerre ›comme celui du *Jules César* des *Meininger*‹*:* mais je ne pense pas que ce tonnere ajoute quoi que ce soit aux paroles de Cassius.

Certes, il ne faudrait pas en revenir, en fait d'accessoires et de mise en scène, à ces époques primitives du théâtre où, comme au temps des pastorales qu'on jouait, par exemple, à l'heure de l'enfance de Cervantes, tout l'appareil d'un auteur de comédie s'enfermait dans un sac et consistait, dit l'auteur de *Don Quichotte,* ›en quatre pelisses blanches de berger, garnies de cuir doré, quatre barbes ou chevelures postiches et quatre houlettes. Il n'y avait point de coulisses: l'ornement du théâtre, c'était une vieille couverture soutenue avec des ficelles‹. Et Cervantes, nous renseignant également sur les habitudes du public, ajoute, après avoir rappelé ce vieux temps passé: ›Je donnai, depuis les *Captifs d'Alger,* vingt à trente comédies qui toutes furent representées sans que le public lançât aux acteurs ni concombres, ni oranges, ni rien de ce qu'on a coutume de jeter à la tête des mauvais comédiens.‹

Ces temps sont loin. La mise en scène a fait partout des progrès depuis lors et, chez nous, en France, même avant Talma, Mme Favart, comme Mlle Clairon, réforma le costume.

›J'ose dire, écrit Favart dans ses *Mémoires,* que ma femme a été la première en France à se mettre *comme on doit être.*‹ ›Elle osa, ajoute à cela le petit-fils de Favart, sacrifier les agrémens de la figure à la vérité des caractères. Avant elle, les actrices qui représentaient des soubrettes, des paysannes, paraissaient avec de grands paniers, la tête surchargée de diamans et gantées jusqu'au coude. Dans *Bastien et Bastienne,* elle mit un habit de laine, tel que les villageoises le portent; une chevelure plate, une simple croix d'or, les bras nus et des sabots.‹ Cette nouveauté déplut même à quelques critiques du parterre, ce qui fit dire à l'abbé de Voisenon, l'ami du ménage Favart: ›Laissez, laissez messieurs, ces sabots-là donneront des souliers aux comédiens!‹

Les *Meininger,* s'ils jouaient *Bastien et Bastienne,* auraient mieux que des sabots: – ils auraient de la paille dans ces sabots, et ils ne négligent aucun détail matériel qui puisse ajouter un trait au tableau. J'ai vu leurs nombreux fourgons décharger les meubles et les armures qu'ils transportent à travers le monde, car, de Meiningen, ils vont dans les pays d'Europe, en Amérique, un peu partout; et nous sommes, avec cette administration ainsi voyageuse et toujours prévoyante et régulière, fort loin du *Roman comique.* Scarron n'avait pas prévu Ragotin, Destin, Etoile et la Bauvillon manœuvrant (ceci est un éloge) comme des soldats de la landwehr. Mais, encore un coup, toutes ces séductions matérielles, – qui nous étonnent, – nous séduisent moins, nous autres Français, qu'une intonation juste ou un sourire naturel.

Horace avec deux mots en ferait plus que nous!

Les *Meininger* sont, je le repète, de merveilleux artisans de mise en scène. Ils sont, pour la plupart, des artistes compassés, et ils oublient un peu trop ce mot si juste de Talma: ›De toutes les monotonies, celle de la force est la plus insupportable.‹ Ils ne descendent jamais de leur trépied.

Ils sont beaux, bien drapés, superbes; mais ils n'ont pas ce qui donne tant de prix à l'action, l'art des *préparations,* le jeu muet avant le mot, les *grâces additionnelles,* comme on appelait *les temps* à l'heure de Garrick. *Les temps!* C'est, en art dramatique, ce que sont *les valeurs* en peinture. Tel mot dit un peu trop tôt ou un peu trop tard perd tout son effet. Il y a non pas un moment, mais *une seconde psychologique* au théâtre. L'artiste seul la saisit exactement.

On reconnaîtrait presque la vocation théâtrale de tel ou tel élève du Conservatoire à l'instinct qu'il a de *l'art des temps.*

Cet art-là, les *Meininger* le connaissent peu. Je généralise ma critique, car il est nécessairement chez eux des exceptions, comme partout. Ce sont de magnifiques comédiens plastiques. Ils sont pittoresques au point de simuler, à coups d'épées frappées sur des boucliers, dans la coulisse, une bataille de Philippes, qui ressemble à une bruyante rencontre de chaudronniers, mais ils n'ont pas plus médité Lekain que Talma: ›N'usons du pittoresque qu'avec ménagement,‹ disait ce Lekain.

Au surplus, l'art du comédien se compose à la fois de la science du pittoresque et de l'harmonie de la diction. En fait de diction, les *Meininger* feraient bien de méditer ces vers, peu connus de l'auteur d'un poème didactique sur la *Déclamation,* le P. Sanlecque. Je ne les donne pas comme un modèle de versification, mais comme une liste rimée des défauts à éviter non seulement par les orateurs, mais par les acteurs:

Surtout n'imitez pas cet homme ridicule
Dont le bras nonchalant fait toujours le pendule,
Au travers de vos doigts ne vous faites point voir,

Et ne nous prèchez pas comme on parle au parloir.
Chez les nouveaux recteurs c'est un geste à la mode
Que de nager au bout de chaque période.
Chez d'autres apprentis l'on passe pour galant
Lorsqu'on écrit en l'air et qu'on peint en parlant.
L'on semble d'une main encenser l'assemblée;
L'autre a les doigts crochus et semble avoir l'onglée;
Celui-ci prend plaisir à montrer ses bras nus;
Celui-là fait semblant de compter des écus;
Ici, le bras manchot jamais ne se déploie;
Là, les doigts écartés font une patte d'oie.
Souvent, charmé du sens dont mes discours sont pleins,
Je m'applaudis moi-meme et fais claquer mes mains.
Souvent je ne veux pas que ma phrase finisse
Avant que, pour signal, je ne frappe ma cuisse.
Tantôt quand mon esprit n'imagine plus rien,
J'enfonce mon bonnet qui tenait déjà bien.
Quelquefois, en poussant une voix de tonnerre
Je fais le timbalier sur les bords de ma chaire.

Les *Meininger* ne vont pas jusqu'à se frapper la cuisse comme le P. Sanlecque; ils sont bien trop solennels pour cela, mais on croirait que les vers que je viens de relire ont été écrits au sortir d'une représentation de ces *Meininger,* qui tantôt, sculpturaux, affichent la majesté des statues, tantôt (et surtout les choristes) semblent chercher le mouvement perpétuel, un mouvement réglé comme celui d'un chronomètre.

Il faut de rares et puissantes qualités pour faire un grand artiste, et la troupe d'élite du duc de Saxe-Meiningen compte certaines personnalités qui ont au moins les séductions extérieures des grands comédiens. Ne disons pas que ce sont les plus faciles à rencontrer, nous ne dirions pas la vérité. Pour le recrutement des comédiens comme pour celui de l'armée, la taille manque, chez nous, s'abaisse et continue à s'abaisser tous les ans. On ne saurait, hélas! reprocher à nos nouveaux venus de ressembler, comme les *Meininger,* à des statues.

Voltaire, en dédiant *Zulime* à Mlle Clairon lui disait, la louant de »*ressusciter les morts*«: »L'art de la déclamation demande à la fois *tous les talents extérieurs d'un grand orateur et tous ceux d'un grand peintre.* Il en est de cet art comme de tous ceux que les hommes ont inventés charmer l'esprit, les oreilles et les yeux; ils sont tous enfants du génie, tous devenus nécessaires à la société perfectionnée; et, ce qui est commun à tous, c'est qu'il ne leur est pas permis d'être médiocres. Il n'y a de véritable gloire que pour les artistes qui atteignent la perfection: le reste n'est que toléré.«

Je ne dirai pas que, chez nous, une troupe aussi merveilleusement outillée que les *Meininger* ne serait que *tolérée*. Je crois bien que le public parisien serait, au contraire, fort agréablement surpris et souvent séduit, enthousiasmé par ces richesses de mise en scène, admirables la plupart du temps, malgré le ton criard des décors et l'étrangeté archaïque des costumes. Le maniement des foules dans ces représentations allemandes n'a rien de médiocre. Le rôle de la foule y empiète trop souvent sur l'action des personnages principaux, et entre les figurants français, les classiques »*gardes« faisant tapisserie* au fond des palais, et ces énergumènes de la scène allemande il y a une moyenne à prendre; mais l'effort tenté par les *Meininger* doit nous servir de modèle, et le résultat obtenu, grace à une discipline heureuse et un travail assidu, est souvent des plus originaux. M. Frédérix, le délicat critique belge, a loué depuis cette représentation de *Jules César*, l'effet produit dans la *Jeanne d'Arc* de Schiller par le peuple envahissant la cathédrale de Reims au son des cloches et par les vivats, bruits de coulisses fort bien réglés, qui précèdent l'arrivée de l'héroïne. L'effet est saisissant.

Mais, dans *Jules César*, tout ce peuple parlant – et parlant sans bruit, ce qui ôte toute vérité à la scène – gesticulant autour de la tribune où s'agite Marc-Antoine m'a rappelé une observation fort juste du bon comédien Lesueur, que je rencontrais assez fréquemment, lui, fort préoccupé dans tous ses rôles du pittoresque et de la mimique chez les Hanlon Lees.

Lesueur était là, regardant presque avec passion ces gymnasiarques extraordinaires:

– Ils seraient parfaits, me disait-il, s'ils ne jouaient pas trois ou quatre scènes à la fois et s'ils ne multipliaient les épisodes au fond du théâtre, sur le devant du théâtre, à droite, à gauche, partout. Le spectateur ne peut suivre en bonne conscience qu'une action à la fois.

Les *Meininger*, qui nous rendent si bien la gymnastique de l'art dramatique, tombent sous le reproche que Lesueur adressait aux Hanlon Lees. Ils ont trop de zèle. Leurs gestes, – le geste, ce langage de l'instinct, comme on l'a défini, – sont trop multipliés et semblent trop appris. Ils abusent du genre descriptif. »Les doigts, disait Garrick, sont autant de langues qui parlent.« Mais les doigts parlent tant dans ce théâtre articulé ou gesticulé qu'on en arrive un peu à la confusion des langues. Jamais les *Meininger* ne se rendront compte, semble-t-il, de ce qu'il peut y avoir d'éloquent dans un geste contenu. Molé, pour exprimer la douleur du Misanthrope, au lieu du geste qui maudit et repousse, disait, en resserrant les bras sur sa poitrine, avec une expression de souffrance cachée et cruellement profonde:

> Tous les hommes me sont à tel point odieux
> Que je serais fâché d'être sage à leurs yeux.

— Il faut, ajoutait le grand comédien, laisser deviner ses nerfs.

Voilà le point: les Meininger ne laissent pas deviner leurs nerfs – ou leurs muscles – ils les montrent. Leur méthode, pour nous qui goûtons surtout un art fait de nuances, n'est donc pas pour nous entraîner complètement.

D'ailleurs, meme dans cette séduction matérielle, ces meubles ou ces accessoires authentiques qui parlent aux yeux des artistes et des archéologues, les comédiens du duc de Saxe Meiningen ont des émules. J'imagine que les scènes françaises ont réalisé maintes fois un idéal de mise en scène qui vaut bien la vue du Ghetto, la nuit, – ce canal de Venise sillonné de barques avec la bacchanale d'une mascarade déchaînée sur les ponts, – tableau artistique et attirant, qu'on montrait à Bruxelles, dans le *Marchand de Venise*. Pour ne citer que le »champ de bataille éclairé par la lune« dans le *Catilina* de Dumas et la »prise de Sienne« dans la *Haine* de M. Sardou, n'avons-nous pas eu là une impression d'art extraordinaire, une évocation historique digne d'un Michelet? La représentation de *Faust* à laquelle j'assistais, l'an passé, au Lycœum Theatre à Londres, m'avait même, à vrai dire, causé une sensation plus profonde, d'une nature plus rafinée. M. Henry Irving ne manie peut-être pas les foules avec la même précision, mais il sait donner plus de variété à la figuration. Le retour de Valentin et de ses compagnons par les rues tortueuses est, en ce sens, un chef-d'œuvre dans ces représentations anglaises. C'est come une longue théorie de personnages d'Albrecht Dürer et dont chacun a sa personnalité distincte, sa biographie, dirais-je volontiers. Les soldats aux toques empennées passent par couples ou par groupes, frères d'armes l'un sur l'autre appuyés, jeunes gens embrassant leurs fiancées ou leurs mères, guerriers tenant sur la manche tailladée de leur pourpoint quelque bambin que la femme apporte au père revenu de la bataille... C'est tout à fait vivant et artistique. Et si, au Lycœum, les fleurs en zinc ou en étoffe du jardin de Marguerite semblent fausses et poudreuses, en revanche jamais je n'ai éprouvé comme devant les spectres et le sabbat du Brocken, noyés dans la vapeur des chaudières, la sensation du fantastique réalisée par le théâtre.

J'aurais fort étonné une partie de la salle qui assistait à cette représentation, d'ailleurs extraordinairement intéressante du *Jules César*, de Shakespeare, en affirmant que M. Irving arrivait, avec plus de raffinement et d'art, par conséquent, aux mêmes effets que les *Meininger*. A l'heure présente, l'art allemand devient, pour bien des gens, aussi incontesté que la force même de la machine militaire allemande. Toute interprétation d'un chef-d'œuvre allemand est, comme ces *représentations modèles* du théâtre de Bayreuth, une manifestation indiscutable de la puissance allemande. J'ai admiré ce qu'il y a d'admirable dans cette troupe si bien choisie, si savante et si supérieurement ordonnée. Mais, avant la précision des mouvements et les manifestations des choristes, j'aurais voulu trouver en elle l'émotion vraie, la note juste, ce qui distingue l'art du comédien de l'adresse du mime ou de la récitation de l'écolier. Je doute que Schiller, s'il eût été séduit par le pittoresque savant du camp de Wallenstein, eût trouvé qu'on interprétait comme il convient sa *Pucelle d'Orléans*. Lui qui voulait dégager une idée morale du théâtre, il trouverait que les *Meininger* parlent aux yeux avant de s'adresser au cœur. L'âme du théâtre est, je le répète, trop souvent absente de leurs magnifiques tableaux.

Schiller, en effet, étudiant un jour l'art dramatique sous un point de vue spécial, utilitaire, en quelque sorte, fit à Mannheim une lecture publique[1] sur le *Théâtre considéré comme une institution morale*. Il y a là des points de vue nouveaux, une vue supérieure des devoirs de l'auteur qui assemble, pour leur parler, des milliers d'individus et, lorsqu'il a l'âme haute, comme l'avait l'auteur de *Don Carlos*, ne se contente point de les amuser, de leur faire oublier la vie, mais – c'est le mot de Schiller lui-même – pousse l'humanité a confesser ses secrets »sur le chevalet de la passion«. Pour Schiller, les lois ne s'occupant que des devoirs négatifs, la religion seule étend ses préceptes à l'activité positive; mais, à défaut de la religion, le théâtre est là, qui tient ses assises, a son ciel et son enfer, traine les vices devant la conscience publique. Et le poète, en manière de conclusion, laisse tomber ce grand mot: »*La juridiction du théâtre commence où se termine le domaine des lois humaines.*«

Avec les *Meininger,* il ne s'agit pas toujours de juridiction, mais très souvent de panorama, et je ne trouve pas ce *frisson salutaire* que Schiller réclame impérieusement de l'œuvre du poète. Le métier commence où se termine le domaine de l'art. Merveilleux spectacle, si l'on veut, l'interprétation de Shakespeare par les comédiens saxons est, avant tout, un spectacle. Le tableau archaïque a son prix au théâtre et la mise en scène est une des formes et une des forces de l'art dramatique. Comment évoquer, sans elle, les époques disparues? A un auteur de drame qui lui

---

[1] 26 juin 1784. Séance de la Société allemande de l'Electorat palatin.

parlait d'une tragédie turque qu'il voulait écrire, le bon et narquois Eugène Labiche disait, un soir, devant nous:»Comment savez-vouz que cela se passait ainsi? *Vous avez donc vécu dans ce temps-là?*« Justement l'auteur, le décorateur, le metteur en scène, le comédien doivent tous concourir à faire croire au spectateur que, de huit heures à minuit, il vit *dans ce temps-là!* Et c'est pourquoi le cadre doit servir le tableau, les costumes, les décors, les armes, les tapis, concourir à l'illusion de l'ensemble; mais à la condition toutefois que l'homme – c'est-à-dire la passion, le drame ou le rire, l'artiste en un mot – sera au premier plan et que le fourreau vaudra moins que l'épée.

Que je regrette de n'avoir pu voir les *Meininger* interprétant nos classiques! Auraient-ils donné raison à ce mot de Garrick, cité par Diderot et dont plus d'un Français a démontré la fausseté:»Celui qui sait rendre parfaitement Shakespeare ne sait pas le premier mot d'une scène de Racine et réciproquement«? J'imagine qu'ils ne s'attachent pas, lorsqu'ils jouent Molière, à noyer le bon sens du grand comique dans le bruit et le brouhaha d'une foule. Un des comédiens de la troupe du duc Georges, artiste des plus remarquables, m'a indiqué comment les Meininger remplissent les classiques entr'actes que nous faisons en frappant les trois coups réglementaires, sans baisser le rideau. Ils laissent, eux aussi, la toile levée et quelques jeux muets relient un acte à un autre. Par exemple, après le premier acte, Toinette vient ramasser les oreillers lancés à sa tête par Argan et demeurés à terre et elle refait le lit du malade. Ce jeu de scène est toujours pour la soubrette l'occasion d'un *effet* de rire. L'acteur Fechter avait mis en scène Molière à près de même à l'Odéon il y a vingt-cinq ans, et je me rappelle Tartuffe prenant un verre d'eau dans la scène avec Elmire, et Dorine apportant des bûches pour la cheminée. Intéressants dans Shakespeare (et tout à fait remarquables, me dit-on, dans Shylock, dans *Contes d'hiver,* dans *Cymbeline*), les acteurs du duc de Saxe-Meiningen m'eussent particulièrement attiré dans Molière. C'était même, je l'avoue, ce qui m'eût tenté dans les représentations modèles de Bruxelles. Shakespeare et Schiller admettent et exigent même ces séductions d'apparat, ces magnifiques développements de mise en scène. Avec une tragédie de Racine ou de Corneille (s'ils en jouent), les *Meininger* peuvent encore se donner le luxe de larges effets de couleur locale. Mais avec Molière, comment s'y prendraient-ils, les *Meininger,* avec ce Molière qui, sans fracas, fait tenir toute l'humanité, l'amour, la cupidité, le pédantisme, la ruse, le dévouement, la trahison, dans une bourgeoise chambre à tapisseries, autour du fauteuil articulé d'un pauvre homme qui se croit malade?

ANDRÉ ANTOINE
[Offener Brief an Francisque Sarcey]
[1888]

Chèr Maître,
Votre dernier feuilleton est venu me trouver et me troubler dans le petit coin où je suis au vert. Il faut vous dire que je reviens précisément de Bruxelles, où j'avais passé une quinzaine à suivre cette troupe allemande. Vous savez que je vais donner cet hiver *la Patrie en danger*, et je rêvais à ce propos une expérience intéressante sur les foules. Aller voir les Meininger était donc tout indiqué.

J'ai dit: *troublé*, parce que vous revenez à ce propos avec fermeté sur des théories qui vous sont chères et que M. Claretie semble confirmer par ses critiques. Quel dommage que vous ne soyez pas venu là-bas; nous aurions eu votre impression toute crue, tandis que vous n'avez vu et senti qu'à travers un autre.

Je suis, depuis que je vais au théâtre, embêté de ce que nous faisons avec nos figurants. Si j'en excepte en effet *la Haine* et le cirque de *Théodora,* je n'ai jamais rien vu qui m'ait donné la sensation de la multitude.

Eh! bien, je l'ai vue chez les Meininger! Je vous cherchais des yeux à la Monnaie certains soirs, où j'aurais été bien heureux de causer avec vous, là, sur le terrain. Ils nous montraient des choses tout à fait neuves et fort instructives. M. Claretie peut avoir raison pour *Jules César,* que je n'ai pas vu malheureusement; mais *Guillaume Tell* ne m'a point fait du tout penser à l'Eden, et je souhaiterais que la cour d'*Hamlet* ressemblât à celle de Léontès du *Conte d'hiver.*

Savez-vous d'où vient la différence?

C'est que leur figuration n'est pas comme la nôtre composée d'éléments ramassés au hasard, d'ouvriers embauchés pour les répétitions générales, mal habillés et peu exercés à porter des costumes bizarres ou gênants, surtout lorsqu'ils sont exacts. L'*immobilité* est recommandée presque toujours au personnel de nos théâtres, tandis que là-bas, les comparses des Meininger doivent jouer et mimer leur personnage. N'entendez pas par là qu'ils forcent la note et que l'attention est détournée des protagonistes; non, le tableau reste complet et, de quelque côté que se porte le regard, il s'accroche toujours à un détail dans la situation ou le caractère. C'est d'une puissance incomparable à certains instants.

La troupe des Meininger compte environ soixante-dix artistes des deux sexes. Tous ceux qui ne jouent pas un rôle sont tenus de figurer dans la pièce et ceci tous les soirs. S'il y a vingt comédiens occupés, les cinquante autres, sans aucune exception même pour les chefs d'emploi, paraissent en scène aux tableaux d'ensemble et chacun est le chef, le caporal d'un groupe de figurants proprement dits, qu'il dirige et qu'il surveille tant que l'on est sous l'œil du public. Cette obligation est telle que la femme de Hans de Bulow, l'une des étoiles des Meininger, ayant refusé ce service, qu'elle trouvait au-dessous de son talent, fut congédiée, bien que son mari eût le titre et les fonctions de maître de chapelle du duc de Saxe. Il quitta, lui aussi, la cour ducale à la suite des incidents que provoqua ce conflit.

Ils obtiennent ainsi des groupements d'une vérité extraordinaire. Mais allez donc appliquer ceci sur nos théâtres et exiger même d'un comédien de cinquième ordre qu'il meuble le salon de la princesse de Bouillon! Et l'on est contraint de nous servir de braves gens qui ne savent guère ce qu'ils font là ni pourquoi ils y sont. Je connais ça; je figurais dans le temps aux Français avec Mévisto; nous allions ainsi voir de plus près les comédiens qui nous enthousiasmaient de la salle.

Eh! bien, les Meininger s'y plient! Mlle Lindner, leur étoile, jouant la scène du Temps dans *Un Conte d'hiver,* figurait au tableau du lit de justice et mimait une femme du peuple avec autant de conscience et de soin qu'elle en apportait le lendemain soir à interpréter le rôle capital d'Hermione dans la même pièce.

Voilà le secret de leurs foules qui sont absolument supérieures aux nôtres. Et je crois bien que, si vous aviez vu l'arrestation de Guillaume Tell et la scène de la pomme, vous auriez été ravi comme moi.

Il y avait dans ce *Guillaume Tell* une autre chose superbe: le meurtre de Gessler, arrêté sur un praticable étroit, formant chemin creux, à huit mètres au moins de la rampe, par une mendiante et ses deux enfants qui jouaient de dos une longue scène de supplication, barrant la route de leur corps, pendant que Tell visait Gessler. Vous auriez convenu là qu'un dos montré à propos donne bien au public la sensation qu'on ne s'occupe pas de lui et que c'est arrivé.

Pourquoi ces choses neuves, logiques et pas du tout coûteuses ne viendraient-elles pas remplacer ces insupportables conventions que tout le monde subit chez nous sans savoir pourquoi?

Le mot de *mécanique* dont s'est servi M. Claretie ne me semble pas très juste. Est-ce qu'à la Comédie, où certaines œuvres se répètent des mois entiers, tout n'est pas réglé mécaniquement? La mécanique des figurations est supérieurement perfectionnée dans les foules des Meininger, voilà tout.

La seule et sincère objection que je trouve à leur faire est celle-ci: c'est que dans ce même *Guillaume Tell,* par exemple, Schiller ayant écrit un rôle pour la foule, tous les figurants criaient la même phrase et *en mesure.* C'est lourd et faux. Mais ne pourrait-on résoudre les répliques de cette foule en une rumeur savamment combinée?

Si nous lui faisions crier: »Vive Gambetta!« par exemple, savez-vous ce que je ferais?

Je diviserais mes deux cents comparses en une dizaine de groupes, si vous voulez: des femmes, des enfants, des bourgeois, etc. Je ferais partir ces bourgeois Vi..., les femmes accélérant le rythme, commenceraient lorsque les autres attaquent *gam,* et je ferais traîner les gamins cinq secondes après tout le monde. C'est, en somme, un chœur à régler. Je suis bien sûr que la salle entendrait, dans une grande rumeur, *Vive Gambetta!* et si, comme le font les Meininger, les attitudes, les gestes, les groupements étaient diversifiés et variés avec le même soin, nul doute que l'effet *général* et *vrai* ne se produisît.

Dans les tableaux d'ensemble, le protagoniste tenant la scène peut rendre les silences vrais par un geste, un cri, un mouvement. Et si la foule écoute et voit l'acteur, au lieu de regarder dans la salle, ou, comme à la Comédie-Française, de contempler les sociétaires avec une muette, mais visible déférence, on trouvera naturel qu'elle écoute et que deux cents personnes se taisent ensemble, dominées, pour entendre un personnage qui intéresse chacun.

Je ne connais rien en musique; mais on m'a dit que Wagner avait, dans certains opéras, des chœurs à multiples parties et que chaque série de choristes personnifiait un élément distinct de la foule, se fondait dans un ensemble parfait. Pourquoi, dans le théâtre parlé, ne ferions-nous pas ça? M. Emile Zola le voulait pour *Germinal* et ne l'a pas pu pour des motifs budgétaires que faisaient valoir les directeurs. Son dessein était de faire *répéter longtemps* les ensembles sous la conduite de comédiens figurants. Vous voyez, c'était le procédé des Meininger.

Notez que je ne suis pas du tout emballé, comme on dit, par eux. Leurs décors très criards, mais curieusement plantés, sont infiniment moins bien peints que les nôtres. Ils abusent des praticables et en fourrent partout. Les costumes splendides, lorsqu'ils sont purement *historiques,* et d'une richesse bête d'ailleurs, sont presque toujours d'un goût choquant, lorsque les documents n'existent pas, lorsqu'il faut faire œuvre d'imagination et de fantaisie.

Leurs effets de lumière, très réussis, sont le plus souvent réglés avec une naïveté épique. Ainsi, un fort beau rayon de soleil couchant, venant éclairer une très belle tête de vieillard mort dans son fauteuil, passait tout à coup au travers d'un vitrail, sans gradations, au moment précis où le bonhomme venait d'expirer, uniquement pour faire tableau.

Ainsi encore, après une pluie torrentielle extraordinaire, obtenue par des projections électriques, j'ai eu le chagrin de voir l'eau s'arrêter brusquement, sans transition.

C'était plein de choses de ce genre. Le même tapis de scène servant pour tous les actes; les roches de la Suisse posées sur les costières; ça sonnait le plancher dans les montagnes...

Les comédiens sont convenables et rien de plus; plusieurs portent mal le costume; tous les montagnards avaient les mains blanches et des jarrets aussi nets, aussi propres qu'à l'Opéra-Comique.

On me parait, dans le recrutement des artistes, avoir surtout souci des voix fortes et des épaules larges, propres à draper magnifiquement les étoffes merveilleuses que le duc achète lui-même et pour lesquelles il fait de véritables folies. Il a, dit-on, dépensé 75 000 thalers pour la *Marie Stuart,* de Schiller.

Les artistes n'ont pour la plupart qu'une fort mince éducation préparatoire. On cite les deux ou trois qui ont étudié à Vienne. Mlle Lindner, dont je parlais tout à l'heure, était danseuse il n'y a pas longtemps et ne se doutait pas qu'elle serait appelée, comme ils disent, *la véritable pucelle d'Orléans.* Presque tous, la bonne moitié au bas mot, débutent sans autre éducation scénique qu'une année ou deux employées à figurer et à jouer de petits rôles.

Je les attendais beaucoup, naturellement, au *Malade imaginaire,* qu'ils avaient affiché et qu'ils n'ont pas donné. Dans la *Douzième nuit* et le *Conte d'hiver,* ils nous ont montré trois comiques, dont l'un, Carl Gorner, est de premier ordre.

Leur répertoire est fort varié. Ils ont même joué, à Meiningen, *les Revenants* d'Enrik Ibsen, dont j'ai une traduction. Leur duc avait eu l'idée, *très théâtre-libre,* de faire représenter ce drame à huis clos, devant l'auteur et les critiques de la presse allemande invités. La pièce n'a pu être jouée publiquement, car elle est fort subversive, et je crois bien qu'au mois d'octobre elle vous étonnera un peu vous-même.

Un autre détail fort caractéristique, c'est la défense formelle faite aux comédiens et aux comparses de dépasser le cadre proprement dit de la scène. Personne ne se risque sur le proscénium *(M. Antoine entend par là cette partie du théâtre qui est, dans la plupart des théâtres, bordée à droite et à gauche par les loges des directeurs)*, et je n'en ai pas vu un seul, en une douzaine de soirées, avancer le pied à deux mètres du souffleur. Défense aussi de regarder dans la salle, d'ailleurs obscure. Presque toutes les scènes principales se jouent au troisième plan; les comparses tournant le dos et fixant les acteurs occupés au fond de la scène.

Vous sentez bien que dans tout cela il y a des innovations intéressantes. Pourquoi ne chercherions-nous pas à nous approprier ce qu'il y a de bon?

Ça ne ressemblait en rien à ce que nous voyons à Paris, et j'aurais aimé que vous fissiez le voyage. Vous nous auriez rapporté, sur ces questions techniques, des réflexions personnelles utiles pour les gens du bâtiment, curieuses pour les autres. On m'a dit à Bruxelles que M. Porel était venu. Les grands directeurs auraient bien dû en faire autant, avec leurs metteurs en scène. Chacun y aurait trouvé son compte.

Bien entendu, cher maître, cette lettre est tout à fait entre nous. J'ai seulement voulu vous montrer, en mauvais français, selon mon habitude, que je ne perds pas mon temps et que je tâte sérieusement avant de risquer quelque chose. Je vais mettre un peu de ce que j'ai vu là-bas dans le drame de Goncourt et dans *la Mort du duc d'Enghien*, d'Hennique. J'espère que cela vous intéressera, si j'arrive à faire ce que je voudrais.

Votre tout dévoué et très reconnaissant Antoine.

K. S. Stanislavskij

Die Meininger
[1890/1924]

Ungefähr zur gleichen Zeit kam die berühmte Truppe des Herzogs von Meiningen mit ihrem Regisseur Chronegk an der Spitze nach Moskau. Ihre Aufführungen zeigten hier zum erstenmal eine neue Art der Inszenierung – mit historischer Treue der jeweiligen Epoche, mit Volksszenen, mit einer wunderschönen äußeren Form der Aufführung, mit einer erstaunlichen Disziplin und der ganzen Organisation eines großartigen Feiertags der Kunst. Ich ließ nicht eine Vorstellung aus und sah sie mir nicht nur an, sondern studierte sie regelrecht.

Man sagte, in der Truppe gäbe es keinen einzigen talentierten Schauspieler. Das stimmte nicht; denn sie verfügte über einen Barnay, Teller und andere. Man konnte vielleicht ganz allgemein dem deutschen Pathos und der Manier, Tragödien zu spielen, nicht unbedingt beipflichten. Mochten die Meininger auch die alten, rein schauspielerischen Spielmanieren nicht erneuert haben, so wäre es doch ungerecht, zu behaupten, daß bei ihnen alles äußerlich, nur auf Dekoration und Requisit gegründet gewesen sei. Als man Chronegk einmal etwas derartiges sagte, erwiderte er:

»Ich habe ihnen Shakespeare und Schiller gebracht, aber sie interessiert lediglich die Ausstattung. Einen seltsamen Geschmack hat dieses Publikum!«

Chronegk hatte recht, weil der Geist Shakespeares und Schillers in der Truppe lebte.

Der Herzog von Meiningen verstand es, mit rein spielleiterischen Mitteln, ohne die Mithilfe ausgesprochen talentierter Schauspieler, vieles von den schöpferischen Ideen der großen Dichter in künstlerischer Form zum Ausdruck zu bringen. So bleibt zum Beispiel folgende Szene aus der »Jungfrau von Orléans« unauslöschlich in Gedächtnis haften: Der schmächtige, erbärmlich anzusehende, verzweifelte König sitzt auf einem für ihn viel zu großen Thron: seine mageren Beinchen baumeln in der Luft, sie reichen nicht bis auf das Fußkissen herab. Rings um den Thron versucht der verlegene und betretene Adel mit letzter Kraft das königliche Prestige zu wahren. Doch in dem Augenblick des Zusammenbruchs der Macht scheinen die Verbeugungen, wie die Etikette sie vorschreibt, eigentlich überflüssig. Mitten in dieser untergehenden Herrscherpracht treten nun die englischen Abgesandten auf – groß, schlank, resolut, furchtlos und gräßlich unverschämt. Es ist einfach nicht möglich, mit ruhigem Blut die Spötteleien und den hochtrabenden Ton der Sieger anzuhören. Als der König den erniedrigenden, seine Würde geradezu beleidigenden Befehl gibt, versucht der Höfling, dem diese Anordnung übertragen wird, vor seinem Abgang sich nach der Etikette zu verneigen. Allein, kaum hat er zu der Verbeugung angesetzt, hält er auch schon wieder inne, richtet sich unentschlossen auf und steht nun mit gesenktem Blick da – Tränen schießen ihm in die Augen, und er läuft, alles Zeremoniell vergessend, von der Bühne, um nicht vor allen losweinen zu müssen.

Mit ihm weinten die Zuschauer, mit ihm weinte auch ich, da der Einfall des Regisseurs ganz von sich aus die besondere Stimmung schuf und klar das Wesen des Augenblicks darlegte.

Mit ebenso guten Regieideen werden auch die anderen Szenen der Erniedrigung des französischen Königs behandelt: Die düstere Stimmung bei Hof, der Augenblick des Auftretens der hellentflammten Befreierin Jeanne d'Arc. Der Regisseur hat die Atmosphäre des besiegten Hofes so zwingend verdichtet, daß der Zuschauer nur mit Ungeduld die Ankunft der Retterin erwarten kann. Als sie dann endlich erscheint, fühlt er sich so befreit und erlöst, daß er das *Spiel* der Darsteller gar nicht mehr wahrnimmt. Das Talent des Regisseurs hat es an vielen Stellen einfach überdeckt. Der Spielleiter kann viel machen, aber bei weitem nicht alles. Der Hauptanteil liegt in den Händen der Schauspieler, denen er helfen, die er in den Vordergrund rücken muß. An dieser Hilfe, die der Schauspieler unbedingt braucht, ließen es die Meininger Regisseure offensichtlich fehlen, und deshalb war der Spielleiter dazu verdammt, ohne die Hilfe der Schauspieler zu schaffen. Der Regieplan war immer sehr breit angelegt und besaß in geistiger Hinsicht eine gewaltige Tiefe. Aber wie sollte er ohne das Dazutun der Schauspieler ausgeführt werden? Das Schwergewicht der Aufführung mußte auf die Inszenierung verlegt werden. Die Notwendigkeit, für alle schöpferisch zu denken und zu arbeiten, ließ einen Despotismus des Spielleiters entstehen.

Ich glaube, daß wir Liebhaberregisseure uns in der gleichen Lage wie Chronegk und der Herzog von Meiningen befanden. Auch wir wollten große Aufführungen zustande bringen, erhabene Gedanken und Gefühle offenbaren. Jedoch aus Mangel an ausgebildeten Darstellern waren wir gezwungen, alles in die Macht des Spielleiters zu geben, der, ganz auf sich gestellt, nur mit Hilfe von Organisation, Dekoration, Requisiten, einer interessanten Inszenierung und spielleiterischer Phantasie schöpferisch tätig sein mußte. Mir schien deshalb der Despotismus der Meininger Regisseure durchaus begründet. Er kam meiner Einstellung entgegen, und so war ich bemüht, die Arbeitsmethoden Chronegks zu erlernen. Folgendes erfuhr ich von Personen, die mit ihm zu tun gehabt hatten und bei seinen Proben zugegen gewesen waren:

Chronegk – der Schrecken der Schauspieler – pflegte außerhalb der Proben und der Vorstellung den schlichtesten und kameradschaftlichsten Umgang selbst mit dem untergeordneten Personal der Truppe. Er kokettierte anscheinend sogar mit dieser Einfachheit und Natürlichkeit den Niederen gegenüber. Jedoch mit Beginn der Proben, sobald er seinen Platz als Spielleiter eingenommen hatte, war Chronegk wie umgewandelt. Schweigend saß er und wartete, daß der Zeiger der Uhr die für die Probe bestimmte Stunde anzeige. Dann griff er nach einer großen Glocke mit unheilschwer tiefem Klang und befahl mit gelassener Stimme »Anfangen!« Sofort verstummte alles, und die Schauspieler waren ebenfalls wie ausgewechselt. Ohne Verzögerung begann die Probe und lief ununterbrochen, bis das unheimliche Glockenzeichen zum zweiten Male ertönte und der Regisseur mit ruhiger Stimme seine Bemerkungen machte; darauf dann wieder das fatale »Anfangen«, und die Probe nahm ihren Fortgang.

Aber da trat ganz unerwartet eine Stockung ein. Die Darsteller begannen miteinander zu flüstern, die Regieassistenten flitzten hin und her. Offensichtlich war irgend etwas passiert. Es stellte sich heraus, daß sich einer der Mitwirkenden verspätet hatte und sein Monolog deshalb ausgelassen werden mußte. Ein Regieassistent hatte dem Regisseur den Vorfall mitgeteilt und erwartete nun, am Souffleurkasten stehend, Chronegks Anordnungen. Alles stand starr, Chronegks Warten wirkte ermüdend. Die Pause schien endlos. Chronegk überlegte, suchte eine Entscheidung. Alle waren gespannt auf den Urteilsspruch. Endlich verkündete der Regisseur: »Die Rolle des zuspätgekommenen Schauspielers X wird für die Dauer des Moskauer Gastspiels der Schauspieler Y übernehmen. Den Schauspieler X jedoch beordere ich in die Volksszenen, wo er die letzte Gruppe der Statisten leiten wird, und zwar von hinten her.« Die Probe wurde fortgesetzt; an Stelle des Übeltäters spielte der Ersatzmann.

Ein anderes Mal hielt Chronegk nach Schillers »Räubern« ein Strafgericht. Einer seiner Assistenten, ganz offensichtlich ein leichtsinniger und oberflächlicher Mensch, hatte versäumt, eine Gruppe von Statisten rechtzeitig auf die Bühne zu schicken. Nach Beendigung der Vorstellung rief Chronegk den Sünder zu sich und begann, seinem Mitarbeiter in aller Freundschaft Vorhaltungen zu machen. Der jedoch suchte sich mit Scherzen zu rechtfertigen.

»Herr Schulz!« wandte sich Chronegk an einen zufällig vorbeigehenden einfachen deutschen Arbeiter aus der Truppe. »Sagen Sie doch bitte, bei welchen Worten in dem und dem Akt tritt von links eine Gruppe Räuber auf?«

Der Arbeiter deklamierte mit Pathos den ganzen Monolog, bemüht, seine schauspielerischen Fähigkeiten zu beweisen. Chronegk klopfte ihm wohlwollend auf die Schulter, und sich wieder seinem leichtsinnigen Mitarbeiter zuwendend, sagte er sehr nachdrücklich zu ihm: »Der ist nur ein einfacher Arbeiter. Aber Sie sind Regieassistent und mein Mitarbeiter! Sie sollten sich schämen! Pfui!«

Was uns die Meininger Bedeutungsvolles gebracht haben, nämlich die Regiemethoden zur Herausarbeitung des geistigen Wesens eines Werkes, verstand ich wohl zu schätzen. Dafür weiß ich ihnen sehr großen Dank und werde ihn auch Zeit meines Lebens bewahren.

Für das Leben unserer Gesellschaft, besonders aber für das meine, bedeuteten die Meininger eine neue wichtige Etappe.

Allein ihr Einfluß auf mich hatte auch etwas sehr Übles.

Die Selbstbeherrschung und Kaltblütigkeit Chronegks imponierten mir. Ich ahmte ihn nach und begann seit jener Zeit, ein Despot in meiner Regiearbeit zu werden, während viele russische Regisseure nun wiederum mich nachahmten. So entstand eine ganze Generation von Regietyrannen. Aber o weh! Da sie nicht über das Talent Chronegks und des Herzogs von Meiningen verfügten, wurden diese Regisseure neuen Typs zu Spielleitern, die die Schauspieler wie irgendein Mobiliar zu Requisitenstücken oder zu Kleiderhaken für die Kostüme machten und sie in Schachfiguren verwandelten, die sie beliebig nach ihrem Regieplan hin- und herschieben konnten.

Georg II. von Meiningen

[Aus Briefen an Paul Lindau]
[1909]

Bei der Komposition des Bühnenbildes ist zu beachten, daß die Mitte des Bildes mit der Mitte des Bühnenraumes nicht kongruent ist.

Geht man bei der Komposition von der geometrischen Mitte aus, so ergeben sich zwei gleiche Hälften, und dann ist immer die Gefahr vorhanden, daß in der Anordnung der Gruppen und deren Einfügung in das Gesamtbild rechts und links mehr oder minder symmetrische Übereinstimmungen entstehen, die hölzern, steif und langweilig wirken.

(Der Reiz der japanischen Kunst beruht ja nicht zum geringen Teile in der Umgehung aller Symmetrie. ›L'ennui naquit un jour de l'uniformité‹, sagt Boileau vom Kunstwerk im allgemeinen. In der bildenden Kunst heißt die ›uniformité‹, die der französische Ästhetiker als die Mutter der Langeweile bezeichnet, Symmetrie.)

Die Ausnahme bestätigt die Regel; die Komposition mit der Hauptfigur – oder Hauptgruppe – in der richtigen Mitte, der die Nebenfiguren – oder Nebengruppen – in mehr oder minder gleichmäßigem Abstande an die Seite treten, kann auch auf der Bühne künstlerisch wohlberechtigt sein in dem besonderen Falle, daß in dem dargestellten Bilde eine feierlich strenge, gewissermaßen asketische Wirkung angestrebt wird (man denke zum Beispiel an die Sixtina). Da wird das Bild immer den Charakter des ruhigen Verweilens haben. Die Bühne hat nun aber vorwiegend die Bewegung, das unaufhaltsame Vorwärtsschreiten der Handlung zu veranschaulichen; deshalb ist diese Anordnung im allgemeinen zu vermeiden, da sie erstarrend wirkt und die Bewegung aufhält.

Es macht sich selten gut, wenn irgend etwas in der Mitte steht. Versatz- oder andere Stücke sind tunlichst auf einer der Seiten anzubringen, natürlich in einer gewissen Entfernung von den Kulissen, damit sie möglichst von allen im Zuschauerraume Sitzenden gesehen werden können.

Auch der Schauspieler soll niemals in der Mitte der Bühne, dem Souffleur gerade gegenüber stehen, sondern immer ein wenig nach rechts oder nach links vom Kasten.

Der mittlere Raum der Bühne, etwa in der Breite des Souffleurkastens, von der Rampe bis zum Prospekt des Hintergrundes gerechnet, soll für den Schauspieler nur als Übergang von rechts nach links oder umgekehrt in Betracht kommen; im übrigen hat er da nichts zu suchen.

Ebenso ist möglichst zu vermeiden, daß zwei Personen in gleichem Abstande von der Mitte vom Souffleurkasten stehen.

Auf das wohlgefällige Verhältnis in der Stellung der Schauspieler zu den Dekorationen ist besonders zu achten, namentlich auf die Richtigkeit dieses Verhältnisses.

Eine weit verbreitete Nachlässigkeit der Regie ist es, daß auf die Stellung des Schauspielers zur Architektur, zu den perspektivisch gemalten Bäumen, Gebäuden usw. nicht genügend geachtet wird. Alle Fehler lassen sich da freilich nicht vermeiden, da die lebende Gestalt des Schauspielers in der Unabänderlichkeit ihres Größenmaßes mit jedem Schritt nach rückwärts in der starken Perspektive der gemalten Dekoration verhältnismäßig zu groß wird. Aber vermindern lassen sie sich, und der störende Nonsens läßt sich doch beseitigen.

Der Darsteller soll zum Beispiel an die Dekorationen der tieferen Gassen und des hinteren Prospektes nicht so nahe herantreten, daß die Unmöglichkeit der Größenverhältnisse auffällig wird. Er soll nicht, wie man das so oft sieht, unmittelbar vor einem gemalten Hause stehen, dessen Tür ihm bis an die Hüfte reicht, wo er, ohne sich zu recken, in die Fenster des ersten Stockes sehen und, wenn er die Hand aufhebt, den Schornstein berühren könnte.

Die Dekorationsstücke, an die der Darsteller heranzutreten hat, müssen stets in wenigstens annähernd richtigem Größenverhältnis zum Menschen stehen. So zum Beispiel der Tempel in der ›Iphigenie auf Tauris‹, der demnach auch zweckmäßig vorn in den ersten Gassen anzubringen ist, so daß die Säulen, die beinahe bis zur Höhe der Soffitten heraufgeführt werden können, die menschliche Gestalt sehr hoch überragen. Es kommt nicht darauf an, daß man vom Zuschauerraum aus den Tempel von unten bis oben sehen könne. Es muß vielmehr genügen, wenn man einen Teil des von den Säulen getragenen Gebälkes, den Balkenkopf und den Ansatz der Bedachung zu sehen bekommt, während das übrige, die Krönung, im Grün der Baumsoffitten sich verstecken kann.

(Auch der Balkon in ›Romeo und Julia‹ wird gewöhnlich viel zu tief genommen. Der Übelstand, daß Julia in etwa richtiger Höhe des Balkons etwas hoch zu stehen kommt, ist geringer als der übliche, daß man bei der konventionellen, sehr mäßigen Höhe des Balkons den störenden Gedanken nicht los wird: Romeo braucht, auch ohne ein besonders guter Turner zu sein, nur einen Satz zu machen, um zu der unerreichbaren Geliebten zu gelangen und sie in seine Arme zu schließen.)

An gemalte Dekorationsstücke (Säulen und dergleichen) dürfen sich die Schauspieler niemals anlehnen. Ist die Bewegung frei, so ist es unvermeidlich, daß durch die Berührung die bemalten Stücke wackeln und die Illusion des Dargestellten zerstört wird, gebraucht der Schauspieler die gebotene Vorsicht, um durch seine Bewegung die Leinwand nicht zu erschüttern, so kommt in seine Gebärde etwas Unfreies, das durch die bemerkbare Absicht des Darstellers verstimmt.

Dekorationsstücke, an die sich der Schauspieler anlehnen kann oder auf die er sich stützt (wie Türpfosten, Baumstämme usw.), müssen aus widerstandsfähigem Material gefertigt, also plastisch sein (wie das übrigens in neuerer Zeit von den besseren Bühnen ziemlich allgemein beobachtet wird).

Bei der gleichzeitigen Verwendung von Malerei und Plastik auf der Bühne ist dafür Sorge zu tragen, daß die Verschiedenheit des angewandten Materials bei der angestrebten Gleichmäßigkeit der Wirkung sich nicht in störender Weise bemerkbar mache. Die Übergänge, zum Beispiel von natürlichen oder künstlichen Blumen und Blättern zu den gemalten, müssen mit besonderer Feinheit so hergestellt werden, daß das eine vom anderen kaum zu unterscheiden ist.

(Es wirkt durchaus unkünstlerisch, ja albern, wenn beispielsweise an einem Rosenstrauche die eine Rose, die gepflückt werden muß, unter den gemalten die allein plastische ist, oder wenn man in der Werkstatt des ›Geigenmachers von Cremona‹ auf dem hinteren Prospekt ein halbes Dutzend gemalter Geigen mit gemalten Schatten und dazwischen in ihrer Wirklichkeit die eine Geige, die gebraucht wird, plastisch und mit wirklichem Schatten zu sehen bekommt – eine richtige Geige, die obendrein noch im Verhältnis zu den gemalten unrichtig wirkt, da sie scheinbar ein zu großes Format, etwa das der Bratsche, hat.)

Der Versuch, die menschliche Staffage mit den perspektivistischen Verhältnissen der Architektur in der Tiefe der Bühne in Einklang zu bringen – zum Beispiel bei dem Bau von Zwing-Uri im ›Tell‹ heranwachsende und kleine Jungen in entsprechender Kostümierung und Maske als Arbeiter am Bau zu verwenden, die wie Erwachsene in der Entfernung wirken sollen –, kann als gelungen nicht bezeichnet werden. Der ganze Habitus der Jungen ist eben doch ein anderer als der der Erwachsenen. Außerdem sind das Verschwimmen der Umrisse und die Abdämpfung des Kolorits, die in der Natur durch die Entfernung hervorgebracht und von der Malerei wiedergegeben werden, in der Leibhaftigkeit der Gestalten auf den Brettern nicht zu erzielen. Die lebende Staffage bewahrt eine viel schärfere Deutlichkeit als die gemalte Umgebung, und das Auge des Zuschauers sieht nicht durch die Entfernung verkleinert wirkende Erwachsene, sondern zwergartige, gnomenhafte Wesen, Knirpse mit alt gemachten Gesichtern.

Luftsoffitten, die oben quer über die Bühne laufenden, gerade abgeschnittenen, blau gestrichenen Leinwandstreifen, die den unbewölkten Himmel darstellen sollen – im Jargon ›Ozonlappen‹ genannt –, dürfen niemals angebracht werden. Bei landschaftlichen Dekorationen müssen stets Bäume mit breiten Ausladungen der Zweige, die das Bühnenbild oben abschließen, verwendet werden. Diese Laufbögen können gewöhnlich auch für Städtebilder, Gassen und Märkte genommen werden. Manchmal gestattet auch die Handlung, daß über Straßen und Plätze Blumengewinde oder Fähnchen, Flaggen und Wimpel gespannt werden. Ist das untunlich und muß der Himmel sich über die Szene breiten, so sind Wolkensoffitten den blauen Luftstreifen noch immer vorzuziehen. Die langweiligen und häßlichen blauen Lappen sollten in keinem anständigen Dekorationsspeicher Raum finden.

Bei den ersten Proben zu einem neuen Stücke mit Volksszenen und großem Personal stehen dem Regisseur gewöhnlich die Haare zu Berge. Man verzweifelt fast an der Möglichkeit, die starre, spröde Masse zu beleben und zu schmeidigen. Eine große Hilfe bei der Bewältigung der gestellten Aufgabe ist es, wenn die Dekorationen von Hause aus feststehen. Die Veränderung der Dekorationen, das Umhängen respektive Umstellen der Versatzstücke und Möbel während der Proben hält entsetzlich auf, fällt auf die Nerven, langweilt und erschlafft die Mitglieder.[1]

In Kostümstücken muß mit den Waffen, den Helmen, Rüstungen, Schwertern usw. möglichst früh probiert werden, damit die Schauspieler durch die ungewohnte Hantierung und das schwere Gewicht der Waffen in der Vorstellung nicht im Spiel behindert werden.

Bei diesen Stücken ist es unerläßlich, daß schon vor der Generalprobe, die sich ja von der ersten öffentlichen Aufführung nur durch den Ausschluß des Publikums unterscheiden soll, die Künstler im Kostüm probieren – entweder im richtigen oder, wenn das noch nicht fertig sein sollte oder geschont werden müßte, in einem im Schnitt entsprechenden. Sie müssen schon auf mehreren Proben vor der Generalprobe Kopfbekleidung, Mäntel, Schleppen usw. genau oder wenigstens ungefähr so wie in der öffentlichen Vorstellung tragen. Die Vorstellung darf nichts Unvorhergesehenes und keinerlei Überraschendes dem Künstler bieten. Dem Darsteller muß die Gelegenheit gegeben werden, sich mit der ungewohnten Tracht der Vergangenheit vertraut zu machen. Man darf seinem Auftreten und seinen Bewegungen nicht anmerken, daß er ein ›Kostüm‹ trägt, das ihm der Garderobier eben angelegt hat; man darf nicht an ein Kostümfest oder an einen Maskenball erinnert werden.

Haltung und Bewegung sind vom Wandel der Trachten, von der wechselnden Mode nicht unbeeinflußt geblieben. Unsere jetzt ganz gewöhnliche Fußstellung mit den Hacken aneinander, die beim Stillestehen des Militärs die anbefohlene ist und die auch vom Zivil, zum Beispiel im Verkehr mit Vorgesetzten und Respektspersonen sowie bei der Begrüßung beobachtet wird, sieht in der Tracht der früheren Zeiten, von der Antike bis über die Renaissance hinaus, abscheulich aus und ist falsch. Diese Fußstellung, Hacken und Hacken, scheint kaum früher als durch die Tanzpas des Menuetts allgemein eingeführt worden zu sein. Ein Führer der Landsknechte darf aber nicht dastehen wie ein abbé galant aus der Zopfzeit oder ein Leutnant im modernen Salon mit zusammengestellten Füßen.

---

[1] Zu dieser Erkenntnis war der Herzog erst in späteren Jahren mit der zunehmenden Bühnenpraxis gelangt.

Die natürliche, richtige und auch für das Auge gefällige Stellung im Kostüm bis an die Zopfzeit heran ist die Breitbeinigkeit, respektive das Vorstellen des einen Fußes vor den anderen.

Allgemeine Regel ist: Alles Parallele ist auf der Bühne tunlichst zu vermeiden. Sie findet auch für Kostümstücke ihre besondere Anwendung.

Spieße, Hellebarden, Lanzen und Speere usw. dürfen niemals in gleicher Richtung getragen werden wie die Schieß- und Stechwaffen von unserer modernen Infanterie und Reiterei. In der Haltung der alten Waffen muß eine wohlgefällige Willkür herrschen; sie dürfen nicht in gleichem Abstande voneinander, nicht in gleicher Richtung gehalten werden. Sie müssen hier aneinandergerückt, dort weiter voneinander entfernt werden, nicht scheitelrecht, sondern schräg stehen und sich schneiden.

Jeder nicht antike Helm, den der Schauspieler aufsetzt, muß so tief in die Stirn gerückt werden, daß von der Stirn nur der Muskel über den Augenbrauen zu sehen ist. Die beliebte Manier, den Helm auf den Hinterkopf an den Nacken zu setzen, ist Tenoristenart, die ins Schauspiel nicht paßt. Unsere Herren Liebhaber im Kostüm haben wahrscheinlich Angst, ihre Löckchen in Unordnung zu bringen, wenn sie den Helm richtig aufstülpen. Darauf kommt's uns aber nicht an.

Die Parallele ist ganz besonders in der Stellung der Schauspieler zueinander vom Übel. Wenn schon die Parallelstellung des einzelnen mit der Rampe, also die volle en-face-Stellung nicht schön aussieht, so wird es ein geradezu häßlicher Anblick, wenn zwei oder gar mehrere Schauspieler von ungefähr gleicher Schulterhöhe parallel mit der Rampe stehen.

Die Parallele mit der Rampe ist auch in der Fortbewegung der Schauspieler verwerflich. Wenn der Schauspieler zum Beispiel von vorn rechts nach vorn links zu gehen hat, so vermeide er den geraden Weg, der auf der Bühne nicht der beste ist, sondern er versuche in unauffälliger, unaufdringlicher Weise in einem Winkel die Linie zu brechen.

Wenn drei oder mehrere Schauspieler in einer Szene zu tun haben, so ist die gerade Linie in ihrer Stellung zueinander überhaupt zu vermeiden. Sie müssen immer in einem Winkel zueinander stehen. Die Abstände zwischen den einzelnen Darstellern müssen immer ungleich sein. Bei gleichen Abständen voneinander wirken sie langweilig und leblos wie die Figuren auf dem Schachbrett.

Es ist immer ein Vorteil, wenn der Schauspieler auf ungezwungene Weise Fühlung mit einem Möbel oder sonst einem auf der Bühne befindlichen Gegenstande finden kann. Das erhöht den Eindruck des Lebendigen und Natürlichen.

Hat die Bühne verschiedene Ebenen – Treppen, hügeligen Boden mit Felsblöcken und dergleichen –, so soll sich der Schauspieler nicht die Gelegenheit entgehen lassen, seiner Haltung eine rhythmisch bewegte, anmutige Linie zu geben. Er darf also zum Beispiel auf einer Treppe niemals mit beiden Füßen auf derselben Stufe stehen. Steht er an einem Stein oder dergleichen, so setze er einen Fuß darauf. Steigt er von einer Erhöhung herab und hat er unterwegs zu verweilen, um etwas zu sagen oder zu beobachten, so soll er einen Fuß tiefer als den anderen setzen. Dadurch gewinnt die ganze Haltung an Freiheit und Erfreulichkeit. ›Ein Bein hoch!‹ sei in diesen Fällen der stereotype Kommandoruf der Regie.

Die Behandlung der Massen auf der Bühne erfordert eine ganz besondere Sorgfalt in der Vorbereitung.

Es gibt kaum ein Theater, das imstande wäre, die zu einer großen Volksszene erforderlichen stummen Darsteller aus dem eigenen Personalbestande zu stellen. Außer den Mitgliedern des Chors und den sogenannten Hausstatisten, zu denen oft noch die recht tüchtigen Theaterarbeiter, die sich auf den Brettern schon heimisch fühlen, hinzutreten können, müssen immer noch für die ›Komparserie‹ in erklecklicher Anzahl Mitwirkende, für die ›Statieren‹ nur eine Nebenbeschäftigung ist und für die jede Probe und jede Vorstellung nach einem bestimmten Satze bezahlt werden, herangezogen werden. Unter diesen Leuten, die oft wechseln und die der Regisseur nicht kennen kann, befinden sich freilich auch manchmal recht verwendbare, die gut hergerichtet werden können und begreifen, was man ihnen sagt, und in der Ausführung nicht ungeschickt sind; daneben aber auch natürlich viele recht bedenkliche Elemente, denen nichts beizubringen ist, die sich unbeholfen benehmen, lächerlich aussehen, manchmal sogar auf eigene Faust, einer Eingebung folgend, eigene Komödie spielen wollen und großen Schaden anrichten können. Sache des Regisseurs und des ihm untergeordneten Inspizienten ist es, in diesem großen Haufen die besonders Geeigneten und besonders Ungeeigneten möglichst schnell herauszufinden und die Böcke von den Schafen zu scheiden, so daß die zweifelhaften an unschädlicher Stelle nur als Füllsel in Betracht kommen.

Die Masse der Komparserie wird in eine Anzahl von kleineren Gruppen geteilt, deren jede für sich gesondert eingedrillt werden muß.

Jede dieser Gruppen wird von einem erfahrenen, bühnenangehörigen Schauspieler oder einem gewandten Mitglied des Chors geführt, der die anderen ›deckt‹ – der also augenfällig im Vordergrunde steht. Dieser Führer hat gewissermaßen die Verantwortlichkeit dafür zu tragen, daß die ihm überwiesenen Untergebenen die ihnen erteilten Vorschriften befolgen. Er selbst ist dem Regisseur dafür verantwortlich, daß Stellungen, Bewegungen usw. beim Stichwort richtig vorgenommen werden.

Die Führer bekommen ausgeschriebene Rollen mit Stichworten, in denen die vom Dichter oft nur allgemein gegebenen Bezeichnungen, wie ›Lärm‹, ›Tumult‹, ›Gemurmel‹, ›Rufe‹, ›Aufschreie‹ und dergleichen, vom Regisseur in Worte umgesetzt werden, die dann von den Betreffenden auswendig zu lernen sind. Diese Einfügungen müssen natürlich in verschiedenen Fassungen gehalten sein und dürfen nicht gleichzeitig in Uniform vorgetragen werden.

Die Aufgabe, die diesen Führern der Statistengruppen zufällt, ist nicht leicht, und es ist ein bedauerlicher, die künstlerische Wirkung oft schwer schädigender Irrtum, daß die als ›Schauspieler‹ verpflichteten Mitglieder diese Rollen als minderwertig oder eines echten Künstlers unwürdig betrachten; daß sie diese Rollen, wenn irgend möglich, von sich abzuschütteln trachten oder, wenn sie zur Darstellung gezwungen werden können, ihre Unlust deutlich zur Schau tragen.

In Meiningen sind sämtliche Künstler ohne Ausnahme zu dieser Art von ›Statisterie‹ verpflichtet. Und diesem Umstande ist die beim ersten Auftreten der Meininger geradezu verblüffende Wirkung zuzuschreiben, die durch die Lebendigkeit und Teilnahme der Massen erzielt wurde, durch dieses wirkliche Mitspielen der Menge, das gegen die ungelenke Hölzernheit und Apathie der stummen Personen, an die wir uns bis dahin hatten gewöhnen müssen, so auffällig abstach.

Die Unschönheiten und Fehler in den Stellungen der einzelnen Künstler zueinander wirken bei den Massenszenen besonders störend. Der Hauptreiz in der Gruppierung liegt in der schönen Linie der Köpfe. Wie die Gleichmäßigkeit in der Haltung ist auch die Gleichheit der Kopfhöhe der Nebeneinanderstehenden tunlichst zu vermeiden. Wenn es angeht, sollen die einzelnen auf verschiedenen Höhen stehen; gestattet es die Situation, so mögen einzelne knien, andere in stehender Haltung daneben gestellt werden; die einen gebeugt, die anderen aufrecht. Es wirkt gut, wenn um die Person oder den Gegenstand, auf welche die Blicke der Gruppenbildenden sich richten, ein unregelmäßiger Halbkreis gebildet werden kann.

Es muß auch darauf geachtet werden, daß diejenigen Personen, die dem Publikum zunächst stehen, also dem Auge des Zuschauers am meisten ausgesetzt sind, sich so stellen und verhalten, daß ihre Schultern nicht in demselben Winkel zur Rampe stehen. Einem jeden Statisten ist einzuschärfen, seine Stellung zu ändern, sobald er merkt, daß er ebenso steht wie sein Nachbar. Auf keinem guten Bilde wird man viele nebeneinanderstehende Figuren in gleicher Stellung und Schulterrichtung finden. Diese Anordnung ist den Schauspielern und Statisten beinahe in jeder Probe von Massenszenen zu erteilen, weil sie immer wieder vergessen wird.

Mit besonderem Nachdruck ist den Statisten zu untersagen, daß sie ins Publikum glotzen. Daß sie dies sonst instinktiv tun, ist natürlich, da für sehr viele das ›Theaterspielen‹ etwas Neues und Ungewohntes ist und es ihre Neugier reizt, Umschau im dunkleren Zuschauerraume zu halten.

Unschön wirkende Vorgänge, wie zum Beispiel das Wegschleppen der Verwundeten und Leichen, müssen ›gedeckt‹, das heißt den Blicken der Zuschauer möglichst entzogen werden. Das darf aber nicht etwa in der Weise geschehen, daß sich um den Vorgang eine dichte und undurchdringliche Mauer von Menschen bildet; das wirkt absichtlich und lächerlich. Die Deckung muß vielmehr ziemlich locker sein, so daß man von dem, was geschieht, zwar nicht allzuviel, aber doch genug sieht, um zu ahnen, um was es sich handelt.

Wenn auf der Bühne der Eindruck einer sehr großen Volksmenge hervorgerufen werden soll, so sind die Gruppen so aufzustellen, daß sich die an der Seite stehenden Personen tief in die Kulissen verlieren. Von keinem Platze des Zuschauerraums aus darf man sehen, daß die Gruppierung aufhört. Das Bild soll vielmehr dem Zuschauer die Täuschung ermöglichen, als ob noch weitere Volksmengen hinter der Bühne drängen.

Erläuterungen

Erläuterungen zu Roßmann

33,1 *Roßmann:* der Kunsthistoriker Wilhelm Roßmann war 1860–1869 Erzieher des Erbprinzen von Meiningen. Sein im Jahrbuch der Deutschen Shakespeare-Gesellschaft erschienener Aufsatz hat den Charakter einer Selbstanzeige.

33,15 *Locher:* Vorgänger von Grabowski als artistischer Leiter des Meininger Hoftheaters.

33,18 *das Wintermärchen (nach Dingèlstedt):* mit Dingelstedts (s. Register) Weimarer Inszenierung des von ihm bearbeiteten ›Wintermärchens‹ wurde dieses vernachlässigte Stück wieder für das deutschsprachige Theater erobert.

33,35 *(nach Ihrer Bearbeitung):* d. h. Bodenstedts (s. Register), des Herausgebers des Shakespeare-Jahrbuchs. Ein Jahr später wurde Bodenstedt Intendant des Meininger Hoftheaters; vgl. den folgenden Aufsatz von Oechelhäuser.

Erläuterungen zu Oechelhäuser

37,5 *Oechelhäuser:* anläßlich der Berufung Bodenstedts nach Meiningen nimmt Wilhlem Oechelhäuser, dessen Bearbeitungen von u. a. Shakespeares Königsdramen in den frühen 70er Jahren am Königlichen Schauspielhaus aufgeführt wurden, Stellung zum Prinzip der Texttreue.

37,9 *Bodenstedt:* der Epigonendichter und Dramaturg, Friedrich von Bodenstedt (s. Register), wurde 1867 nach Meiningen berufen; wie Oechelhäuser betont, galt Bodenstedt – im Gegensatz zu Dingelstedt (s. Register) – als Vorkämpfer der Anwendung von möglichst unbearbeiteten Texten.

37,16 *Immermann:* Karl Leberecht Immermann (1796–1840), Vf. von Romanen und Dramen; 1834–1837 erhob er das Düsseldorfer Theater zu einer Musterbühne, die jedoch kaum Resonanz fand.

37,29 *Athenäum:* Londoner literarische Zeitschrift, 1828–1921. Der Aufsatz von Oconor (oder O'Conor) ist nicht auffindbar.

37,35 *Weimar'schen Hofbühne:* 1857–1867 war Dingelstedt Generalintendant des Weimarischen Hoftheaters. Höhepunkt dieses Jahrzehnts bildete seine Inszenierung der Shakespeareschen Königsdramen im Jahre 1864.

38,8 *den ... Thron bestiegen:* vgl. Einleitung S. 4ff.

39,2 *Freiherr von Loën:* ab 1867 als Nachfolger von Dingelstedt Intendant des Weimarischen Hoftheaters.

40,4 *Possart:* Ernst Possart (1841–1921), Schauspieler und Theaterdirektor, veranstaltete 1880 das Münchener Gesamt-Gastspiel.

41,22 *eventum ... vaticinium:* Ereignis ... Prophezeiung.

43,19 *Frl. Ellen-Franz* (s. Register), die spätere Frau des Herzogs von Meiningen.

44,2 *Oriflamme:* Banner der französischen Könige im 12.–15. Jahrhundert.

48,38 *Karlsruhe:* das Karlsruher Hoftheater wurde 1853–1870 von Eduard Devrient (s. Register) geleitet. Wegen seiner Förderung der Ensemble-Einheit galt Devrient als Vorläufer der Meininger.

49,18 *Herr von Hülsen:* Botho von Hülsen (1815–1886), Generalintendant der königlich preußischen Schauspiele.

49,24 *den Musentempel am Gensdarmenmarkt:* das Königliche Schauspielhaus zu Berlin.

50,1 *Brockmann ... Schröder:* Johann Franz Hieronymus Brockmann (1745–1812), berühmter Schauspieler der Goethezeit; Friedrich Ludwig Schröder (1744–1816), Schauspieler und Theaterleiter; Direktor des Hamburger Theaters.

Erläuterungen zu Frenzel

50,21 *Frenzel:* (s. Register). Karl Frenzel, der führende Berliner Theaterkritiker, wurde 1870 vom Herzog nach Meiningen eingeladen, wo er Aufführungen von ›Julius Cäsar‹ und ›Der Widerspenstigen Zähmung‹ beiwohnte. Diese in der National-Zeitung erschienene Besprechung war die erste Würdigung der Meininger von einem etablierten Theaterkritiker.

50,30 *Wilbrandt:* Adolf Wilbrandt (1837–1911) Dramatiker, Vf. von historischen Dramen. 1881–1887 leitete er das Wiener Burgtheater.

50,35   *das Schwert des Brennus:* Brennus war Anführer der senonischen Gallier, die im Jahre 390 v. Chr. die Römer besiegten und das Kapitol belagerten. Während sich Brennus die Summe, mit der die Römer seinen Abzug erkauften, zuwägen ließ, soll er noch sein Schwert in die Wagschale geworfen haben mit dem sprichwörtlich gewordenen ›Vae victis‹ (›Wehe den Besiegten‹).

51,26   *der beiden Lippi's und Pollajuolo's:* Fra Filippo Lippi (1406–1469), Filippino Lippi (1457–1504), Antonio Pollajuolo (1432–1498), italienische Maler der Renaissance.

52,19   *Die Deinhardstein'sche Bearbeitung:* Johann Ludwig Deinhardstein (1794–1859), Professor der Ästhetik und Vizedirektor des Burgtheaters, bearbeitete mehrere Dramen Shakespeares.

52,26   *Zu Garricks Zeiten:* David Garrick (1717–1779), englischer Schauspieler.

52,30   *Woodward … Gervinus … Mrs. Clive:* Georg Gottfried Gervinus (1805–1871), deutscher Literarhistoriker (Geschichte der poetischen Nationalliteratur der Deutschen, 1835–1842; Shakespeare, 1849–1852), Henry Woodward (1717–1777), Kitty Clive (1711–1785), englische Schauspieler.

53,2   *Fräulein Franz:* Ellen Franz (s. Register).

53,3   *Herr Weilenbeck:* älterer, erblindender Schauspieler (gestorben 1885), der jedoch in den ersten Gastspieljahren mehrere bedeutende Rollen (Argan, Sixtus) einnahm.

Herr Chronegk: Ludwig Chronegk (s. Register).

53,35   *der Laube'schen Bearbeitung des ›Julius Cäsar‹:* mit seiner Inszenierung des von ihm bearbeiteten ›Julius Cäsar‹ erzielte Laube (s. Register) 1850 am Burgtheater einen bemerkenswerten Erfolg.

54,39   *Brückner in Coburg:* (s. Register)

55,31   *Visconti:* Pietro Ercole Visconti (1802–1880), Archäolog, 1836–1870 Direktor der vatikanischen Sammlungen in Rom.

57,1   *Die Meininger in Berlin:* das erste Gastspiel der Meininger wurde am 1. Mai 1874 mit einer Aufführung von Shakespeares ›Julius Cäsar‹ eröffnet; als zweites Shakespeare-Drama folgte ‚Was Ihr wollt' am 20. Mai.

58,16   *Visconti:* vgl. die Anmerkung zu 55,31.

58,35 *den letzten Römer:* d. h. Cassius; vgl. Shakespeare, ‚Julius Cäsar', V, 2, 99: ‚The last of all the Romans,...'

59,25 *Barnay:* Ludwig Barnay (s. Register).

60,3 *Nesper:* Josef Nesper (1844–1929), der bedeutendste der hier genannten Schauspieler; in den Jahren 1874–1884 spielte er bei den Meiningern u. a. Hermann, Wallenstein, Graf Wetter vom Strahl.

60,22 *die Hofbühne:* ›Was Ihr wollt‹ (in einer Bearbeitung von Oechelhäuser) wurde im Januar 1874 durch das Berliner Hoftheater aufgeführt; vgl. Frenzels Besprechung in: Berliner Dramaturgie, Bd. 2, Hannover 1877, S. 41–48.

62,10 *Döring:* Theodor Döring (1803–1878) spielte den Malvolio in der Inszenierung des Berliner Hoftheaters.

62,33 *Kahle:* Richard Kahle (geb. 1842), Darsteller des Narren am Berliner Hoftheater.

Erläuterungen zu Hopfen

63,20 *Hopfen:* Hans Hopfen (s. Register) war 1874 zusammen mit Paul Lindau (s. Register) einer der schärfsten Kritiker der Meininger. Ein Vergleich zwischen seiner Rezension und denen von Frenzel (s. o. S. 57–63) verdeutlicht den von dem ersten Gastspiel hervorgerufenen Prinzipienstreit.

63,24 *das ... Gastspiel Rossi's:* Ernesto Rossi (1827–1896), italienischer Schauspieler, einer der großen wandernden Virtuosen des 19. Jahrhunderts. Zur Zeit des ersten Berliner Gastspiels der Meininger gastierte er im Victoriatheater.

64,35 *Weilenbeck:* vgl. die Anm. zu 53,3.

64,39 *Sixtus V:* ›Papst Sixtus V‹, historisches Drama von Julius Minding (s. Register).

65,3 *Barnay:* Ludwig Barnay (s. Register).

67,15 *Weiß' Costümkunde:* Jakob Weiß, Geschichte des Kostüms (3 Bde.), 1856ff.

67,19 *Engelsburg:* Castel Sant' Angelo, der ursprünglich als Grabmal des Kaisers Hadrian errichtete, später zur Zitadelle umgewandelte Bau in Rom.

67,22   *Sbirren:* bewaffnete Justiz- und Polizeidiener.

70,12   *Herrn Blasels* ... *Menelaos:* der Wiener Komiker Karl Blasel spielte den Menelaus in der Wiener Erstaufführung von Offenbachs ‚Schöner Helena' (Theater an der Wien, 1865).

Erläuterungen zu Geñee

72,11   in der Abwesenheit von Karl Frenzel, dem Theaterkritiker der Deutschen Rundschau, wurde die Besprechung des zweiten Berliner Gastspiels von Rudolf Geñee (s. Register) geschrieben, dessen eigene Bearbeitung der hier besprochenen Kleistschen ›Hermannsschlacht‹ durch das Königliche Schauspielhaus kurz vorher aufgeführt worden war.

75,35   *Caroline Neuber* ... *Gottsched:* Friederike Karoline Neuber (1697–1760), Schauspielerin, half J. C. Gottsched (1700–1766) das ernste Drama auf der deutschen Bühne einbürgern. 1741 überwarf sie sich mit Gottsched.

80,21   *Brückner:* (s. Register).

80,30   *Nesper:* vgl. die Anm. zu 60,3.

81,35   *der großen Szene zwischen Hero und Leander:* die Schlußszene zum zweiten Akt von Grillparzers ›Des Meeres und der Liebe Wellen‹.

Erläuterungen zu Speidel

82,3   *Speidel:* beim ersten Wiener Gastspiel wurden die Meininger vom einflußreichen Kritiker der Neuen Freien Presse, Ludwig Speidel (s. Register), scharf verurteilt. Speidels Einfluß darf jedoch nicht überschätzt werden; im übrigen war die Aufnahme eher positiv; dazu vgl. Thomas Hahm, Die Gastspiele des Meininger Hoftheaters im Urteil der Zeitgenossen unter besonderer Berücksichtigung der Gastspiele in Berlin und Wien. Phil. Diss. Köln 1970.

83,9   *Schikaneder:* Emanuel Schikaneder (1751–1812), Textverfasser der ›Zauberflöte‹.

83,26   *Piloty:* Karl Piloty, Historienmaler (s. Register).

83,38   *Ottfried Müller* ... *Theodor Mommsen:* Ottfried Müller (1797–1840), Altphilolog und Altertumsforscher; Theodor Mommsen (1817–1903), deutscher Historiker (Römische Geschichte, 1854–1885).

86,36	*Björnson und Lindner:* Bjørnstjerne Bjørnson und Albert Lindner (s. Register).
87,9	*Deinhardsteins ... Bühnenbearbeitung:* vgl. die Anm. zu 52,19.
87,23	*La Roche:* Karl La Roche (1796–1884), deutscher Schauspieler, spielte am Weimarer Hoftheater unter der Leitung Goethes; seit 1833 am Burgtheater.
89,33	*Frau Gabillon:* Zerline Gabillon (1835–1892), Wiener Schauspielerin; seit 1853 am Burgtheater.

Erläuterungen zu Lindau

91,1	*Lindau:* Paul Lindau (s. Register), 1874 ausgesprochener Gegner der Meiningenschen Prinzipien, gibt beim Berliner Gastspiel vom 1878 ein milderes und ausgewogenes Urteil.
91,23	*die sogenannte Mannheimer Bühnenbearbeitung:* die auf Verlangen Dalbergs von Schiller bearbeitete Fassung der ›Räuber‹, die 1782 in Mannheim aufgeführt wurde.
91,36	*am Gensdarmenmarkte und an der Panke:* das von Schinkel erbaute Königliche Schauspielhaus stand am Gensdarmenmarkte; die Meininger gastierten im Friedrich-Wilhelmstädtischen Theater am Ufer der Panke (eines Nebenflusses der Spree).
93,13	*den Roman ›Astrée‹ ... ›Seladon‹:* ›Astrée‹, Schäferroman von Honoré d'Urfé (1567–1625); Seladon (Céladon), Liebhaber der Schäferin, Astrée.
94,11	*Crapaud:* männlicher Haartracht des 18. Jahrhunderts.
96,39	*Lebrun:* Theodor Lebrun (1828–1895), Schauspieler und Theaterdirektor, übernahm 1868 das Berliner Wallnertheater.
97,14	*Kainz:* Josef Kainz (s. Register).
97,16	*Nesper:* vgl. die Anm. zu 60,3.
97,29	*Die Wolter:* Charlotte Wolter (1834–1897), Schauspielerin, seit 1862 am Burgtheater, galt als die größte Tragödin der Zeit.
99,36	*der Schinkel'schen Tradition:* Karl Friedrich Schinkel (1781–1841), Architekt, Maler und Bühnenbildner des Klassizismus.
101,9	*Gaul:* Gustav Gaul (1836–1888), Wiener Genre- und Porträtmaler.

101,12 *Kretschmer:* Johann Hermann Kretschmer (1811–1890), Berliner Maler.

105,1 *Pasqué:* Ernst Pasqué (1821–1892), Vf. von Operntexten, Dramen und Novellen.

105,37 *Costümkunde von Weiß:* Jakob Weiß, Geschichte des Kostüms, 1856ff.

106,1ff. Shakespeares ›Wintermärchen‹ ist wegen seiner zahlreichen Anachronismen bekannt.

106,27 *Auf Dingelstedts Anregung:* vgl. die Anm. zu 33,18.

107,7 *per procurationem Jovis:* unter Mitwirkung Juppiters.

107,17 *Jagellonenherrschaft:* Jagellonen: ehemaliges litauisch-polnisches Königshaus, starb in Polen 1572 aus.

107,24 *John Gilbert ... Gabriel Max und Klimsch:* John Graham-Gilbert (1794–1866), schottischer Landschafts- und Porträtmaler; Gabriel Max (1840–1915), deutscher Maler und Graphiker; Ferdinand Karl Klimsch (1812–1890), deutscher Maler und Graphiker.

108,26 *Fräulein Grunert:* Therese Grunert, Schauspielerin bei den Meiningern, wurde 1879 entlassen, weil sie sich weigerte eben diese Rolle weiter zu spielen.

Erläuterungen zu B. S.

110,19 *B. S.:* fünf Jahre nach dem ersten Berliner Gastspiel versucht der Vf. dieses im Familienblatt ›Die Gartenlaube‹ erschienenen Aufsatzes die Bedeutung der Meininger historisch einzuschätzen. Was Deutschland betrifft, ist der Prinzipienstreit vorbei.

110,23 *Eduard Devrient:* (s. Register).

111,8 *Schröder:* vgl. die Anm. zu 50,1.

111,9 *Iffland:* August Wilhelm Iffland (1759–1814), Schriftsteller und Theaterleiter.

111,11 *Laube:* Heinrich Laube (s. Register).

111,18 *die neugewonnene Theaterfreiheit:* mit der Reichsgewerbeordnung von 1869 wurde es möglich ohne Konzession neue Theater zu eröffnen.

111,20ff. Der Vf. bezieht sich auf Schillers Aufsatz, ›Die Schaubühne als moralische Anstalt betrachtet‹.

112,12 *Kaiser Joseph der Zweite:* Kaiser Joseph II. gründete 1776 das Wiener Burgtheater.

114,22 *Trivialität der Kotzebue'schen Stücke:* August von Kotzebue (1761–1819) war Vf. von zahlreichen technisch gewandten, frivolen Komödien, u. a. ›Die deutschen Kleinstädter‹ (1803).

117,18 *auf unserem Bilde:* das Bild von J. Kleinmichel wurde auf S. 236–237 abgedruckt.

118,19 *Devrients, Dawisons, Dessoirs oder Dörings:* bedeutende deutsche Schauspieler: Emil Devrient (1803–1872); Bogumil Dawison (1818–1872); Ludwig Dessoir (1810–1874); Theodor Döring (1803–1878).

Erläuterungen zu Scott

120,3 *Scott:* mit dem Londoner Gastspiel von 1881 wurde der europäische Ruhm der Meininger eigentlich begründet, aber erst nachdem der ›Prinzipienstreit‹ wieder aufflammte. Wie Hopfen und Speidel vertritt der Theaterkritiker des ›Daily Telegraph‹, Clement Scott (s. Register), den individualistischen Standpunkt.

120,9 *the Passion Play at Oberammergau:* das von Daisenberger inszenierte Oberammergauer Passionspiel von 1880.

121,21 *›Money‹ at the Haymarket:* ›Money‹ (1840), Schauspiel von Edward Bulwer-Lytton (1803–1873); Haymarket, großes Londoner Theater, seit 1880 von dem Ehepaar Bancroft geleitet.

122,19 *›The Cup‹:* lyrisches Drama von Tennyson (1809–1902), wurde 1881 in einer Inszenierung von Henry Irving (s. Register) am Londoner Lyceum Theatre aufgeführt.

123,24 *Mr. Compton:* Henry Compton (1805–1877), englischer Schauspieler.

123,29 *Mr. Phelps:* Samuel Phelps (1804–1878), englischer Schauspieler und Theaterdirektor.

Erläuterungen zu Archer

124,11 *Archer:* die Besprechung des Londoner Gastspiels durch den noch jungen William Archer (s. Register) bildet einen Kontrast zur negativen Reaktion des älteren Clement Scott.

125,12 *Lupercalia:* jährliches Fest (am 15. Feb.) zur Ehre des Gottes Lupercus, des Beschützers der Felder und Herde.

126,18 ›*great Pompey's statua*‹: vgl. Shakespeare, ›Julius Cäsar‹, III, 2, 189: ›Even at the base of Pompey's statua / (Which all the while ran blood), great Caesar fell.‹

127,32 *Briareus:* mythologischer Riese mit fünfzig Köpfen und hundert Armen.

128,3 *Mr. Puff:* Archer bezieht sich auf eine Szene im satirischen Drama, ›The Critic‹ (1779) von Richard Brinsley Sheridan (1751–1816); die Hauptperson, Mr. Puff, u. a. Verfasser einer Tragödie, sagt von der in seinem Drama erscheinenden Masse: ›O Yes, where they do agree on the stage, their unanimity is wonderful!‹ (II, 2).

128,35 *the elder Coquelin:* Constant Coquelin gen. Coquelin ainé (1841–1909), französischer Schauspieler.

Erläuterungen zu Brahm (1882)

129,1 *Brahm:* nach einer Abwesenheit von vier Jahren gastierten die Meininger im Frühjahr 1882 wieder in Berlin. Otto Brahm (s. Register), damals Theaterkritiker bei der Vossischen Zeitung, erlebte hier die Meininger wahrscheinlich zum erstenmal. Von seinem Kollegen an der Vossischen Zeitung, Theodor Fontane, gibt es keine ausführliche Besprechung einer Aufführung der Meininger.

129,17 *Wien:* vgl. die Besprechung durch Speidel; s. o. S. 82 ff.

Dingelstedt: (s. Register).

129,32 *Rudolf Dressel:* Besitzer eines Berliner Restaurants, Unter den Linden.

129,33 *die Bühne des Wallnertheaters:* das Repertoire des Wallnertheaters bestand hauptsächlich aus Lokalstücken und Possen.

130,6 ›*... zu erwägen ist*‹: Zitat aus ›Hamlet‹, III, 2.

130,28 *Frl. Schanzer:* Schauspielerin, zweite Frau des Intendanten der herzoglichen Hofmusik, Hans von Bülow (s. Register).

131,34 *früheren Vorstellungen:* ›Julius Cäsar‹ war in den Gastspielen von 1874 und 1875 in Berlin aufgeführt worden.

Erläuterungen zu Ostrovskij

132,16 *Ostrovskij:* wie in London wird auch beim ersten Rußlandbesuch der Prinzipienstreit wieder lebendig. Als Kontrast zur kühlen Reaktion von Ostrovskij vgl. den unten abgedruckten Text von Stanislavskij.

138,10 ... *die Aufführungen streng kontrollieren:* kurz vor seinem Tode im gleichen Jahr wurde Ostrovskij zum Direktor des Kaiserlichen Theaters und der Schauspielerschule in Moskau ernannt.

Erläuterungen zu Brahm (1887)

138,15 *Brahm:* die im letzten Berliner Gastspiel zum erstenmal aufgeführte ›Jungfrau von Orleans‹, mit der jungen Schauspielerin Amanda Lindner in der Titelrolle, war einer der größten Erfolge der Meininger überhaupt. Innerhalb von vier Jahren wurde das Schillersche Drama 194mal aufgeführt, 55mal bei diesem ersten Gastspiel (vgl. ›Julius Cäsar‹: 330mal in siebzehn Jahren; 52mal in drei Gastspielen in Berlin).

138,28 ... *diese Auseinandersetzung gab:* in dem Brief an Körner vom 28. 7. 1800.

139,34 *das Deutsche Theater:* wurde 1883 als ein Schauspielertheater begründet; seine Direktion lag in der Hand einer Gemeinschaft von Schauspielern, u. a. Ludwig Barnay. Bald wurde Adolf L'Arronge (1838–1908) der alleinige Besitzer und Leiter. 1894 gab er das Theater an Otto Brahm ab.

Erläuterungen zu Frédérix

140,4 *Frédérix:* beim Brüsseler Gastspiel von 1888 waren die Kritiker wieder geteilter Meinung. Im Gegensatz zum Kritiker des L'Art Moderne (s. o. S. 143 ff.) reagiert der angesehene Gustave Frédérix etwas kühl.

140,18 ... *du relief:* vgl. August Wilhelm Schlegel, Vorlesungen über dramatische Kunst und Literatur, 30. Vorlesung.

140,24 *Niebuhr... Mommsen... Duruy:* Berthold Georg Niebuhr (1776–1831), deutscher Historiker (Römische Geschichte, 1811–1832);Theodor Mommsen (1817–1903), deutscher Historiker (Römische Geschichte, 1854–1885); Victor Duruy (1811–1894), französischer Historiker (Histoire des Romains, 1843–1845).

140,34 *... Mme de Staël:* vgl. Heine, Die romantische Schule, 1. Buch. Mme de Staël (1766–1817), Vf. der Schrift ›De l'Allemagne‹, wurde seit 1803 von A. W. Schlegel (1767–1845) begleitet.

141,10 *Cours de littérature dramatique:* vgl. Vorlesungen über dramatische Kunst und Literatur, 24. Vorlesung.

141,36 ›*... du Parnasse.‹:* Zitat aus Heine, Die romantische Schule, 2. Buch.

142,11 ›*... sont dangereux.‹:* Zitat aus Shakespeare, ›Julius Cäsar‹, I, 2, 192 ff.

142,16 *la Grammaire de Labiche:* ›la Grammaire‹, Komödie von Eugène Labiche (1815–1888).

Erläuterungen zu N. N.

143,28 *N. N.:* der Verfasser dieses in der von Octave Maus, Edmond Picard (s. Register) und Emile Verhaeren herausgegebenen Brüsseler Zeitschrift, L'Art Moderne, war nicht zu ermitteln.

143,32 *Vaudeville:* (im 19. Jahrhundert) leichte Komödie von 1–2 Akten, gewöhnlich mit Musik. Das Brüsseler Théâtre du Vaudeville wurde 1845 eröffnet.

143,33 *Coquelin:* vgl. die Anm. zu 128,35.

144,7 *Bayreuth:* die ersten von Richard Wagner veranstalteten Bayreuther Festspiele fanden 1876 statt.

Lyceum: Londoner Theater, seit 1878 von Henry Irving (s. Register) geleitet.

144,10 *territoire germanique:* die Meininger hatten in mehreren slawischen Städten (St. Petersburg, Moskau, Warschau) sowie in (dem damals zwar zum Deutschen Reich gehörenden) Straßburg gastiert, um vom ›germanischen‹ England und Holland zu schweigen.

144,12 *Monnaie:* Théâtre de la Monnaie in Brüssel; dort spielten auch die Meininger.

144,27 *Rossi ... Salvini:* Ernesto Rossi (1827–1896), Tommaso Salvini (1829–1915), berühmte italienische Schauspieler.

146,36 *peintres de Dusseldorf et de Munich:* z. B. Peter Cornelius (1783–1867), Wilhelm Kaulbach und Karl Piloty (s. Register).

147,27 *soirées du Mâle:* ›Un mâle‹, naturalistisches Drama von Camille Lemonnier (1845–1913), wurde 19. 5. 1888 in Brüssel uraufgeführt.

Erläuterungen zu Claretie

148,1 *Claretie:* die Meininger gastierten nie auf französischem Boden; bedeutende französische Theaterleute reisten jedoch im Sommer 1888 nach Brüssel, um das Gastspiel des jetzt auch in Frankreich viel diskutierten Hoftheaters zu erleben. Jules Claretie (s. Register) schreibt ausführlich darüber in der angesehenen Wochenschrift, Le Temps.

148,13 *Toinette:* Dienerin in Molières Lustspiel, ›Le Malade imaginaire‹.

149,1 *Kaulbach:* (s. Register).

149,6 *Mme Plessy:* (1819–1897), französische Schauspielerin, Mitte des 19. Jahrhunderts an der Comédie-Française.

149,15 *Lekain et Brizard:* Henri-Louis Cain (1729–1778), einer der bedeutendsten französischen Schauspieler des 18. Jahrhunderts, ab 1750 an der Comédie-Française; Jean-Baptiste Brizard (1721–1791), französischer Schauspieler, 1757–1786 an der Comédie-Française.

149,17 *les Précieuses ridicules:* Lustspiel von Molière (1659).

Préville: Pierre-Louis Dubus (1721–1799), bedeutender französischer Schauspieler, 1753–1786 an der Comédie-Française.

Mascarille: Diener in ›les Précieuses ridicules‹.

149,35 *Mercier:* Louis-Sébastien Mercier (1740–1814), Vf. von bürgerlichen Dramen, dramaturgischen Schriften und dem ›Tableau de Paris‹ (1779–1789).

150,8 *Abbé Dubos:* (1670–1742), französischer Kritiker und Ästhetiker.

150,10 *Jean Bart:* (1650–1702), berühmter französischer Seekapitän.

150,14 *Boissier ... Heuzey:* Henri Boissier (1762–1835), Schweizer Altertumsforscher (Précis d'antiquités romaines, 1824); Léon Heuzey (1831–1922), französischer Archäolog.

150,20 *Cochut:* André (1812–1890), französischer Feuilletonist, Mitarbeiter an der Revue des deux Mondes.

150,22 *Armide ... Sémiramis:* ›Armide‹, Oper von C. W. Gluck (1714–1787); ›Sémiramis‹, Drama von Voltaire (1694–1778).

150,27 *Tragœdus vociferatur, comœdus sermonicatur:* der Tragöde schreit, der Komiker redet.

151,5 *Court ... Léthière:* Joseph Désiré Court (1797–1865), Léthière (eigentl. Guillaume Guillon, 1730–1852), französische Historienmaler.

151,15 *Excelsior* ... *Eden:* mit dem ›Excelsior‹ von Alessandro Manzoni (1785–1873) wurde 1883 am Pariser Eden-Theater eine Reihe von spektakulären Inszenierungen mit Ballett, Zirkus usw. eröffnet.

151,24 *Paul* ... *Virginie:* ›Paul et Virginie‹ (1787), idyllischer Roman von Bernadin de Saint-Pierre (1737–1814).

151,31 *Dezobry:* Charles Dezobry (1798–1871), französischer Gelehrter.

151,37 *Dumesnil* ... *Clairon:* Marie François Marchand (1711–1803); Claire Josèphe de la Tude (1723–1803); französische Schauspielerinnen.

152,18 *les Captifs d'Alger:* Drama von Cervantes (1547–1616).

152,25 *Talma, Mme Favart* ... *Favart:* François Joseph Talma (1763–1826), französischer Schauspieler; Mme Favart (1727–1772), französische Schauspielerin, Frau von Charles-Simon Favart (1710–1792), Direktor der Opéra-Comique und Vf. von parodistischen Komödien (›Les Amours de bastien et Bastienne‹, 1752).

152,34 *Voisenon:* Claude-Henri, Abbé de Voisenon (1708–1775), französischer Schriftsteller, Freund von Voltaire.

153,2 *Amérique:* die Meininger reisten nicht nach Amerika; vgl. Carl Niessen, Weshalb die Meininger nicht in Amerika gastierten. In: Theater der Welt, I, 12, 1937, S. 596–602.

153,4 *Roman comique:* burlesker Roman von Paul Scarron (1610–1660).

153,5 ... *la Bauvillon:* Personen aus dem ›Roman comique‹.

153,16 *Garrick:* David Garrick (1717–1779), englischer Schauspieler.

153,33 *le P. Sanlecque:* Louis de Sanlecque (1652–1714), satirischer Dichter, Professor der Rhetorik.

154,34 *Zulime:* Tragödie von Voltaire (1740).

155,12 *Frédérix:* Gustave Frédérix (s. Register).

155,20 *Lesueur:* Francois-Louis Lesueur (geb. 1822), französischer Schauspieler.

155,21 *Hanlon Lees:* berühmte Truppe von akrobatischen Schauspielern, bestehend aus den sechs Söhnen des englischen Schauspielers Thomas Hanlon und dem Akrobaten John Lees. Ihre berühmteste Aufführung, ›Voyage en Suisse‹, war 1879 im Pariser Théâtre des Variétés zu sehen.

155,36 *Molé:* François Molé, französischer Schauspieler, führendes Mitglied der Comédie-Française gegen Ende des 18. Jahrhunderts.

156,16 *le Catalina de Dumas:* Drama von Alexandre Dumas fils (1824–1895), Vf. von zahlreichen Gesellschafts- und Thesenstücken.

156,17 *la Haine de M. Sardou:* Historisches Drama von Victorien Sardou (1831–1908), Vf. von Gesellschaftskomödien.

156,18 *Michelet:* Jules Michelet (1798–1874), französischer Historiker (Histoire de France, 1833–1867).

156,19 *Faust ... Lycœum Theatre:* 1885 inszenierte Irving (s. Register) den ›Faust‹ am Londoner Lyceum-Theater in einer Bearbeitung von W. G. Wills.

157,18 *le Théâtre considéré comme une institution morale:* Die Schaubühne als moralische Anstalt betrachtet.

158,1 *Eugène Labiche:* (1815–1888), französischer Dramatiker.

158,15 *... et réciproquement.‹:* vgl. Diderot, Corréspondance Littéraire, 1. Okt. 1770.

158,23 *... le lit du malade:* im ›eingebildeten Kranken‹ von Molière.

158,25 *Fechter:* Charles Fechter (1824–1879), französischer Schauspieler, spielte die Rolle des Armand in der Erstaufführung der ›Kameliendame‹ (1850).

Erläuterungen zu Antoine

159,1 *Antoine:* André Antoine, Leiter des 1887 gegründeten Théâtre-Libre, arbeitete im Sommer 1888 an seinem neuen Spielplan. Um vor allem aus der Massenregie der Meininger zu lernen, reiste auch er nach Brüssel.

159,5 *Votre dernier feuilleton:* ohne die Meiningenschen Inszenierungen gesehen zu haben, unterstützte Francisque Sarcey (s. Register) in seinem Feuilleton (Le Temps, 28; 16. 7. 1888) die Kritik von Claretie (vgl. den vorhergehenden Text). Darauf schrieb Antoine folgenden Brief, den Sarcey im Temps veröffentlichte. Sarcey antwortete mit seinem Aufsatz, ›Les foules au théâtre‹, in: Le Temps, 28; 6. 8. 1888.

159,8 *la Patrie en danger:* historisches Drama von Edmond (1822–1896) und Jules (1830–1870) de Goncourt, aufgeführt durch das Théâtre-Libre am 19. 3. 1889.

159,18 *la Haine ... Théodora:* historische Dramen von Victorien Sardou (1831–1908).

159,21 *Monnaie:* vgl. die Anm. zu 144,12.

159,25 *Eden:* vgl. den Aufsatz von Claretie; s. o. S. 151.

160,8 *la femme de Hans de Bulow:* die Schauspielerin Marie Schanzer (zu Bülow, S. Register).

160,18 *aux Français avec Mévisto:* in den 70er Jahren arbeitete Antoine zusammen mit dem Schauspieler Mévisto (eigentl. Wisteaux) als Statisten an der Comédie-Française (Théâtre des Français).

160,37 *mécanique:* vgl. den Aufsatz von Claretie, s. o. S. 149.

161,9 *Gambetta:* Léon Gambetta (1838–1882), französischer Staatsmann. Nach der Kapitulation von Sedan proklamierte er 1870 die Republik; seit 1871 Leiter der Republikaner in der Nationalversammlung.

161,23 *les sociétaires:* die quasi-beamteten Schauspieler der Comédie-Française.

161,31 *Zola... Germinal:* Zolas Roman ›Germinal‹ wurde für das Theater von William Busnach bearbeitet und am 1. 5. 1888 im Théâtre du Chatelet aufgeführt.

162,34 *les Revenants:* Ibsens ›Gespenster‹. Antoine plante schon eine Inszenierung von ›Gespenstern‹; das Drama wurde aber erst am 30. 5. 1890 vom Théâtre-Libre aufgeführt.

163,14 *Porel:* Paul Porel war 1885–1894 Intendant des Théâtre de l'Odéon.

163,21 *la Mort du duc d'Enghien, d'Hennique:* historisches Schauspiel von Léon Hennique (1851–1935), aufgeführt durch das Théâtre-Libre am 10. 12. 1888.

Erläuterungen zu Stanislavskij

163,24 *Stanislavskij:* das letzte Jahr der Gastspielreisen brachte die Meininger wieder nach Moskau. Dort konnte der junge Stanislavskij (s. Register) ihre Aufführungen studieren. Rückblickend schreibt er darüber in seinem autobiographischen ›Mein Leben in der Kunst‹.

Erläuterungen zu Georg II. von Meiningen

167,17   *Georg II. von Meiningen:* die hier abgedruckten Bemerkungen wurden von Paul Lindau zusammengestellt, der nach Abschluß der Gastspielreisen Intendant in Meiningen wurde. Sie wurden den Briefen entnommen, die der Herzog nach jeder Vorstellung an seinen Intendanten zu richten pflegte.

167,29   *Boileau:* Nicolas Boileau (1636–1711), französischer Dichter und Kritiker.

Statistische Tabellen

Folgende statistische Tabellen beruhen auf:

Paul Richard: Chronik sämtlicher Gastspiele des herzoglich Sachsen-Meiningenschen Hoftheaters (1874–1890). Leipzig 1891. Tabellen 1–3 sind dem Buch Grubes entnommen: Max Grube: Geschichte der Meininger. Stuttgart/Berlin/Leipzig 1926.

DIE GASTSPIELE DER MEININGER / ERSTE TABELLE

	Julius Cäsar	Papst Sixtus V.	Was ihr wollt	Bluthochzeit	Zwischen den Schlachten	Eingebildeter Kranke	Kaufmann von Venedig	Hermannsschlacht	Esther	Gelehrte Frauen	Verschwörung des Fiesko	Käthchen von Heilbronn	Erbförster	Wilhelm Tell	Kronprätendenten	Macbeth	Jäger	Räuber
Berlin	52	4	6	11	6	11	5	15	15	10	29	16	2	21	7	5	–	13
Wien	16	–	7	4	1	2	–	17	3	3	7	4	–	8	–	–	–	5
Budapest	9	–	6	9	1	6	5	4	6	1	5	2	–	10	–	–	–	2
Dresden	10	–	11	9	2	6	8	10	5	3	9	10	–	7	–	–	–	4
Breslau	35	–	20	11	5	12	8	10	10	3	18	5	–	19	–	5	–	8
Köln	14	–	5	3	–	3	–	–	3	–	12	6	–	12	–	–	2	5
Frankfurt a. M.	8	–	3	2	–	3	–	–	3	–	4	4	–	3	–	–	–	5
Prag	10	–	5	5	1	3	3	4	3	1	4	7	–	11	–	–	–	6
Leipzig	19	–	10	8	4	7	6	8	7	2	12	5	–	9	–	–	–	8
Hamburg	4	–	3	–	–	2	–	4	2	–	3	4	–	5	–	–	–	4
Amsterdam	6	–	4	3	–	3	–	–	3	–	5	–	–	7	–	–	–	6
Düsseldorf	11	–	5	3	–	2	3	5	2	–	6	5	–	8	–	–	–	4
Graz	11	–	6	4	–	2	6	6	2	–	5	4	–	13	–	–	–	3
Bremen	7	–	3	–	–	2	–	4	2	2	5	2	–	6	–	–	–	2
London	16	–	2	–	–	1	–	–	–	–	3	3	–	8	–	–	–	3
Nürnberg	4	–	–	–	–	2	–	–	2	–	3	–	–	4	–	–	–	–
Barmen	6	–	3	–	–	–	4	–	–	–	3	3	–	5	–	–	–	2
Magdeburg	4	–	2	–	–	2	–	–	2	–	3	–	–	3	–	–	–	–
München	7	–	1	–	–	–	4	3	–	–	–	–	–	6	–	–	–	2
Mainz	7	–	3	–	–	2	4	–	–	–	3	3	–	4	–	–	–	–
Straßburg, Bad.-Baden, Metz	6	–	4	–	–	4	4	–	2	1	3	–	–	7	–	–	–	3
Basel	10	–	1	–	–	1	3	4	1	–	2	–	–	9	–	–	–	3
St. Petersburg	12	–	1	5	–	1	4	3	–	2	2	–	–	6	–	–	–	3
Moskau	7	–	3	3	–	1	4	2	–	–	3	–	–	3	–	–	–	2
Warschau	4	–	1	–	–	2	–	–	–	–	–	–	–	4	–	–	–	2
Königsberg	4	–	2	–	–	1	–	–	–	–	–	–	–	4	–	–	–	2
Triest	4	–	1	–	–	–	–	–	–	–	–	–	–	4	–	–	–	3
Antwerpen	3	–	1	–	–	–	3	–	–	–	–	–	–	3	–	–	–	–
Rotterdam	4	–	1	–	–	–	3	–	–	–	–	–	–	4	–	–	–	–
Brüssel	3	–	2	–	–	–	4	–	–	–	–	–	–	3	–	–	–	–
Gotha	1	–	1	–	–	–	–	–	–	–	–	–	–	–	–	–	–	–
Stettin	4	–	2	–	–	–	3	–	–	–	–	–	–	3	–	–	–	–
Kopenhagen	3	–	3	–	1	–	3	–	1	–	–	–	–	2	–	–	–	3
Stockholm	4	–	2	–	–	–	4	–	–	–	–	–	–	2	–	–	–	1
Kiew	2	–	1	2	–	1	1	–	–	1	1	–	–	–	–	–	–	–
Odessa	3	–	1	3	–	1	2	2	–	–	2	–	–	–	–	–	–	–
	330	4	132	85	21	83	94	101	74	29	152	83	2	223	7	10	2	104

DIE GASTSPIELE DER MEININGER / ERSTE TABELLE

Prinz von Homburg	Wintermärchen	Ahnfrau	Wallensteins Lager	Iphigenie auf Tauris	Preciosa	Widerspenstige	Piccolomini	Wallensteins Tod	Hexe	Lydia	Herrgottschnitzer	Maria Stuart	Miß Sara Sampson	Braut von Messina	Marino Faliero	Jungfrau von Orléans	Galeotto	Alexandra	Gespenster	Rosen von Tyburn	Frau Lucrezia	's Nullerl
10	27	6	24	1	6	-	24	21	13	-	-	9	3	-	3	55	-	-	-	-	-	-
2	10	10	6	-	-	-	6	6	7	-	-	-	-	-	-	-	-	-	-	-	-	-
2	9	4	7	-	4	4	3	3	-	-	-	3	-	-	3	5	-	-	-	-	-	-
-	10	6	8	-	3	-	8	7	10	5	3	8	2	-	-	13	3	2	1	-	-	-
4	17	7	16	4	8	6	12	10	10	2	3	10	2	-	2	14	1	3	-	2	-	-
4	7	2	-	-	-	-	-	-	-	-	-	-	-	-	-	-	-	-	-	-	-	-
3	9	-	-	-	-	-	-	-	-	-	-	-	-	-	-	-	-	-	-	-	-	-
2	14	6	6	-	3	-	6	6	3	-	-	3	-	-	3	5	-	-	-	-	-	-
3	11	5	8	2	5	2	8	7	4	-	-	3	-	-	1	11	-	-	-	3	-	-
3	5	2	-	-	-	-	-	-	-	-	-	-	-	-	-	-	-	-	-	-	-	-
-	5	-	-	-	-	-	-	-	-	-	-	-	-	-	-	-	-	-	-	-	-	-
3	9	1	3	-	-	2	3	3	-	2	-	4	-	2	3	-	-	-	-	-	-	-
2	11	6	8	-	3	3	5	4	3	-	-	5	-	2	-	4	-	-	-	-	-	-
-	6	3	6	1	2	-	4	3	2	-	-	-	-	-	-	-	-	-	-	-	-	-
-	7	1	2	2	8	-	-	-	-	-	-	-	-	-	-	-	-	-	-	-	-	-
-	5	-	3	2	3	-	3	3	-	-	-	-	-	-	-	-	-	-	-	-	-	-
-	6	1	6	-	-	2	6	6	-	2	-	3	-	-	-	-	-	-	-	-	-	-
-	4	1	4	-	-	-	4	4	-	-	-	-	-	-	-	-	-	-	-	-	-	-
-	5	3	7	-	-	-	7	7	-	-	-	4	-	-	-	10	-	-	-	-	-	-
-	6	2	6	-	-	2	6	5	2	4	2	2	-	1	2	-	-	-	-	-	-	-
-	3	3	6	-	-	-	6	6	-	3	1	4	-	-	-	10	-	-	-	-	-	-
-	3	2	7	-	-	-	7	5	-	-	2	5	-	-	2	11	3	-	-	-	-	-
-	4	2	7	1	4	-	7	6	-	1	-	3	-	2	-	9	-	-	-	-	2	-
-	4	1	6	-	2	-	6	5	-	1	-	4	-	1	-	5	-	-	-	-	-	1
-	3	1	3	-	-	-	3	2	-	2	-	2	-	-	-	-	-	-	-	-	-	-
-	4	2	3	-	-	-	3	3	-	1	-	3	-	1	-	-	-	-	-	-	-	-
-	3	1	3	-	-	-	3	2	2	1	-	3	-	2	-	-	-	-	-	-	-	-
-	4	-	3	-	-	-	3	2	-	-	-	3	-	-	-	7	-	-	-	-	-	-
-	4	-	2	-	-	-	2	2	-	-	-	4	-	-	-	6	-	-	-	-	-	-
-	3	-	3	-	-	-	3	2	-	-	-	4	-	-	-	5	-	-	-	-	-	-
-	-	-	-	-	-	-	-	-	-	-	-	-	-	-	-	-	-	-	-	-	-	-
-	4	1	3	-	-	-	3	2	-	-	-	-	-	-	-	5	-	-	-	-	-	-
-	3	-	-	-	3	2	-	-	-	-	-	-	-	-	-	6	-	-	1	-	-	-
-	3	-	4	-	-	-	4	3	-	-	-	-	-	-	-	7	-	-	-	-	-	-
-	2	-	1	-	-	-	1	2	-	-	-	-	-	-	-	2	-	-	-	-	-	-
-	3	-	2	1	3	-	2	2	-	-	-	-	-	-	-	4	-	-	-	-	-	1
38	233	79	176	14	54	21	161	140	56	25	11	89	7	11	19	194	7	5	2	5	2	2

DIE GASTSPIELE DER MEININGER / ZWEITE TABELLE

Gastspielort	1874	1875	1876	1877	1878	1879	1880	1881	1882	1883
Berlin	47	60	48	-	46	-	-	-	78	-
Wien	-	37	-	-	-	40	-	-	-	35
Budapest	-	17	-	-	-	23	-	29	-	-
Dresden	-	-	25	26	-	-	-	-	21	30
Breslau	-	-	33	39	32	-	-	31	33	-
Köln	-	-	-	41	-	34	-	-	-	-
Frankfurt a. M.	-	-	-	24	20	-	-	-	-	-
Prag	-	-	-	-	27	31	-	-	-	25
Leipzig	-	-	-	-	32	-	40	-	21	-
Hamburg	-	-	-	-	-	39	-	-	-	-
Amsterdam	-	-	-	-	-	-	39	-	-	-
Düsseldorf	-	-	-	-	-	-	48	-	-	-
Graz	-	-	-	-	-	-	32	30	-	-
Bremen	-	-	-	-	-	-	-	26	-	28
London	-	-	-	-	-	-	-	56	-	-
Nürnberg	-	-	-	-	-	-	-	-	29	-
Barmen	-	-	-	-	-	-	-	-	-	26
Magdeburg	-	-	-	-	-	-	-	-	-	27
München	-	-	-	-	-	-	-	-	-	31
Mainz	-	-	-	-	-	-	-	-	-	-
Straßburg, Baden-Baden, Metz	-	-	-	-	-	-	-	-	-	-
Basel	-	-	-	-	-	-	-	-	-	-
St. Petersburg	-	-	-	-	-	-	-	-	-	-
Moskau	-	-	-	-	-	-	-	-	-	-
Warschau	-	-	-	-	-	-	-	-	-	-
Königsberg	-	-	-	-	-	-	-	-	-	-
Triest	-	-	-	-	-	-	-	-	-	-
Antwerpen	-	-	-	-	-	-	-	-	-	-
Rotterdam	-	-	-	-	-	-	-	-	-	-
Brüssel	-	-	-	-	-	-	-	-	-	-
Gotha	-	-	-	-	-	-	-	-	-	-
Stettin	-	-	-	-	-	-	-	-	-	-
Kopenhagen	-	-	-	-	-	-	-	-	-	-
Stockholm	-	-	-	-	-	-	-	-	-	-
Kiew	-	-	-	-	-	-	-	-	-	-
Odessa	-	-	-	-	-	-	-	-	-	-
Gesamtzahl der Vorstellungen eines jeden Jahres:	47	114	106	130	157	167	159	172	182	202

DIE GASTSPIELE DER MEININGER / ZWEITE TABELLE

1884	1885	1886	1887	1888	1889	1890	Summa:	Gesamtzahl der Vorstellungen in den einzelnen Städten
43	-	-	63	-	-	-	385	Berlin . . . . . . 385 in 8 Gastspielen
-	-	-	-	-	-	-	112	Breslau . . . . . 269 in 8 Gastspielen
-	-	-	-	30	-	-	99	Dresden . . . . 164 in 6 Gastspielen
29	-	-	33	-	-	-	164	Leipzig . . . . . 159 in 5 Gastspielen
34	-	-	35	-	32	-	269	Wien . . . . . . 112 in 3 Gastspielen
-	-	-	-	-	-	-	75	Prag . . . . 110 in 4 Gastspielen
-	-	-	-	-	-	-	44	Graz . . . . 108 in 4 Gastspielen
-	-	-	-	27	-	-	110	Budapest . . . . 99 in 4 Gastspielen
-	-	-	-	31	35	-	159	Düsseldorf . . . 82 in 2 Gastspielen
-	-	-	-	-	-	-	39	St. Petersburg . 77 in 2 Gastspielen
-	-	-	-	-	-	-	39	Köln . . . . 75 in 2 Gastspielen
-	-	34	-	-	-	-	82	Basel . . . . . . 73 in 2 Gastspielen
-	28	-	-	18	-	-	108	Straßburg, Bad.-
-	-	-	-	-	-	-	54	Bad., Metz . . 65 in 2 Gastspielen
-	-	-	-	-	-	-	56	München . . . . 59 in 2 Gastspielen
-	-	-	-	-	-	-	29	Moskau . . . . . 57 in 2 Gastspielen
-	-	24	-	-	-	-	50	London . . . . . 56 in 1 Gastspiel
-	-	-	-	-	-	-	27	Mainz . . . . . . 56 in 2 Gastspielen
-	-	-	28	-	-	-	59	Bremen . . . . . 54 in 2 Gastspielen
28	-	28	-	-	-	-	56	Barmen . . . . . 50 in 2 Gastspielen
								Frankfurt a. M. 44 in 2 Gastspielen
34	-	-	31	-	-	-	65	Hamburg . . . . 39 in 1 Gastspiel
28	-	-	45	-	-	-	73	Amsterdam . . 39 in 1 Gastspiel
-	39	-	-	-	-	38	77	Rotterdam . . . 30 in 1 Gastspiel
-	29	-	-	-	-	28	57	Kopenhagen . . 30 in 1 Gastspiel
-	24	-	-	-	-	-	24	Stockholm . . . 30 in 1 Gastspiel
-	29	-	-	-	-	-	29	Odessa . . . . . 30 in 1 Gastspiel
-	29	-	-	-	-	-	29	Nürnberg . . . . 29 in 1 Gastspiel
-	-	-	-	29	-	-	29	Königsberg . . 29 in 1 Gastspiel
-	-	-	-	30	-	-	30	Triest . . . . . . 29 in 1 Gastspiel
-	-	-	-	29	-	-	29	Antwerpen . . . 29 in 1 Gastspiel
-	-	-	-	-	2	-	2	Brüssel . . . . . 29 in 1 Gastspiel
-	-	-	-	-	27	-	27	Magdeburg . . . 27 in 1 Gastspiel
-	-	-	-	-	30	-	30	Stettin . . . . . . 27 in 1 Gastspiel
-	-	-	-	-	30	-	30	Warschau . . . 24 in 1 Gastspiel
-	-	-	-	-	-	14	14	Kiew . . . . 14 in 1 Gastspiel
-	-	-	-	-	-	30	30	Gotha . . . . . . 2 in 1 Gastspiel
196	178	86	235	194	156	110	2591	2591 in 81 Gastspielen

DIE WERKE / DRITTE TABELLE

Schiller	1250 Aufführungen mit 9 Stücken
Shakespeare	820 Aufführungen mit 6 Stücken
Kleist	222 Aufführungen mit 3 Stücken
Grillparzer	153 Aufführungen mit 2 Stücken
Molière	112 Aufführungen mit 2 Stücken
Lindner	85 Aufführungen mit 1 Stück
Fitger (Byron)	70 Aufführungen mit 3 Stücken
Wolff (Weber)	54 Aufführungen mit 1 Stück
Gensichen	25 Aufführungen mit 1 Stück
Bjørnson	21 Aufführungen mit 1 Stück
Goethe	14 Aufführungen mit 1 Stück
Ganghofer-Neuert	11 Aufführungen mit 1 Stück
Ibsen	9 Aufführungen mit 2 Stücken
Lessing	7 Aufführungen mit 1 Stück
Echegaray	7 Aufführungen mit 1 Stück
Voß	5 Aufführungen mit 1 Stück
Minding	4 Aufführungen mit 1 Stück
Ludwig	2 Aufführungen mit 1 Stück
Iffland	2 Aufführungen mit 1 Stück
Heyse	2 Aufführungen mit 1 Stück
Morre	2 Aufführungen mit 1 Stück
	2877 Aufführungen mit 41 Stücken

FINANZIELLES / VIERTE TABELLE

Gesamteinnahme der 2591 Gastspielvorstellungen:	6 322 978 M. 47 Pf.
Wohltätigkeitsvorstellungen:	137 987 M. 82 Pf.

Quellennachweise

André Antoine: [Offener Brief an Francisque Sarcey], in: ›Mes souvenirs‹ sur le théâtre-libre, Paris 1921, S. 108–113. Erstdruck: Le Temps 28, 23. 7. 1888.
[William Archer]: The German Plays. Julius Caesar and Twelfth Night, in: The London Figaro, 4. 6. 1881.
Otto Brahm: Die Meininger, in: Kritische Schriften, Bd 1, Berlin 1913, S. 10–15. Erstdruck: Vossische Zeitung, 25. 4. 1882; 25. 5. 1882.
– Die Jungfrau von Orleans der Meininger, in: Kritische Schriften, Bd 1, Berlin 1913, S. 115–117. Erstdruck: Die Nation 4, 5. 2. 1887.
Jules Claretie: Les Meininger et leur mise en scène, in: Le Temps 28, 13. 7. 1888.
Gustave Frédérix: Jules César, tragédie de Shakspeare, jouée par la troupe du duc de Saxe-Meiningen, in: Trente ans de critique. Tome II, Chroniques dramatiques, Paris 1900, S. 237–243. Erstdruck: L'Indépendence belge 39, 4. 6. 1888.
Karl Frenzel: Zwei Shakspeare-Vorstellungen in Meiningen. 1. und 2. Januar 1870, in: Berliner Dramaturgie, Bd 2, Hannover 1877, S. 99–108. Erstdruck: National-Zeitung, 16. 1. 1870.
– Die Meininger in Berlin, in: Berliner Dramaturgie, Bd 2, S. 109–114; 120–125. Erstdruck: National-Zeitung, 3. 5. 1874; 22. 5. 1874.
Rudolph Genée: Das Gastspiel der Meininger in Berlin, in: Deutsche Rundschau 3 (1875), S. 457–463.
Georg II. von Meiningen: [Aus Briefen an Paul Lindau], in: Paul Lindau: Herzog Georg von Meiningen als Regisseur. In: Die deutsche Bühne I, 19 (1909), S. 313–319.
Hans Hopfen: Die Meininger in Berlin, in: Streitfragen und Erinnerungen, Stuttgart 1876, S. 237–251. Erstdruck: Neue Freie Presse, 30. 5. 1874.
Paul Lindau: Schillers ›Räuber‹, in: Die Gegenwart XIII (1878), Nr. 19, S. 299–302.
– Shakespeares ›Wintermärchen‹, in: Die Gegenwart XIII (1878), Nr. 22, S. 348–350.
N. N.: Les Meininger, in: L'art moderne. Revue critique des arts et de la littérature 8, 10. 6. 1888, S. 185–187.
Wilhelm Oechelhäuser: Die Shakespeare-Aufführungen in Meiningen, in Shakespeare-Jahrbuch 3 (1868), S. 383–396.
A. N. Ostrovskij: Einige Überlegungen und Urteile zur Meiningenschen Theatertruppe, in: Polnoe sobranie sochinenil, Tom 12, Moskau 1952, S. 279–284.[*]

---

[*] Der Herausgeber dankt Monika Hoeck und Colin Bearne für ihre Hilfe bei der Übersetzung des Ostrovskij-Textes.

W. Roßmann: Über die Shakespeare-Aufführungen in Meiningen, in: Shakespeare-Jahrbuch 2 (1867), S. 298–302.

B. S.: Das deutsche Theater und die Meininger, in: Die Gartenlaube 27 (1879), S. 234–238.

[Clement Scott]: The Meiningen Court Company, in: The Daily Telegraph, 3. 6. 1881.

Ludwig Speidel: Die Meininger in Wien, in: Kritische Schriften, Zürich/Stuttgart 1963, S. 223–334. Erstdruck: Neue Freie Presse, 29. 9. 1875; 4. 11. 1875.

K. S. Stanislavskij: Die Meininger, in: Mein Leben in der Kunst (Übers.: Klaus Roose), Berlin-Ost 1951. [Zuerst: 1924, in russischer Sprache]

Trotz eingehender Bemühungen war es dem Verlag nicht möglich, bei allen Abdrucken die Inhaber des Urheberrechts zu ermitteln. Diese sind gegebenenfalls freundlich gebeten, sich mit dem Verlag in Verbindung zu setzen.

Weiterführende Bibliographie

André Antoine, ›Mes souvenirs‹ sur le théâtre-libre. Paris 1921.
- Meine Erinnerungen an das Théâtre Libre. (Übers.: Elisabeth Henschel). Mit einem Nachwort von Hugo Fetting. Berlin-Ost 1960.

Aspekte der Gründerzeit. [Ausstellungskatalog] Akademie der Künste [W. Berlin] 8. September–24. September 1974.

Denis Bablet, Esthéthique générale du décor du théâtre de 1870 à 1914. Paris 1965.

Ludwig Barnay, Erinnerungen. 2 Bde. Berlin 1903.

Gösta Bergmann, Der Eintritt des Berufsregisseurs in die deutschsprachige Bühne. In: Maske und Kothurn 12, 1966, S. 63–91.

Bjørn Bjørnson, Nur Jugend. Ein Leben voll Kunst, Frohsinn und Liebe. (Übers.: Hermann Roßler) Leipzig/Wien 1936.

Otto Brahm, Kritische Schriften. Hg. von Paul Schlenther. 2 Bde. Berlin 1913–1915.

Max Bucher, Werner Hahl, Georg Jäger und Reinhard Wittmann, Realismus und Gründerzeit. Manifeste und Dokumente zur deutschen Literatur 1848–1880. 2 Bde. Stuttgart 1975–1976.

Hans von Bülow, Briefe. Hg. von Marie von Bülow. Bd 6: Meiningen, 1880–1886. Leipzig, 1907.

Muriel St. Clare Byrne, Charles Kean and the Meininger myth. In: Theatre Research/Recherches théatrales 6, 1964, S. 137–151.
- What we said about the Meiningers in 1881. In: Essays and Studies 18, 1965, S. 45-72.

Toby Cole and Helen Krich Chinoy, Directors on Directing. The Emergence of the modern Theatre. 2. Aufl. London 1966.

Dienstregeln für die Mitglieder des Herzoglich-Meiningenschen Hoftheaters. Meiningen 1880.

Karl Frenzel, Berliner Dramaturgie. 2 Bde. Hannover 1877.

Wilhelm Friese, Ibsen auf der deutschen Bühne. (= Deutsche Texte 38) Tübingen 1976.

David E. R. George, Henrik Ibsen in Deutschland. Rezeption und Revision. (= Palaestra 251) Göttingen 1968.

Max Grube, Geschichte der Meininger. Stuttgart/Berlin/Leipzig 1926.

Friedrich Haase, Was ich erlebte. 1846–1896. Berlin/Leipzig/Wien/Stuttgart o. J. [1897].

Thomas Hahm, Die Gastspiele des Meininger Hoftheaters im Urteil der Zeitgenossen unter besonderer Berücksichtigung der Gastspiele in Berlin und Wien. Phil. Diss. Köln 1970.

Richard Hamann und Jost Hermand, Gründerzeit. (= Epochen deutscher Kultur von 1870 bis zur Gegenwart. Bd 1) München 1971 (Erstveröffentlichung: Berlin-Ost 1965).

Helene, Freifrau von Heldburg, 50 Jahre Glück und Leid. Ein Leben in Briefen aus den Jahren 1873–1913. Hg. von J. Werner. Stuttgart 1926.

H. Henze, Otto Brahm und das Deutsche Theater in Berlin. Berlin 1930.

Gerhard F. Hering, Die Meininger. In: Der Ruf zur Leidenschaft. Berlin 1959, S. 259–277.

Ludwig Hertel, Neue Landeskunde des Herzogtums Sachsen Meiningen. H. 11, B: Geschichtliches. Politische Geschichte von den frühesten Zeiten an bis auf die Gegenwart. 2er Teil: Meiningische Geschichte von 1680 bis zur Gegenwart. 2^e Hälfte: Die Regierungszeit Herzog Bernhards II. Erich Freund und Georgs II. In: Schriften des Vereins für Sachsen-Meiningische Geschichte und Landeskunde, H. 54, 1906, S. 319–448.

S. Hoefert, Das Drama des Naturalismus. (= Sammlung Metzler. Realienbücher für Germanisten 75) 2. Aufl. Stuttgart 1973.

Kurt Hommel, Die Separatvorstellungen vor König Ludwig II von Bayern. Schauspiel, Oper, Ballett. München 1963.

Edith Ibscher, Theaterateliers des deutschen Sprachraums im 19. und 20. Jahrhundert. Phil. Diss. Köln 1972.

Ibsen und die Meininger. In: Die deutsche Bühne, I, 19, 1909, S. 319.

Wolfgang Iser, ›Der Kaufmann von Venedig‹ auf der Illusionsbühne der Meininger. In: Shakespeare-Jahrbuch 99, 1963, S. 72–94.

Siegfried Jacobson, Berlin und die Meininger. In: Die Schaubühne 2/i, 1906, S. 423–430.

Marianne Jansen Meiningertum und Meiningerei. Eine Untersuchung über die Aus- und Nachwirkungen der Meininger Theaterreform. Phil. Diss. Berlin (Humboldt-Universität) 1948.

Gerhart Jeschke, Die Bühnenbearbeitungen der Meininger während der Gastspielzeit (1874–1890). Phil. Diss. München 1922.

Josef Kainz, Briefe an seine Eltern. Berlin 1912.

K. Kathrein, Entwicklungsgeschichte der Regiepraxis von Ekhof bis Georg II. von Meiningen. Phil. Diss. Wien 1964.

Heinz Kindermann, Theatergeschichte Europas. Bd 7, Realismus. Salzburg 1965.

Alfred Klaar, Herzog Georg von Meiningen. Ein Nekrolog. In: Shakespeare-Jahrbuch 51, 1915, 193–204.

Charlotte Klinger, Das Königliche Schauspielhaus in Berlin unter Botho von Hülsen (1869–1886). Phil. Diss. Berlin (F. U.) 1954.

Hans Knudsen, Deutsche Theatergeschichte. Stuttgart 1959.

Marianne Koch, Das Königliche Schauspielhaus in Berlin unter Bolko, Graf von Hochberg (1886–1902). Phil. Diss. Berlin (F. U.) 1957.

Inge Krengel-Strudthoff, Das antike Rom auf der Bühne und der Übergang vom gemalten zum plastischen Bühnenbild. Anmerkungen zu den ›Cäsar‹-Dekorationen Georgs von Meiningen. In: Bühnenformen – Bühnenräume – Bühnendekorationen. Beiträge zur Entwicklung des Spielorts. Herbert A. Frenzel zum 65. Geburtstag. Hg. von Rolf Badenhausen und Harald Zielske. Berlin 1974, S. 160–176.

Klaus Günther Just, Von der Gründerzeit bis zur Gegenwart. Geschichte der deutschen Literatur seit 1871. (= Handbuch der deutschen Literaturgeschichte. Erste Abt.: Darstellungen 4) Bern/München 1973.

A. Kruchen, Das Regieprinzip bei den Meiningern zur Zeit ihrer Gastspielepoche. 1874–1890. Phil. Diss. Danzig 1933.

H. H. de Leeuwe, Die Aufnahme des Meininger Hoftheaters in Holland. In: Maske und Kothurn 4, S. 308–315.

– Meiningen en Nederland. Groningen, 1959.

Paul Lindau, Herzog Georg von Meiningen als Regisseur. In: Die deutsche Bühne I, 19, 1909, S. 313-319.

– Nur Erinnerungen. Stuttgart/Berlin 1917.

Jacek Lipinski, Goscinne wystepy teatru z. Meiningen w. swiette warstawskiej krytyki teatralnej 1885. In: Pamietnik teatralny. Kwartalnik poswiecony historii i krytyce teatru, 1956, S. 287–315.

David Magarshack, Stanislavsky, a life. London 1950.

Hans Makart. Triumph einer schönen Epoche. [Ausstellungskatalog] Staatliche Kunsthalle Baden-Baden, 23. Juni–17. September 1972.

Max Martersteig, Das deutsche Theater im 19. Jahrhundert. 2. Aufl. Leipzig 1924.

Lawrence F. McNamee, The Meiningen Players and Shakespeare. In: Drama Survey III, 2, 1963, S. 264–275.

Das Meiningen'sche Theaterintendanz gegenüber dem Deutschen Bühnenverein. Nach amtlichen Quellen. Meiningen 1879.

J. Müller, Das Meininger Theatermuseum und sein Archiv. In: Kleine Schriften der Gesellschaft für Theatergeschichte. H. 18, 1962, S. 51–62.

Carl Niessen, Weshalb die Meininger nicht in Amerika gastierten. In: Theater der Welt I, 12, 1937, S. 596–602.

G. C. D. Odell, Shakespeare from Betterton to Irving. 2 Bde. London 1921.

John Osborne, The Naturalist Drama in Germany. Manchester 1971.

– From Political to Cultural Despotism: the nature of the Saxe-Meiningen aesthetic. In: Theatre Quarterly 5, Nr. 17, 1975, S. 40–54.

Robert Prölß, Das Herzoglich-Meiningensche Hoftheater und die Bühnenreform. Leipzig 1882.

– Das Herzoglich-Meiningensche Hoftheater, seine Entwicklung, seine Bestrebungen und die Bedeutung seiner Gastspiele. Leipzig 1887.

Francis Pruner, Les luttes d'Antoine. Au théâtre libre. (= Bibliothèque des lettres modernes 4) Paris 1964.

Max Reger, Briefwechsel mit Herzog Georg II. von Sachsen-Meiningen. Hg. von Hedwig und E. H. Mueller von Asow. Weimar 1949.

Paul Richard, Chronik sämtlicher Gastspiele des herzoglich Sachsen-Meiningenschen Hoftheaters (1874–1890). Leipzig 1891.
Helene Richter, Kainz. Wien/Leipzig 1931.
Erich Schmidt, Das Verhältnis Sachsen-Meiningen zur Reichsgründung. 1851–1871. Phil. Diss. Halle 1930.
Lee Simonson, The Stage is set. New York 1932.
– The Art of Scenic Design. New York 1950.
Ernst Leopold Stahl, Der englische Vorläufer der Meininger. Charles Kean als Bühnenreformator. In: Beiträge zur Literatur- und Theatergeschichte, Ludwig Geiger zum 70. Geburtstag 5. Juni 1918 als Festgabe dargebracht. Berlin 1918, S. 438–448.
– Shakespeare und das deutsche Theater. Stuttgart 1947.
K. S. Stanislavskij, Mein Leben in der Kunst. (Übers.: Klaus Roose) Mit einem Nachwort von Ottofritz Gaillard. Berlin-Ost 1951.
Dolf Sternberger, Panorama oder Ansichten vom 19. Jahrhundert. Frankfurt a. M. 1974. [Zuerst: 1938]
Joachim Tenczhert, Die Meininger und ihre Zeit. In: Theater der Zeit VII, 2, 1953, S. 25–34.
– Meiningertum und Meiningerei. Über Wirkung und Folgen einer Theaterreform. In: Theater der Zeit VII, 3 1953, S. 30–36.
John H. Terfloth, The Pre-Meiningen Rise of the Director in Germany and Austria. In: Theatre Quarterly 6, Nr. 21, S. 65–86.
Adolf Winds, Geschichte der Regie. Berlin 1925.
Eugen Wolff, Georg II., Herzog von Sachsen-Meiningen und Hildburghausen. In: Deutsches Biographisches Jahrbuch. Bd 1, 1925. S. 23–26.

Biographisches Namenregister

ANTOINE, ANDRÉ, 1858–1943. Bedeutendster Theaterleiter und Regisseur des französischen Naturalismus; Gründer des Théâtre-Libre (1887–1896, subskribierte Vorstellungen von Dramen Ibsens, Hauptmanns, Bjørnsons usw.).

APPIA, ADOLPHE, 1862–1928. Schweizer Bühnenbildner und Theoretiker der Regiekunst.

ARCHER, WILLIAM, 1856–1924. Londoner Theaterkritiker, Vorkämpfer des realistischen Dramas, Übersetzer Ibsens (Ibsen, Collected Works, 1906–1908).

BARNAY, LUDWIG, 1842–1924. Schauspieler, Ehrenmitglied des Meiningenschen Hoftheaters. 1888 gründete er in Berlin eine eigene Bühne, Berliner Theater, das er bis 1894 leitete.

BJØRNSON, BJØRN, 1859–1942. Norwegischer Schauspieler und Theaterdirektor, 1881 bei den Meiningern. 1899–1907 Direktor des Nationaltheaters in Oslo.

BJØRNSON, BJØRNSTJERNE, 1832–1910. Norwegischer Dichter, Vf. von historischen Dramen (Zwischen den Schlachten, 1855; Maria Stuart in Schottland, 1864; beide im Repertoire der Meininger) und ab 1867 realistische Gesellschaftsdramen (Ein Handschuh, 1883).

BODENSTEDT, FRIEDRICH MARTIN VON, 1819–1892. Epigonendichter, Lyriker und Übersetzer; Mitglied des Münchener Dichterkreises. 1867–1869 Intendant des Meininger Hoftheaters.

BRAHM, OTTO 1856–1912. Kritiker und Theaterdirektor, Vorkämpfer Ibsens und des Naturalismus; Leiter des 1889 nach dem Vorbild von Antoines Théâtre-Libre gegründeten Berliner Freie Bühne; 1894–1905 Intendant des Deutschen Theaters.

BRÜCKNER, GOTTHOLD (geb. 1844); Max (geb. 1836). Coburger Bühnenbildner; 1872 Gründung des eigenen Ateliers; 1870–1890 Dekorationen für die Meininger Inszenierungen; ab 1876 Bühnenbilder für die Bayreuther Festspiele.

BÜLOW, HANS VON, 1830–1894. Dirigent und Pianist. Schüler von Franz Liszt, mit dessen Tochter, Cosima (später Gattin von Richard Wagner), er in erster Ehe vermählt war. 1880–1885 Hofmusikintendant in Meiningen; Reisen mit dem Meininger Orchester.

CLARETIE, JULES, 1840–1913. Vf. von historischen und kritischen Aufsätzen, Romanen und Dramen. Seit 1885 Generalintendant der Comédie-Française.

CHRONEGK, LUDWIG, 1837–1891. Kam 1866 als Schauspieler nach Meiningen; ab 1870 Mitarbeiter des Herzogs an den Inszenierungen; Organisator der Gastspielreisen.

DEVRIENT, EDUARD, 1801–1877. Schauspieler und Theaterleiter; 1853–1870 Direktor des Hoftheaters in Karlsruhe (Geschichte der deutschen Schauspielkunst, 5 Bde., 1848–1874).

DINGELSTEDT, FRANZ VON, 1814–1881. Lyriker, Erzähler, Theaterleiter; 1858–1867, Hoftheater Weimar; 1870–1881, Direktor des Wiener Burgtheaters (Inszenierungen der Königsdramen Shakespeares, Weimar 1864, Burgtheater 1875).

FITGER, ARTUR, 1840–1909. Dramatiker; seine historischen Dramen, ›Die Hexe‹ (ab 1883) und ›Rosen von Tyburn‹ (ab 1889) sowie seine Bearbeitung von Byrons ›Marino Faliero‹ (ab 1886) waren im Repertoire der Meininger.

FRANZ, ELLEN, 1839–1923. Schauspielerin, ab 1867 in Meiningen. 1873 heiratete sie den Herzog von Meiningen und wurde Freifrau von Heldburg.

FRÉDÉRIX, GUSTAVE, 1834–1894. Belgischer Journalist und Theaterkritiker (Trente ans de critique, 1900).

FRENZEL, KARL, 1827–1914. Essayist und Theaterkritiker, Leiter des Feuilletons der Berliner National-Zeitung, Mitarbeiter an der Deutschen Rundschau (Berliner Dramaturgie, 1877).

FREYTAG, GUSTAV, 1816–1895. Schriftsteller, Vf. von Romanen (Die Ahnen, 1873–1881) und dramaturgischen Schriften (Die Technik des Dramas 1863); befreundet mit Herzog Ernst II. von Sachsen-Coburg und Gotha (Briefwechsel, 1853–1893).

GENÉE, RUDOLF, 1824–1914. Bühnenschriftsteller und Journalist; Bearbeitung von Kleist's ›Hermannsschlacht‹ für die Bühne (1875).

HAASE, FRIEDRICH, 1825–1911. Schauspieler, Leiter des Coburger Hoftheaters. Seine Inszenierung des ›Kaufmanns von Venedig‹ (1868) nach C. Keans Vorbild wirkte anregend auf die Meininger.

HETTNER, HERMANN, 1821–1882. Bedeutender Literaturkritiker und -historiker (Das moderne Drama, 1852; Briefwechsel mit Gottfried Keller).

HOPFEN, HANS, 1835–1904. Vf. von Lyrik und Prosa, Theaterkritiker (Streitfragen und Erinnerungen, 1877).

IRVING, HENRY, 1838–1905. Englischer Schauspieler (Tragödie) und Theaterdirektor; seit 1871 am Londoner Lyceum Theatre.

KAINZ, JOSEF, 1858–1910. Schauspieler, 1877–1880 bei den Meiningern. 1894 am Deutschen Theater unter Otto Brahm; 1899 wechselte er zum Wiener Burgtheater über.

KAULBACH, WILHELM, 1805–1874. Maler; seit 1849 Direktor der Münchener Akademie; pflegte das monumentale Historienbild.

KEAN, CHARLES, 1811–1868. Schauspieler und Theaterdirektor. 1851–1859 Leiter des Londoner Princess's Theatre. Mit seinen spektakulären Shakespeare-›Revivals‹ ein bedeutender Vorläufer der Meininger.

LAUBE, HEINRICH, 1806–1884. Schriftsteller und Theaterdirektor, leitete 1849–1867 das Wiener Burgtheater.

LENBACH, FRANZ VON, 1836–1904. Maler, Schüler Pilotys. Erfolgreicher Porträtist in München.

LINDAU, PAUL, 1839–1919. Journalist, Kritiker, Dramatiker (Vf. von Gesellschaftsstücken). Hg.: Die Gegenwart, 1872–1881; Nord und Süd, 1878–1904.

LINDNER, ALBERT, 1831–1888. Vf. von zahlreichen historischen Dramen, u. a. die von den Meiningern aufgeführte ›Bluthochzeit‹ (1870).

LINDENSCHMIDT, WILHELM, 1829–1895. Maler, Lehrer des Herzogs von Meiningen. Er malte vor allem Bilder aus der Geschichte.

MAKART, HANS, 1840–1884. Österreichischer Maler, Schüler von Piloty; malte prunkvolle Bilder historischen und allegorischen Inhalts; beeinflußte Mode, Wohnungseinrichtung und Kunsthandwerk der Gründerzeit.

MINDING, JULIUS, 1809–1850. Lyriker und Dramatiker. Sein ›Papst Sixtus V‹ wurde 1874 von den Meiningern aufgeführt.

MEYERHOLD, VSEVOLOD EMILIEVICH, 1874–1940. Russischer Schauspieler, Regisseur und Theaterleiter; Vertreter einer nicht-realistischen Regie (Über das Theater, 1913).

OECHELHÄUSER, WILHELM, 1820–1902. Dramaturg, Shakespeareforscher, Gründer der Deutschen Shakespeare-Gesellschaft (1864).

OSTROVSKIJ, ALEXANDER NIKOLAJEVICH, 1823–1886. Bedeutender russischer Dramatiker (Das Gewitter, 1860); 1885 Direktor des Kaiserlichen Schauspielhauses in Moskau.

PICARD, EDMOND, 1836–1924. Jurist und Abgeordneter, Journalist und Kritiker; Vertreter einer gesellschaftsbezogenen Literatur, unterstützte Antoine und das Théâtre-Libre in Belgien.

PILOTY, KARL VON, 1826–1886. Neben Kaulbach der namhafteste Vertreter der Historienmalerei; seit 1874 Direktor der Münchener Akademie.

REINHARDT, MAX, 1873–1943. Österreichischer Schauspieler und Theaterdirektor. In den 90er Jahren am Deutschen Theater unter Otto Brahm; 1905 übernahm er selbst das Deutsche Theater, wo er seinen Weltruhm begründete.

ROSSMANN, WILHELM, 1832–1885. Kunsthistoriker; 1860–1869 Erzieher des Erbprinzen Bernhard von Meiningen.

SARCEY, FRANCISQUE, 1827–1899. Einflußreichster Pariser Theaterkritiker des späteren 19. Jahrhunderts (40 ans de théâtre. 1900–1902). Vf. der Kriegschronik, ›Le siège de Paris‹ (1871).

SCOTT, CLEMENT WILLIAM, 1841–1904. Theaterkritiker; seit 1872 am Londoner Daily Telegraph; konservativer Gegner des Ibsenschen Dramas.

SPEIDEL, LUDWIG, 1830–1906. Wiener Feuilletonist und Theaterkritiker der Neuen Freien Presse.

STANISLAVSKIJ, KONSTANTIN, 1863–1938. Bedeutender russischer Schauspieler und Regisseur; Leiter des Moskauer Künstlertheaters.